道
霊
気

EDIÇÃO COMEMORATIVA DE 15 ANOS

PATRÍCIA CÂNDIDO

GRANDES MESTRES DA HUMANIDADE

LIÇÕES DE AMOR PARA A NOVA ERA

Luz da Serra®
EDITORA
Nova Petrópolis/RS
2024

GRANDES MESTRES DA HUMANIDADE

LIÇÕES DE AMOR PARA A NOVA ERA

Dados Internacionais de Catalogação na Publicação (CIP)
(Câmara Brasileira do Livro, SP, Brasil)

Cândido, Patrícia
Grandes mestres da humanidade : lições de amor para a nova era / Patrícia Cândido. -- Nova Petrópolis, RS : Luz da Serra Editora, 2023.

Bibliografia
ISBN 978-65-88484-94-4

1. Autoajuda 2. Aconselhamento - Aspectos religiosos 3. Desenvolvimento pessoal 4. Espiritualidade 5. Universalismo I. Título.

23-170383 CDD-158.1

Índices para catálogo sistemático
1. Autoajuda : Psicologia aplicada 158.1
Eliane de Freitas Leite - Bibliotecária - CRB 8/8415

Luz da Serra Editora Ltda.
Rua das Calêndulas, 62
Bairro Juriti - Nova Petrópolis/RS
CEP 95150-000
loja@luzdaserra.com.br
www.luzdaserra.com.br
loja.luzdaserraeditora.com.br
Fones: (54) 99263-0619

Agradecimentos

É com imensa gratidão e profunda reverência que agradeço aos queridos Mestres que durante essa jornada, jamais soltaram a minha mão!

Ao longo desses 15 anos, mergulhei profundamente na jornada de pesquisa e escrita que culminou nesta obra. Cada página é uma expressão do meu compromisso em compartilhar as histórias, ensinamentos e sabedoria destes mestres que, através das eras, iluminam o caminho da humanidade com sua luz espiritual.

Quero aqui também agradecer por sua presença neste momento. Este livro não seria possível sem o apoio e o interesse daqueles que, como você, buscam compreender e incorporar os ensinamentos dos grandes mestres em suas próprias vidas.

Que aqui você encontre inspiração, clareza e um profundo senso de conexão com os ensinamentos transmitidos por esses mestres espirituais ao longo do tempo. Que este livro sirva como um farol de sabedoria em seu próprio caminho espiritual.

Que as lições contidas nestas páginas possam enriquecer sua vida e guiar seu coração para a luz da verdade e da compaixão.

Deixo aqui também a minha gratidão a todas as almas que de alguma forma já tocaram a minha existência. Sem nenhuma dúvida, todas elas foram necessárias para que esse trabalho fosse realizado.

Com gratidão e bênçãos,

Pat

Sumário

3. MESTRAS QUE MANIFESTAM A MÃE DIVINA *p.*169

4. MESTRES DE OUTROS MUNDOS E ARCANJOS *p.*220

5. MESTRES ASCENSIONADOS *p.*303

6. MESTRES DA NOSSA ERA *p.*337

Prefácio

Conheci Patrícia Cândido pessoalmente em Florianópolis, há muitos anos, num encontro de metafísica, onde eu estava fazendo uma palestra e canalizando a energia dos mestres ascensionados da Fraternidade Branca. Por sua vez, Patrícia apresentava sua pesquisa sobre os Grandes Mestres da Humanidade que se transformou neste livro maravilhoso que já inspirou milhares de pessoas na jornada do desenvolvimento espiritual.

Desde aquele momento, surgiu entre nós uma afinidade natural, fluida e boa – um verdadeiro encontro de almas que trabalham para o despertar das pessoas. Eu segui com meu trabalho, continuei desenvolvendo meus grupos e pesquisas e a Pat fez o mesmo.

O que na época não poderia imaginar era o alcance incrível que o trabalho da Patrícia e de toda equipe do Grupo Luz da Serra iria conquistar ao longo de todos esses anos com tanto sucesso.

Na ocasião, fiquei impressionada com a forma simples e doce de Patrícia falar desses grandes missionários do divino que passaram pelo planeta; meu sentimento foi de felicidade em encontrar uma pessoa tão motivada para fazer e manifestar o bem.

Agora, 15 anos depois da primeira edição, tenho a honra de escrever algumas palavras sobre ela e suas admiráveis conquistas, o que me traz claramente a certeza de que o bem sempre triunfa e que é muito importante a gente se inspirar nas lições das grandes almas.

Patrícia Cândido tem o dom de transformar um conteúdo complexo em algo simples e acessível, sem perder a profundidade. Acredito que ela consiga fazer isso porque em tudo coloca o coração e, como sabemos, é do amor que flui do coração que brota a energia que ilumina a nossa mente.

Tenho certeza de que este livro ajudará você no seu caminho espiritual e na expansão da sua consciência, porque saber da vida e obra de grandes almas nos auxilia e nos inspira na caminhada. Como aprendemos olhando as pessoas, comparando-nos com os outros, nada melhor do que conhecer os caminhos de quem lindamente deixou suas pegadas sobre a Terra para que possamos nos espelhar e aprender.

Desejo que a energia de amor dos mestres inspire você no seu caminho de evolução e ascensão espiritual. Boa leitura!

Um grande beijo,

MS

Maria Silvia Orlovas, conhecida como MS, é escritora, sensitiva, terapeuta e educadora espiritual, com vários livros publicados e um trabalho online que tomou força com o Ho'oponopono. Há mais de 25 anos, ensina evolução e limpeza do karma através da conexão com os mestres ascensionados da Fraternidade Branca.

Maria Silvia também escreveu o prefácio da primeira edição deste livro, em outubro de 2008.

Apresentação

Desde as eras mais remotas, o planeta Terra é abençoado com a presença de seres iluminados, revolucionários, com a coragem de desafiar conceitos enraizados, propondo eras de paz, união e amor universal. Homens e mulheres que se dedicaram integralmente a uma vida de servidão e compaixão. Seres universais, porque transcendem todas as diferenças, sejam elas religiosas, econômicas ou culturais. Grandiosos por sua sabedoria, muitas vezes já identificada na infância.

Alguns destes Grandes Mestres já estiveram no planeta Terra fisicamente, vivendo como seres humanos. Outros não, apresentando-se como seres de luz evoluídos e presentes em outras dimensões, e que, simplesmente por amor à humanidade, decidiram permanecer ao nosso lado, auxiliando-nos na busca da evolução da consciência.

Tanto os Mestres Ascensionados quanto os Mestres presentes hoje fisicamente aqui na Terra fazem parte desta obra, que tem como objetivo principal integrar e universalizar o pensamento humano, sugerindo que as crenças religiosas são necessárias, mas não fundamentais. Elas são importantes para aqueles que ainda estão a caminho da autodescoberta; não tão necessárias assim para aqueles que já encontraram seu caminho e, com a alma livre, rumam na senda evolutiva da espiritualidade.

Todos os Grandes Mestres que aqui estão ou estiveram sugerem uma proposta amorosa e livre de preconceitos. Amor, compaixão, humildade, respeito e gratidão são valores universais que foram transmitidos desde a criação da raça humana. Mas em que momento a humanidade se perdeu e ensurdeceu para esses ensinamentos? Em que momento passamos a crer que somos seres materiais e esquecemos nossa origem espiritual?

Aqui estão reunidas as histórias de alguns dos Grandes Mestres da Humanidade e suas lições de amor, mostrando que é possível viver em unicidade e de forma harmoniosa, libertando-se das velhas amarras dos dogmas punitivos. Uma proposta que fala de liberdade de crença e da união de dois mundos divididos: a ciência e a espiritualidade, que duelam sem motivo e rumo ao nada. Fala de respeito às crianças da nova geração. De respeito aos idosos por sua história, sua vivência e seus ensinamentos.

Esta obra também trata da proposta compassiva dos Mestres, da evolução espiritual da humanidade e das formas de comunicação que o Universo utiliza para nos lembrar da nossa origem, inclusive por meio da natureza e das questões ambientais. Por fim, fornece dicas para que possamos nos comunicar com os Mestres e sermos mais felizes neste mundo tão conturbado pelas emoções violentas.

Um mundo melhor é construído pelas pequenas e grandes atitudes realizadas a cada dia, e essas decisões são vigiadas por uma única testemunha: nós mesmos. Na Nova Era, o grande desafio encontra-se dentro de nossos corações. Então, mire-se no exemplo dos Mestres e faça sua parte, revelando o que há de melhor em você: a divindade expressada por meio do amor que brota no interior do seu peito!

Patrícia Cândido

O Movimento da Nova Era

Nas últimas décadas, tornou-se cada vez mais comum ouvirmos a expressão "Nova Era". Palavras como paradigma holístico, geração índigo, criança cristal, física quântica, medicina integrativa, chacras ou terapias alternativas já fazem parte do nosso vocabulário. Mas o que a Nova Era tem de novo? Na verdade, nada. Trata-se do conhecimento antigo traduzido para uma linguagem contemporânea. Em 9 mil a.C., por exemplo, as civilizações orientais mais antigas já citavam a medicina holística. Portanto, não há nada de novo, e sim um agrupamento de conhecimentos do passado com as novidades da era tecnológica.

Certamente, todas as informações que acessamos nas últimas décadas, graças ao avanço da tecnologia, possibilitam vermos o mundo sob uma nova perspectiva, compreendendo a nossa situação e avaliando vários aspectos em tempo real, de forma *on-line*. Nessa Nova Era, somos seres mais livres e vivemos em uma época em que a liberdade é real, e não vigiada – ao menos em países como o Brasil, podemos falar de qualquer assunto sem repressão e expressar nossa opinião de forma livre, sem temer a morte em uma fogueira ou guilhotina.

Porém, como a sensação de liberdade nos acompanha há pouco tempo, o medo ainda se encontra marcado em nossas células a ferro e fogo, em quase todas as circunstâncias. O medo permeia a vida humana desde seus primórdios sobre a Terra, desde as primeiras eras, e não pode ser considerado um sentimento tão negativo assim: sentindo-o, aprendemos a domesticá-lo e aos poucos vamos construindo nossa coragem para transformá-lo. Todos nós, dos ancestrais primatas ao *Homo sapiens*, vivenciamos eras distintas, experimentamos vidas e sensações diferentes e, com isso, aprendemos, evoluímos, crescemos.

Desde a era primitiva, do aprender a andar ereto até a nossa atual era inteligente e digital, o homem sempre se defrontou com os mistérios da criação do Universo, com o "quem sou", "de onde vim", "para onde irei". E nos momentos de transição entre as eras, sempre surgem seres especiais, formadores de opinião, para introduzirem novos conceitos ou reafirmarem conceitos antigos que estão esquecidos, com o intuito de ajudar no esclarecimento das principais dúvidas da humanidade.

Chamamos esses seres de Grandes Mestres da Humanidade, porque são capazes de abandonar o ego simplesmente por amor. Eles têm senso de unidade, de que todos formamos uma única teia, uma rede de energia que nos interliga a cada ser que vive neste planeta. Já nascem sabendo que, em suas vidas, existe uma missão específica e, humildemente, deixam suas mensagens, muitas vezes em forma de parábolas, como o Mestre Jesus; em grandes livros, como o Mestre Yogananda; ou mesmo gravadas em nossos corações, como a querida Madre Teresa. São seres que vêm a trabalho, a serviço do bem e da obra espiritual.

Entender a Nova Era é abandonar conceitos de dualismo, de separação, a fim de compreendermos que, assim como um conjunto de células trabalha em nosso corpo com harmonia e funções determinadas, nós também somos células com trabalhos específicos dentro de um grande organismo vivo: o planeta Terra. Portanto fazemos parte de um corpo maior, e este, por sua vez, também faz parte de algo maior, chamado galáxia, e, mais adiante, o Universo, que também compõe algo mais gigante ainda.

Essa Nova Era que vem nascendo compreende o ser humano como um ser sutil, composto por pontos energéticos que apresentam variações e ondas vibratórias conforme seus pensamentos, sentimentos e emoções. Realmente estamos acompanhando uma era em que os seres humanos vivenciam, a cada dia, os confrontos com a sua alma, seja em frente ao espelho, seja numa avenida engarrafada com buzinas ensurdecedoras. Nesses momentos, a um passo da loucura e a outro do desespero, começam a aparecer os questionamentos que se deparam com a nossa natureza essencial. Com isso, algumas perguntas tornam-se bem frequentes:

– O que estou fazendo aqui, no meio desse trânsito?

– É natural um nó de gravata em meu pescoço, me apertando e sufocando o dia inteiro?

– É natural um salto tão alto machucando meus pés?

– É natural respirar de forma ofegante, sem parar, uma vida inteira?

– Se tenho um sistema imunológico autossuficiente, é natural tomar tantas medicações?

São tantas outras perguntas, que poderia existir um livro inteiro somente para elas...

Com a nossa tendência aos mais variados vícios, nos fascinamos pela era tecnológica e digital, o que gera um consumo desenfreado por tudo aquilo que é *high-tech*. No entanto, visando à harmonia do Todo, poderíamos buscar um equilíbrio, fazendo uma reaproximação com tudo aquilo que é natural – ou que é criado pelo Universo. O ser humano tem sentido "necessidade de mato", cada vez mais. Um desejo de reaproximação natural com a sua verdadeira família, a sua verdadeira morada, a sua natureza.

Para apurar se a sua percepção está próxima do natural ou não, vou fazer uma pequena brincadeira com você! Leia as palavras abaixo e, calmamente, imagine e sinta o que elas despertam em seu coração, que tipo de emoção vem à sua mente:

Opção 1 – Buzina, trânsito, fila de banco, escritório, *fast-food*, centro da cidade, rodoviária, gravata, salto alto, estresse, cafezinho, ônibus, caminhão, camelô, farmácia, raiva, mágoa, irritação, nervosismo, estresse, dor.

OK. Se você sobreviveu a tudo isso, podemos continuar.

Opção 2 – Cachoeira, flor, cristal, amarelo, sol, suco natural, cachorro, alma, oração, bebê sorrindo, borboleta voando, cabelo ao vento, mar, montanha, som da água, beija-flor, abraço, risada, amor, confiança, respeito, humildade, fé.

O que pareceu mais natural para você? Se a segunda opção for mais frequente em sua vida, parabéns! Você começa a tomar consciência de quem realmente é: um ser humano energético, que dispõe internamente de todos os recursos de cura e não precisa buscar equilíbrio externamente. Se a primeira opção se apresenta mais frequentemente em sua vida, o botão de alerta precisa ser acionado! É hora de fazer sua reforma íntima, antes que a doença se manifeste. Muitas vezes, a palavra "reforma" nos assusta. O que lembramos quando falamos na reforma de uma casa, por exemplo? Trabalho, pó, sujeira, cansaço. Talvez, para transformar-se, você passe por tudo isso. Porém, depois da reforma, com tudo limpo e em seus devidos lugares, a sensação de paz e satisfação é indescritível, não é mesmo?

Para uma boa reforma, precisamos adentrar em uma Nova Era, que nada mais é do que prestar atenção em nós mesmos, já que a todo instante nosso corpo sinaliza se estamos vivendo conforme nossa natureza ou não. O ser humano só está presente e sobrevive até hoje aqui no planeta Terra pela sua incrível capacidade de adaptação às situações mais adversas. No entanto, é preciso equilibrar-se. Precisamos de ar puro, de sol, de natureza. É natural! É inerente... Não há como dissociar o ser humano da natureza, pois dela fazemos parte. O acúmulo de dias, meses, anos em um ambiente tenso, desequilibrado, competitivo e barulhento destrói qualquer saúde. E quando você precisar de algo externo, como várias caixas de medicação alopática, cuidado: é um alerta da falta de autoconhecimento! Não quero aqui, de forma alguma, firmar a extinção da alopatia. Isso é até engraçado e não falo disso. Nunca! Precisamos das medicações alopáticas tanto quanto das medicações vibracionais. O propósito é justamente a integração das duas verdades, com equilíbrio e consciência!

Precisamos muito uns dos outros, pois cada um se destaca onde tem maior habilidade, de acordo com as características e experiências de seu espírito. Todas as profissões são louváveis e exigem seres humanos competentes e dedicados, como se fosse um verdadeiro sacerdócio. Porém, é necessário dosar o trabalho e manter o equilíbrio. Uma célebre frase do Dalai Lama diz que os homens gastam toda a saúde para ganhar dinheiro e depois todo o dinheiro para recuperar a saúde. Parece incoerente e ilusório. E realmente é!

De onde veio toda essa fome pelo estresse e pelo trabalho? Você já parou para pensar nisso? Por que trabalhar tanto? Muitas pessoas afirmam que gostam de trabalhar para se distrair. Mas pergunto aqui: distrair-se de quê? Provavelmente da evolução espiritual, pois quando ficamos sozinhos e quietos, isso nos incomoda. Nesses momentos, somos obrigados a olhar para dentro de nós, e desse caminho surge uma realidade permeada pelos mais diversos conflitos. Começamos a perceber nossas inferioridades, nossos medos, nossas angústias e, principalmente, nossa covardia de assumir quem realmente somos: seres divinos.

Por todos esses motivos, precisamos nos distrair... Com um bom carnaval, futebol, *reality-shows*, uma cervejinha, uma ilusãozinha, um cigarrinho. Depois, uma doençazinha. Quem sabe uma depressãozinha? Mais tarde, o fim da vidinha vazia e cheinha de ilusões.

Concentrar-nos em nós mesmos e nos reavaliarmos constantemente deveria ser uma prática diária. Essa é a felicidade real, um exame constante da nossa missão de alma, a maior característica da Nova Era. É necessário nos libertarmos dos conceitos que estão enraizados em nossas mentes, como o de que somos máquinas ou robôs que precisam produzir para, cada vez mais, acumular riquezas materiais. Os bens materiais existem para que tenhamos conforto. Afinal, vivemos aqui, em um planeta material, mas jamais devemos nos tornar escravos do sistema.

Não somos máquinas. Somos partículas de Deus e, como Ele, devemos contemplar a beleza do natural. Não precisamos nem devemos trabalhar até a exaustão, cumprindo uma rotina estressante, nos distraindo na mesmice automática e esquecendo de quem realmente somos: uma Alma Crística. Deixo aqui a dica de organizar a sua rotina de maneira que, a cada dia, exista um tempo de oração e de interiorização. Sentir-se, perceber-se, alongar-se e alinhar-se com a fonte cósmica de energia!

Se isso é tão positivo, por que não o fazemos todos os dias? Ahhhhhh, porque precisamos de um carro melhor, uma casa melhor, uma roupa melhor... Precisamos de mais dinheiro... E isso não acaba. É um vício tão terrível quanto o das drogas ou do álcool! Mas por que queremos sempre mais e mais? Todos os prazeres e satisfações provenientes das coisas materiais são efêmeros, duram pouco tempo. São descartáveis e, assim que conseguimos o que queremos, acabou a graça. Nos viciamos na matéria e nos desejos materiais, no querer cada vez mais!

Será que em um único mês de férias conseguimos compensar o desgaste de um ano inteiro de estresse? Ou será mais viável construir pequenas doses diárias de prazeres que transpõem o tempo e que são verdadeiros antídotos para aniquilar a preocupação da nossa vida? Normalmente, o que nos traz preocupação, angústia e ansiedade são situações em que nada podemos fazer. Então, as preocupações só nos trazem a doença.

Tudo o que começa de forma natural deve ser resolvido da mesma forma. Admiro os Mestres budistas, porque se referem aos pensamentos nocivos como "venenos da mente" e aos sentimentos nobres como "antídotos". São esses antídotos que os Grandes Mestres da Humanidade vêm nos trazer. São esses os presentes que recebemos deles e que a grande maioria de nós, seres humanos, não sabe aproveitar.

Alguns Mestres foram ridicularizados e humilhados, mas, mesmo assim, por amor à humanidade, continuam vibrando e emitindo luz pela dissolução de nossa ignorância espiritual.

A Nova Era nada mais é do que percebermos que fazemos parte de um processo muito maior. Haveria algum sentido em toda essa existência senão a nossa evolução espiritual?

Seja bem-vindo à verdadeira Nova Era!

Universalismo

Há alguns anos, a espiritualidade era tratada de forma religiosa. Práticas como meditação, oração e introspecção foram rotuladas por algum viés religioso ou de crenças espirituais. Mesmo questões bioenergéticas, como os chacras e o campo de energia humano, estavam vinculadas à cultura religiosa — tanto que a aura humana, hoje comprovada pela ciência, antigamente era atrelada à sabedoria milenar de algumas culturas.

Muitos nomes foram dados ao longo dos séculos para a energia do corpo humano. Os russos a chamavam de bioenergia; os hindus, de prana; os chineses, de *chi*; os egípcios, de *ka*; os japoneses, de *ki*; os gregos, de *pneuma*; os judeus, de *nefesh*; os kahunas da Polinésia, de *mana*; os alquimistas, de fluido da vida; e os cristãos, de Luz ou Espírito Santo.

Na Idade Média, as pinturas renascentistas traziam imagens de santos com uma auréola dourada. Naquela época, tanto os pintores como os sábios religiosos traduziam a luz espiritual somente em obras com santos e figuras sacras. Hoje sabemos por comprovações científicas que todos nós possuímos essa energia internamente como uma resultante de nosso metabolismo celular.

Talvez jamais tenha havido tanta liberdade de opção em questões espirituais. Há muita informação na internet e livrarias, fazendo ciência e espiritualidade convergir para um mesmo ponto: a descoberta dos segredos, mistérios filosóficos, e a união entre ciência e espiritualidade, para tornar o ser humano integral em corpo, emoção, mente e espírito. A terapia holística e a medicina integrativa surgem para promover um ser humano completo e feliz em todos os sentidos, capaz de equilibrar-se consigo mesmo, com o ambiente e com a comunidade em que vive.

Investigações científicas sobre espiritualidade têm nos mostrado que os povos mais antigos, mesmo sem a tecnologia de hoje, já haviam mapeado todo o sistema de anatomia sutil do corpo humano. Na Índia, a medicina ayurvédica trabalha com anatomia sutil há 9 mil anos, enquanto o Tibet também conhece esse sistema há milênios. O Oriente é muito rico cientificamente, tendo desvendado há muito e com simplicidade questões que até hoje são um grande mistério para os ocidentais.

Algumas pessoas perguntam por que o Oriente está tão à frente do Ocidente nessas questões. Digamos que a diferença que existe entre Oriente e Ocidente é a mesma que existe entre coração (Oriente) e cérebro (Ocidente).

Coração e cérebro vivem em polaridades opostas, como crianças hostis que preferem brigar a encontrar sintonia e entendimento. O coração é sábio, amoroso, expansivo, intuitivo, conectado com a Fonte Divina; é nosso elo com o amor, a energia criadora do Universo. No entanto, acumula mágoas, tristezas e frustrações, principalmente por perder os limites entre o amor divino e as situações que nos conduzem ao sofrimento.

Comparamos o coração ao Oriente porque, historicamente, os povos orientais demonstram um grande desequilíbrio entre o amor divino, a adoração religiosa e o radicalismo que leva à fé cega, como, por exemplo, os atentados no Oriente Médio, onde milhares de pessoas já foram dizimadas em conflitos religiosos e ideológicos. Para o coração, prevalece o espiritual.

Se existe um grande comandante em nosso corpo, ele é o cérebro. Por ser lógico e racional, tornou-se a maior conquista do ser humano. Nossa evolução até a materialização do raciocínio e das emoções é o que nos faz diferentes de todos os outros seres deste planeta.

Em contrapartida, é por meio do cérebro que são processados nossos pensamentos, o combustível de toda a realidade material. O passo anterior a tudo o que se materializa é o processamento na mente de alguém. A própria materialização do Universo e do planeta Terra é fruto de uma mente superior. A mente lógica e racional torna-se indispensável ao ser humano, mas, quando em desequilíbrio, provoca um distanciamento do coração e do espírito.

Comparamos a mente ao Ocidente porque o limite de utilização dos recursos naturais e destruição da natureza foi ultrapassado há muito tempo, estabelecendo-se uma sociedade orientada para o consumo desenfreado, para a crença na matéria, esquecendo-se completamente do espírito. Para a mente, prevalece o material, tudo aquilo que é físico.

É justamente aí que o desentendimento se estabelece: a falta de equilíbrio na relação mente-coração, como uma convivência turbulenta entre vizinhos hostis. Nossa mente consciente vive na terceira dimensão e nos dá uma noção contábil de dados e fatos de realidade. O coração vive numa dimensão espiritual, onde o real não pode ser tocado.

E o que é realidade? É somente o que pode ser visto? O vento é real e não pode ser visto. Porém, em desequilíbrio, pode destruir cidades inteiras. Se a nossa mente e o nosso coração estão em desequilíbrio, eles criam destruição e caos! A mente é yang (energia masculina), o coração é yin (energia feminina).

Essa separação e desequilíbrio se deram quando a humanidade, por força de situações cármicas e equivocadas, decidiu que a energia masculina governaria o mundo. Não concordo que a energia feminina deva prevalecer, mas sim que haja equilíbrio entre as duas polaridades. Não se pode defender somente o coração ou a mente, mas equilibrá-los. O desrespeito com o papel da energia yin, há milhares de anos, fez com que houvesse uma aproximação com a racionalidade e um distanciamento do mundo espiritual.

A supressão da energia yin se deu pela fragilidade do ser feminino, que, ao longo dos séculos, sucumbiu à energia masculina, desequilibrando a essência humana. Então o mundo se tornou científico, lógico, reto, duro, brutal, hostil, bélico, mecanicista e estressante. A magia da energia yin foi extinta e a época da Santa Inquisição, que dizimou milhares de inocentes, dispensa comentários. Na época em que a bomba atômica foi descoberta, chegamos ao nosso limite de ignorância espiritual.

A discriminação feminina, presente em algumas culturas, perdura até os dias de hoje. Isso também poderia ter acontecido com a energia masculina, o que seria igualmente prejudicial. O que proponho aqui é o equilíbrio entre as forças, como se as duas polaridades estivessem de mãos dadas, lado a lado. Mas é preciso relatar o que de fato aconteceu nos últimos séculos, para que se compreenda como a energia feminina foi suprimida a tal ponto que necessitamos de uma intervenção divina.

Os Grandes Mestres, repletos de compaixão, interferem no plano cármico do planeta para restabelecer o equilíbrio das forças, trazendo de volta a energia feminina, que hoje já se encontra mais presente inclusive nos seres masculinos, lhes dando mais sensibilidade e sentimentos compassivos, que são a base desta Nova Era espiritual que vem se abrindo nos últimos anos.

Neste novo Plano Divino para a Terra, está prevista a encarnação em massa de espíritos ocidentais no Oriente e vice-versa, para que uns possam aprender com os outros. Hoje é muito normal que alguém do Oriente se sinta afinizado com os assuntos do Ocidente.

Com a abertura dos portais de luz, principalmente de 1992 em diante, as medicinas orientais – tão sábias, preventivas e equilibradoras, a ponto de serem chamadas de "alternativas" – ocupam cada vez mais espaço na mente e coração das pessoas, mesmo no Ocidente. No entanto, ainda engatinhamos nesses conceitos, pois aqui a maioria dos tratamentos são focados na cura da doença, e não no equilíbrio e felicidade do doente. Há uma atenção extrema ao físico, que é apenas o último estágio da doença, como se fosse a várzea de um rio que aos poucos acumula poluição e dejetos.

Na Antiguidade, medicina, política e ciência eram interligadas. Porém, quando o ser humano se distanciou de Deus e sua essência natural (que é espiritual), permitindo que o ego negativo prevalecesse, houve uma época de trevas e separação. As Cruzadas foi um dos períodos de maior distanciamento da espiritualidade. Uma fé distorcida impeliu muitos homens, cegos de poder e sedentos de ira, a matarem seus irmãos em nome de Deus. Tudo por discordância religiosa; por acreditarem que uma religião era certa e a outra, errada.

Então houve a maior tragédia de todas: o corpo foi separado do espírito; o conhecimento, da sabedoria; a ciência, da espiritualidade; a justiça, da cooperação; a firmeza, da solidariedade; e o amor distanciou-se do *prajna* (amor compassivo, que respeita a liberdade de cada um), tornando o ser humano individual e distante de Deus. Com isso nasceram ainda mais religiões e grupos divergentes, criados pelo ego humano para separar, gerar desunião entre os povos, trazer a guerra, a morte e o desrespeito.

Não há necessidade de intermediários entre nós e o Todo, Deus, o Grande Espírito. Não precisamos de crença religiosa quando existe um coração pulsante no peito! O chacra cardíaco, em Sânscrito, é chamado de *Anahata*, que significa "câmara secreta do coração". Nosso coração é a maior ponte de conexão com Deus, que é a única chave de acesso da qual necessitamos.

Isso é universalismo. É quando cada ser humano se vê como um único espírito e se reconhece com direito e liberdade de criar sua própria forma de se conectar à Fonte Maior, por meio de seus sentidos: com a visão, ao contemplar a natureza de Deus, seja na beleza de uma flor ou de uma tempestade; com a audição, ao escutar o vento; com o paladar, ao experimentar a água; com o olfato, ao notar o cheiro da primavera; com o tato, ao sentir o calor do sol; e com a intuição, ao ampliar o sexto sentido e a plenitude do amor e compaixão.

Ser universalista é libertar-se dos grilhões que nos aprisionam e que são criados por nossa própria consciência congestionada de tantos dogmas e regras impostos por sistemas de crenças que hoje já nem sequer explicam as coisas mais simples, porque se encontram estagnados. Ultrapassados. Empoeirados.

É necessário mudar!

Os novos tempos exigem mudanças radicais de atitude e evolução consciencial. Ser universalista é sentir-se bem, sem culpas religiosas ou pecados originais. Como alguém pode ser feliz sabendo que nasceu pecador, num estado culposo e irreversível? O simples fato de existir já traz culpa. Talvez você não se sinta assim porque está desperto, mas a realidade de muitos templos se caracteriza pelas massas de fiéis que carregam uma culpa inconsciente, que os leva a crer em palavras como castigo e punição, desencadeando o mal do século: depressão e falta de esperança.

Já o ser universal se sente unida a cada estrela, parte do cosmo, inseto e ser humano, neste ou em outros planos. É universal por saber ser imortal. É um estado de espírito. Por isso, o universalista ama Jesus, Krishna, Buda, Maomé e todas as criaturas. Enxerga a sabedoria do Todo (Deus) em cada um deles. Sabe que não foram os Grandes Mestres que criaram os dogmas, como se a vida fosse um jogo de comportamentos arquetípicos. Cada ser é único e deve desenvolver seus próprios meios para ser feliz.

Dogmas são falhos e não são convincentes porque são criados por humanos e guiados, muitas vezes, por ignorância. Todos os Mestres que estiveram na Terra trouxeram uma proposta de amor, sem separação ou religiões. Mas algumas pessoas distorceram as escrituras advindas dos Mestres, deixando prevalecer seus interesses pessoais. Tanto é que, até hoje, com tantas comprovações que poderiam melhorar a vida humana, sempre se dá um jeito de esconder os fatos, por medo da queda de estruturas milenares sustentadas por mentiras.

Entretanto, as máscaras estão caindo e as estruturas, se abalando. Não demorará para que, pela própria vontade dos Mestres e da humanidade, a verdade prevaleça. Então os que despertarem para o universalismo darão seu salto quântico, transformando a Terra em um ambiente de luz e amor, eliminando os sentimentos negativos, cultivando a sabedoria e o diálogo, estendendo a mão aos irmãos e cooperando para o desenvolvimento por meio da compaixão.

O ser humano universal sempre entende seu irmão que ainda não despertou, como a perspectiva do avô que observa seu neto. Hoje ele é avô, maduro e experiente, mas não esquece que um dia foi criança e, por isso, não exige que o neto entenda ou sinta o que é tornar-se avô. O ser humano universal compreende que a criança precisa experienciar e viver a transformação.

Cada ser tem um tempo para se transformar. Ajudar um irmão sendo compassivo e compreensivo, oferecendo auxílio e amor, é muito diferente de interferir em seu livre-arbítrio ou forçá-lo a mudar. Isso é fanatismo nada saudável e gera karma[1] negativo, por interferir no processo evolutivo alheio, além de interromper uma fase importante de autodescoberta.

Ser universal é, antes de tudo, respeitar os processos evolutivos e o momento de cada um, eliminando a ignorância para que a sabedoria aflore!

A seguir, então, apresento uma homenagem a todos os Grandes Mestres que tanto lutaram para que hoje possamos desfrutar desta era universalista!

---

[1] Traduzindo do idioma sânscrito, karma significa ação. Muitas vezes, ele é confundido com um acerto de contas de vidas passadas, com uma conotação negativa, mas essa é uma ideia ocidental equivocada. Karma nada mais é do que o resultado decorrente de uma ação. Qualquer ação gera um resultado cármico, que pode ser positivo ou negativo.

PARTE 1

Mestres da Antiguidade

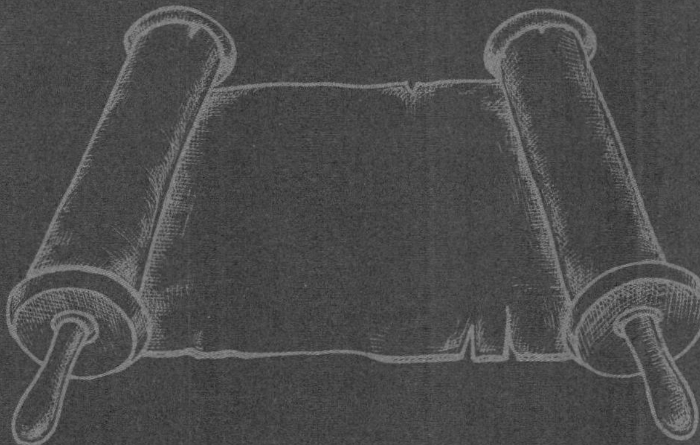

MUITOS E MUITOS ANOS ATRÁS, seres de luz passaram pela Terra deixando para nós um rastro de ensinamentos ou de obras para alavancar a nossa moralidade e o nosso intelecto. Espíritos já muito adiantados, totalmente fora da curva em comparação às pessoas de seu tempo, que tinham a missão de auxiliar na evolução de toda a humanidade. Assim, é nos exemplos dessas pessoas iluminadas do passado que podemos enxergar os caminhos para encarar os desafios da nossa vida no presente – ou, simplesmente, para vivê-la com mais sabedoria e tranquilidade.

Alguns estiveram por aqui bem antes de Jesus Cristo, como Buda, Lao Tse e Hermes Trismegistos; outros, depois dele, como Maomé, Francisco de Assis e Ramatís. Isso sem esquecer, é claro, do próprio Jesus Cristo, que em sua divina tarefa entre os homens nos ajudou a amar e a crescer espiritualmente. Ocorreu, também, de um povo inteiro ter contribuído para o nosso aprimoramento, como a herança deixada pelos maias, com suas sete profecias; e de um homem, aparentemente longe da espiritualidade, ter nos presenteado com diversas mensagens por meio de suas obras, como aconteceu com o genial Leonardo da Vinci.

Nesta seção, você vai conhecer não apenas a história de doze mestres da Antiguidade, mas também uma síntese de seus ensinamentos para nós. Um conteúdo que não foi esquecido com o passar dos milênios e séculos, ao qual devemos nos conectar mesmo nos dias de hoje, tão dinâmicos e tecnológicos. A seguir, mergulhe nesta sabedoria e aplique na sua vida o melhor desses grandes mestres.

Hermes Trismegistos

• *LEIS UNIVERSAIS* •

O nome Hermes Trismegistos é atribuído a um grande mestre egípcio chamado Hermes, ao deus Thot e a uma Ordem de Iniciados. O conhecimento espiritual acima da média no Antigo Egito, em grande parte, se deve a Hermes, que foi um dos principais responsáveis pela introdução do ocultismo, da astrologia e da alquimia aqui no planeta Terra.

Os conhecimentos herméticos são tão universalistas e profundos que Hermes foi endeusado por seus seguidores, recebendo o nome de "Trismegistos", que significa "três vezes grande", e de Thot, antigo deus do Egito, conhecido como o "escriba dos deuses", por ser considerado um emissário do mundo espiritual. Também devido às suas aspirações científicas e universais ficou conhecido na Grécia como Hermes, o deus da Sabedoria, e em Roma como Mercúrio.

Sua proposta é tão contemporânea que seus ensinamentos perduram até hoje, tendo sido compilados em dois excelentes livros: *O Caibalion* e *O Divino Poimandres*, um sistema completo de teologia metafísica e filosofia.

O Legado de Hermes

A palavra "hermético" faz alusão a Hermes e a tudo aquilo que é fechado, ou seja, oculto. Como na época (e até hoje) nem todas as pessoas estavam prontas para experimentar um conhecimento tão profundo, toda a proposta hermética era exposta apenas àqueles que desejavam uma vida dedicada à espiritualidade e ao sacerdócio, que, no hermetismo, eram chamados de "Os Iniciados".

Dentro dessa filosofia, os que ainda não tinham despertado para a evolução espiritual eram tratados como "profanos": aqueles que estariam do lado de fora das pirâmides, que eram os templos do Antigo Egito. Somente quem entrava em uma delas conseguia visualizar todos os seus lados. Já quem ficava do lado de fora era superficial e não conseguiria atingir um grau de profundidade suficiente para tomar conhecimento das quatro paredes da pirâmide ou dos quatro aspectos: o corpo, a emoção, a mente e o espírito.

O hermetismo estabelece pontos comuns entre todas as manifestações do Universo, expondo as leis que as regem. A seguir, conheça as sete leis principais que, basicamente, formam toda a filosofia de Hermes:

1. O princípio do mentalismo

O todo é mente; o Universo é mental.

Tudo o que existe no Universo material é fruto da mente de alguém. Nele, há dois elementos básicos: a matéria e a energia. A matéria é a energia em estados diferentes de condensação; logo, tudo é energia e emite uma determinada vibração.

2. O princípio da correspondência

Como em cima, assim embaixo; como embaixo, assim em cima.

Esta lei hermética está associada diretamente à ressonância. Toda a energia gerada por um ser afeta todos os outros de forma positiva ou negativa. Estamos todos interligados, porque nossa origem está na mesma fonte.

Estamos no planeta Terra por necessidade de resolver assuntos que só podem ser solucionados aqui, com o grau de densidade da matéria. Porém, temos uma origem pura e energética, que vem de uma Fonte de Luz Cósmica (Céu) e, em essência, somos idênticos ao que está em cima e vice-versa. Somos pontos energéticos em constante ressonância com todos os seres, porque somos (todos os seres vivos) feitos à imagem e semelhança de Deus em energia, em uma menor proporção.

3. O PRINCÍPIO DA VIBRAÇÃO

NADA REPOUSA, TUDO SE MOVE, TUDO VIBRA.

Este princípio se refere aos diferentes graus de condensação da matéria. Desde a energia mais sutil, do espírito mais leve, até a matéria mais densificada, existem diferentes estados energéticos, com frequências vibratórias diversificadas e velocidades, movimentos e órbitas distintas.

Mesmo o que aos nossos olhos parece estático, na verdade, está em movimento. Um objeto como uma mesa, por exemplo, é constituído de átomos, nos quais existe uma vibração característica. Tudo se comporta da mesma maneira, movimentando-se, seja uma pedra, uma abelha, uma pessoa, uma molécula ou um planeta. Nada é estático.

4. O PRINCÍPIO DA POLARIDADE

TUDO É DUAL; TUDO TEM DOIS POLOS. TUDO TEM SEU OPOSTO. SEMELHANTE E DESSEMELHANTE SÃO A MESMA COISA; OS OPOSTOS SÃO IDÊNTICOS EM SUA NATUREZA, MAS DIFERENTES EM GRAU. OS EXTREMOS SE ENCONTRAM. TODAS AS VERDADES SÃO APENAS MEIAS VERDADES; TODOS OS PARADOXOS PODEM RECONCILIAR-SE.

Este princípio fala de oposição. As energias opostas ao extremo, na verdade, são idênticas, porém desequilibradas, como, por exemplo, a água fervente e o gelo. São matérias idênticas com polaridades opostas. Por falta de calor, a água se torna gelo e, por excesso de calor, o gelo se torna água fervente. Nos dois casos, o fator em comum é o calor, mas a matéria é a mesma: água.

Por falta de amor, a humanidade chegou à ignorância. Somente com muito amor a humanidade sairá da ignorância e chegará à sabedoria.

5. O princípio do ritmo

Tudo flui, para dentro e para fora; tudo tem suas marés; tudo aparece e desaparece. O movimento pendular manifesta-se em tudo: o limite da oscilação para a direita é a medida da oscilação para a esquerda. O ritmo compensa.

O princípio do ritmo fala da oscilação entre dois polos. Podemos observar o ritmo das chuvas, das marés e dos ciclos da natureza, assim como em nós, seres humanos. Como temos um caráter bipolar, nossa mente tende a oscilar com os pensamentos em ritmo pendular, o que causa confusão mental e emocional. Os iniciados herméticos costumam utilizar técnicas específicas para equalizar a mente, chegando a um ponto neutro de oscilação. Com técnicas como meditação, yoga, mantras, orações e outras diversas práticas espirituais, podemos equilibrar nossos ciclos mentais para, assim, neutralizar o ritmo dos pensamentos e encontrar estabilidade e paz espiritual.

6. O princípio da causa e efeito

Toda causa tem seu efeito; todo efeito tem sua causa. Tudo acontece de acordo com a lei; o acaso não é senão o nome da lei não compreendida; existem muitos planos de causação, mas nada escapa à lei.

Este princípio afirma que não existem casualidades ou acidentes. Nenhum fio de cabelo cai por acaso. Os detalhes mínimos da Lei Divina são cumpridos, como se existisse um grande relógio cósmico que regula minuciosamente os resultados de nossas escolhas. Dentro de um Universo de milhões de oportunidades, sempre selecionamos um caminho a seguir, uma decisão a tomar. Se ouvirmos nossa voz interior, nossa partícula mais parecida com Deus (Eu Superior), a decisão será mais acertada e possibilitará menores "efeitos colaterais", que acontecem sempre que decidimos com base em nosso Eu Inferior (o ego). Por exemplo, quando optamos por algo em um momento de raiva, os resultados são catastróficos. Mas quando fazemos uma escolha com o amor, os resultados são divinos. Muitas vezes, lamentamos pelo presente e não lembramos de nossas decisões passadas. O Universo leva um tempo para devolver os resultados de nossas escolhas, e o que está acontecendo hoje é consequência de uma decisão de muito tempo atrás. Por isso é tão importante estar em equilíbrio. Os resultados sempre vêm. A Lei Divina sempre é cumprida e podemos evitar o sofrimento ao tomar decisões e fazer escolhas por meio de nosso Eu Divino, com a consciência expandida e conectada à Fonte Maior.

A palavra karma (que vem do Sânscrito *karma*), muitas vezes mal interpretada, quando traduzida literalmente significa "ação". Então podemos dizer que karma é o resultado de qualquer escolha que fazemos usando nosso livre-arbítrio. Existir é um karma. Respirar também, assim como caminhar. Qualquer ação que realizamos é um karma, que sempre afeta alguém ou o ambiente em que vivemos de forma positiva ou negativa. Já a palavra dharma, que muitas vezes é confundida com o contrário de karma, é uma ação que tomamos para amenizar o sofrimento de todos os seres, levando-os à compreensão de sua natureza divina.

Os hermetistas afirmam que quem não sabe utilizar a lei de causa e efeito fica sujeito a ela, tornando-se uma vítima do acaso. O objetivo evolucionário é tornar-se Mestre e utilizar este princípio com equilíbrio e sabedoria.

7. O princípio do gênero

Tudo tem seus princípios masculino e feminino.

O gênero está em tudo e se manifesta em todos os planos. Demonstra-se nos princípios das polaridades yin e yang. No plano físico, essas forças manifestam-se em todas as coisas. É um princípio universal. Tudo na natureza é dividido em feminino e masculino, e essas duas forças precisam de equilíbrio para que, juntas, atuem – inclusive nos pensamentos, nos sentimentos e nas emoções, que também apresentam gênero yin ou yang.

Quando Buda citou o Caminho do Meio, quis dizer que, mantendo o equilíbrio entre Céu e Terra, Alma e Ego, Eu Divino e Eu Terreno, atingiríamos o equilíbrio e a iluminação. Pesquisadores contemporâneos do hermetismo sugerem alguns exemplos de sentimentos que devemos equilibrar para atingir a plenitude espiritual:

Sentimentos Yin superiores • Amor, compaixão, perdão, alegria, cooperação, amor-próprio, aceitação, humildade, suavidade, paz, flexibilidade, sensibilidade, receptividade, abertura, intuição, sensação.

Sentimentos Yin inferiores • Mágoa, depressão, sentimento de rejeição, mau humor, defesa, medo, insegurança, preocupação, preguiça, baixa autoestima, culpa, vitimização, carência, autopiedade, solidão, timidez.

Sentimentos Yang superiores • Poder pessoal, disciplina, assertividade, discernimento, domínio sobre si mesmo, responsabilidade, desapego, paciência, fé, poder de decisão, organização, perseverança, doação, lógica, confiança, cocriatividade, ausência de julgamento.

Sentimentos Yang inferiores • Rigidez, neurose, raiva, violência, ataque, crítica, superioridade, impaciência, ódio, vingança, revanchismo, intolerância, orgulho, egoísmo, ressentimento, ciúme, apego ao trabalho.

JESUS, O CRISTO

• SABEDORIA • FÉ • MISSÃO DA ALMA •

Conta-nos a Bíblia que, nas terras palestinas, mais precisamente onde hoje fica Jerusalém, no ano zero de nossa era, o Arcanjo Gabriel trouxe-nos a Anunciação de que o Filho de Deus estava por vir. O Evangelho segundo Mateus (1:18) diz o seguinte:

> *"O nascimento de Jesus Cristo foi assim: Maria, sua mãe, estando desposada por José, antes de coabitarem, ficou grávida do Espírito Santo. E José, seu marido, sendo justo e não querendo infamá-la, resolveu abandoná-la secretamente. Mas quando ponderava nestas coisas, eis que um anjo do Senhor apareceu para ele em sonho, dizendo: 'José, filho de Davi, não temas conceber Maria como tua esposa, porque o que dela nascer é do Espírito Santo. Ela dará à luz um filho e o chamarás Jesus, porque ele salvará o povo dos seus pecados'. Tudo isto aconteceu para que se cumprisse o que o Senhor falou pelo profeta: 'Eis que a virgem engravidará e dará à luz um filho, e ele será chamado pelo nome de Emanuel, que significa Deus conosco'. E José, despertando do sono, fez como o anjo do Senhor o ordenara e a recebeu como sua mulher. E não a conheceu até ela dar à luz um filho, o primogênito, e pôs-lhe o nome de Jesus."*

Antes de cumprir-se a profecia do nascimento do Grande Mestre, segundo o Evangelho de Mateus, “uns magos vieram do Oriente”, não sendo necessariamente três, podendo ter sido inclusive um número maior de magos e sacerdotes zoroastrianos que viriam da Pérsia. Atribui-se o número três – Baltazar, Melquior e Gaspar – em função dos presentes que foram levados a ele: ouro, incenso e mirra. Então, os magos, que poderiam ser astrônomos ou astrólogos, orientados por uma estrela de luz guia, partiram do Oriente para conhecer Jesus e levar a ele os presentes por sua abençoada natalidade.

Os reis Baltazar, Melquior e Gaspar, ao chegarem à cidade onde nasceria Jesus, convocaram o rei Herodes, além dos sacerdotes e conselheiros da região, para que soubessem onde estaria o menino que seria o Grande Rei. O rei Herodes, inquieto e desconfiado, perguntou aos magos detalhes sobre a história do menino. Pediu que, após a viagem, retornassem trazendo a ele todas as informações sobre seu paradeiro, para que pudesse também adorar a Jesus, embora sua intenção mais íntima fosse a de matar o inocente menino. Até que os magos chegassem ao local onde estava o garoto, já havia se passado algum tempo, por causa da distância percorrida. Por isso é que a tradição atribuiu a visitação dos magos ao dia 6 de janeiro. Chegando aonde estavam Jesus e seus pais, a estrela guia parou em cima da casa, e os magos levaram a ele os presentes e se puseram a adorar a Santa Família. Daí a origem dos presentes de Natal, uma data que, nos tempos atuais, perdeu o sentido devido aos nossos vícios consumistas.

Nas tradições antigas, os presentes dados por reis simbolizavam o nascimento de alguém muito importante, assim como Jesus, que marcou o calendário do planeta. O ouro, símbolo do poder e da sabedoria, era dado quando nascia um rei; o incenso, que representa a oração chegando até Deus em forma de fumaça, era oferecido aos sacerdotes; e a mirra, que expressa a imortalidade e era utilizada para embalsamar corpos, era ofertada quando nascia um grande profeta. Só alguém tão importante quanto Jesus reunia todas essas qualidades na época, o que deixou o rei Herodes preocupado e sentindo-se ameaçado. Em sonhos, os magos foram avisados para que retornassem por outro caminho para seus reinos, a fim de fugir do rei Herodes, e ele, sentindo-se enganado, ordenou o sacrifício de todas as crianças menores de 2 anos de idade.

Depois que os magos partiram, José, em sonho, viu o anjo do Senhor, que pediu que ele, Maria e Jesus partissem para o Egito, porque Herodes procuraria o menino para matá-lo. A Sagrada Família ficou lá até a morte do rei, quando, novamente, o anjo do Senhor se pronunciou a José: "Levanta-te, toma o menino e sua mãe e vai para a terra de Israel, pois os que procuravam tirar a vida do menino morreram". Temendo o governo do filho de Herodes, José partiu para uma cidade chamada Nazaré – daí o nome "Jesus de Nazaré".

Um período da vida de Jesus, principalmente de seus 12 anos até os 30, não é citado. Então todo tipo de especulação existe, inclusive de que ele tenha viajado por muitos países para aprender conceitos do hinduísmo, budismo, zoroastrismo e hermetismo. Até que, por volta dos 30 anos, Jesus reapareceu nos Evangelhos, na descrição de seu batismo no rio Jordão, celebrado por João Batista. O batismo é uma cerimônia iniciática necessária com o objetivo de agregar qualidades crísticas (do corpo de Cristo), para que a energia das bênçãos do Espírito Santo seja integrada em nosso corpo físico, trazendo a "salvação dos pecados".

Hoje, na maioria das cerimônias de batismo, não existe uma energia de profundidade e religiosidade. O que observamos, muitas vezes, são preocupações com as roupas utilizadas, a maquiagem e as fotografias, em vez do sentido crístico e abençoado do batismo, que revive as bênçãos que Jesus recebeu do Espírito Santo por meio de João Batista no rio Jordão, há dois milênios. Infelizmente essa cerimônia transformou-se em algo profano, automático, quase mecânico: apenas um evento social.

Após o batismo, Jesus foi conduzido ao deserto para passar pela prova das tentações, por um longo período de purificação de quarenta dias. Era uma prova iniciática. Nesse tempo, ele sofreu todo tipo de tentação para que abandonasse sua missão. Porém, resistiu bravamente a todas elas. Assim, finalmente, as forças do mal desistiram de tentá-lo, e os anjos vieram à sua companhia.

Jesus partiu para a Galileia, com o propósito de dividir seus conhecimentos com aqueles que o quisessem seguir. Pouco a pouco, foi encontrando os que seriam seus doze discípulos. De acordo com o esoterismo, cada um deles representa uma constelação zodiacal, e Jesus, o centro do Universo. Seus apóstolos eram humildes pescadores e, entre o povo que o seguia, havia pessoas pobres e simples, muitas delas desprezadas pela sociedade.

Para que se fizesse entender, Jesus precisou utilizar uma linguagem de fácil interpretação. Então, surgiram as parábolas, histórias com fundo moral, mas que qualquer criança poderia compreender naquela época. As parábolas são muito atuais e traduzem os ensinamentos dele, que podemos encontrar facilmente no Novo Testamento, nos Evangelhos. Também passaram a acontecer os milagres, as curas e as ressurreições, como a de Lázaro (morto havia dias), o que só poderia ser feito por mecanismos muito evoluídos que desconhecemos até hoje.

Jesus veio à Terra em um momento crítico para a humanidade, no qual as pessoas precisavam remodelar o caráter e aprender lições de amor, o que perdura até os dias atuais. Talvez nossos sentimentos estejam mudando muito lentamente, mas a mensagem do Grande Mestre está disponível para aqueles que a quiserem em seus corações.

Diante de sua sabedoria ímpar, de seu senso de retidão e justiça, Jesus causou inquietação e preocupação nos poderosos, como aconteceu desde o seu nascimento, o que culminou em sua crucificação.

Várias ideias sobre a crucificação

Para os hindus, Jesus Cristo não morreu na cruz, mas sobreviveu e retornou à Índia, onde faleceu anos depois. Diz-se que ele possuía o conhecimento dos grandes yogues, que são capazes de reduzir a sua respiração para dar a impressão de estarem mortos.

Num texto tibetano sobre a crucificação de Jesus, chamado de *Isha Natha*, é explicado que Jesus entrou em estado de superconsciência, ou *samadhi*, mesmo antes da tortura. Um de seus mestres, Chetan Natha, viu em meditação o que ocorria com Cristo (ou Isha Natha) e se transportou para Israel, tornando seu corpo mais leve do que o ar. Ele pegou o corpo de Jesus do sepulcro, despertou-o do transe profundo em que se encontrava e conduziu-o para a Índia, nas terras baixas do Himalaia, onde estabeleceu um *ashram*[2].

Os essênios também têm uma versão diferente para o que ocorreu após a crucificação, contada no livro *The Crucifixion by an Eye-Witness* (em tradução livre, *A Crucificação Segundo uma Testemunha Ocular*), lançado em Chicago, em 1907. Segundo relatos, a obra foi publicada originalmente em 1873, mas acabou sendo retirada de circulação e todos os exemplares foram destruídos. Porém, uma cópia teria ficado em poder da Fraternidade Maçônica da Alemanha.

O livro traz uma carta escrita por um integrante da Ordem dos Essênios a outro membro na Alexandria, sete anos após a crucificação, dizendo que dois irmãos da Ordem, José de Arimateia e Nicodemos, influentes tanto junto a Pilatos quanto aos judeus, foram os que removeram o corpo de Cristo da cruz, depois que um terremoto afastou as pessoas do local. Eles não acreditavam que o Mestre estivesse morto, já que teria passado menos de sete horas crucificado. Quando viram seu estado, perceberam que ainda era possível salvá-lo usando unguentos de grande poder curador. O corpo foi então colocado no sepulcro pertencente a Arimateia. Defumaram a gruta com *Aloe vera* e outras ervas e fecharam a entrada com uma pedra grande. Cerca de trinta horas depois, um ruído foi ouvido: os essênios perceberam que seus lábios se moviam e ele respirava. Assim que Jesus se recuperou, foi escondido em um centro essênio.

Há, ainda, a versão da seita muçulmana *ahmaddiya*, que não aceita a morte de Jesus na cruz, acreditando que ele faleceu de velhice na Caxemira, onde teria se casado e tido um filho. O povo muçulmano costuma dizer que, após ter sido salvo da cruz, Jesus partiu numa odisseia, guiado e protegido por Alá, tendo vivido até os 120 anos. Os indícios de que ele teria morado e morrido na Caxemira muito depois da crucificação não são reconhecidos pela

[2] local onde os sábios hindus viviam em paz, em meio à natureza, como eremitas; hoje o termo refere-se a comunidades que promovem a evolução espiritual dos seus membros.

história oficial, mas isso é o que menos importa. A mensagem do sublime peregrino permanece viva por mais de dois milênios, foi acolhida pelas mais diferentes culturas e se instalou nos quatro cantos do mundo.

A versão da minha alma

Muitas são as teorias defendidas sobre os mistérios que envolvem a vida do homem que causou mais inquietação nos corações humanos. Dotado de uma luz magnética e conceitos revolucionários para a sua época, Jesus deixou marcas profundas em nossas almas sem ter escrito uma única palavra. Suas mensagens de amor livre, irmandade, comunhão, não separatividade e absoluta negação do ego fizeram com que ele fosse crucificado. Mas de nada adianta ficarmos discutindo se Jesus viveu na Índia ou não, se ele se casou ou não com Maria Madalena, ou se foi visitar ou não os monges tibetanos para aprender conceitos budistas. Infelizmente essa briga nada mais é do que especulação de uma teia comercial, que mais de dois mil anos após seu nascimento ainda deseja faturar às custas do Grande Mestre!

Chega a ser engraçado, pois brigas e discussões não condizem com aquilo que ele veio nos mostrar. Só para começar, não foi Jesus quem inventou o cristianismo; fomos nós, com toda nossa considerável taxa de ignorância. Todos os grandes avatares encarnaram com uma proposta de amor, e nós, seres humanos, com a ilusão dos rótulos, inventamos palavras para explicar o que não tem explicação. Realmente, a proposta deste livro não é semear discussões, até porque encontramos isso facilmente em qualquer outro lugar. Falar de Jesus, antes de tudo, é falar de compaixão, humildade e profunda paz. Então vou me concentrar em seus ensinamentos, dividindo com você a verdade que parte do coração – e é claro que você tem todo o direito de concordar ou não. Ao menos questione, mas, como diz o Mestre Sai Baba, "questione com o seu coração, porque dele a verdade aflora".

Em primeiro lugar, não devemos confundir Jesus e Cristo. Jesus representa o homem, filho de Maria e José, um corpo físico que necessita de respiração, alimento e batimentos cardíacos, como qualquer um de nós. Cristo é um grau iniciático, um estado consciencial muito elevado. É a alma, o Eu Superior, o Arcanjo Planetário, como algumas pessoas o chamam. Dependendo do grau evolutivo em que nos encontramos, pelas nossas experiências reencarnatórias, qualquer um de nós pode vir a se tornar um Cristo – ou Buda, que tem o mesmo significado: iluminação.

Isso pode causar em você perplexidade, mas, com toda a força anímica que Jesus possuía aos 30 anos, se ele tivesse encarnado já como "o Cristo", seu corpo humano não teria como suportar toda a energia da Alma Crística, que comportava, ao mesmo tempo, a energia de muitas mônadas[3].

Jesus foi o nome dado à criança que cresceu em Nazaré e, conforme se desenvolvia, foi recebendo blocos de energia e informações divinas. Sua personalidade crística foi se moldando e agregando qualidades até possuir um grau de amadurecimento energético para se tornar o Cristo. A palavra Cristo, de sua raiz grega, *Khristós*, literalmente significa "aquele que é o ungido do Senhor, o Filho de Deus".

A própria Bíblia, nas mensagens deixadas pelos apóstolos, está sujeita a muitas interpretações, dependendo do grau de profundidade e esclarecimento de quem a lê. Quanta ignorância se vê por aí, em nome de Jesus. Sacrifícios, dogmas, paradigmas e atitudes nada condizentes com a Sua mensagem: fanatismo, enfim – tudo o que Ele abominava quando expulsou os vendilhões do templo. Você acha estranho que alguém de tamanho equilíbrio tenha feito uma expulsão? E, então? Faltou compaixão naquele momento ou Jesus teria usado o que várias filosofias descrevem como raiva positiva ou ira de Deus para que a justiça seja feita? Como grande líder, às vezes é necessário se impor enquanto filho de Deus. E você? Tem conseguido impor suas ideias crísticas ou serve de alvo para imposições alheias? O quanto o seu Ser Crístico tem aflorado? Quem é mais presente em sua vida: seu Eu Crístico ou seu Eu Inferior? O amor ou a crítica? A raiva ou a tolerância?

---

[3] Mônada é uma alma única, manifestação primordial das centelhas de luzes divinas à imagem e semelhança do Criador.

Como foi mencionado anteriormente, Jesus não deixou nada escrito. Alguns Grandes Mestres não nos deixam legados com palavras porque certos sentimentos não podem ser codificados com letras. As escrituras sagradas dependem única e exclusivamente da interpretação e da profundidade de quem lê.

Existe um livro apócrifo que teria sido ditado por Jesus Cristo: *A Course in Miracle* (*Um Curso em Milagres*), escrito em 1975, por Helen Shucman, uma psicóloga clínica. Ela se relacionava muito mal com seu chefe, William Thetford, no Departamento de Psicologia do Columbia Presbiterian Medical Center de Nova York, nos Estados Unidos. Trabalhando muito próximos um do outro, os dois culpavam-se mutuamente pela infelicidade que viviam e não acreditavam na realidade espiritual. Helen descreve a si mesma assim:

"Psicóloga, educadora, teoricamente conservadora e ateísta em minhas crenças, eu estava trabalhando em um ambiente altamente acadêmico e de muito prestígio. De repente, algo aconteceu que desencadeou uma série de eventos que eu não poderia ter previsto. O chefe do meu departamento inesperadamente anunciou que ele estava cansado dos sentimentos raivosos e agressivos que as nossas atitudes refletiam, e concluiu dizendo que 'tem de haver um outro jeito'. Como se eu estivesse esperando este sinal, concordei em ajudar a achá-lo. Aparentemente, esse Curso é o outro jeito".

Helen começou, então, a receber mensagens em sonhos, que anotava de forma taquigráfica para depois transcrever, ato que não era automático e podia ser interrompido a qualquer momento, já que depois ela continuava exatamente do ponto onde havia parado. Após alguns anos, o manuscrito principal estava pronto. Começava, assim, *Um Curso em Milagres*.

Ninguém tem certeza, além da própria escritora, se realmente foi Jesus quem ditou a magnífica obra. Entretanto, os números mostram: já vendeu mais de um milhão de cópias; nasceram, aproximadamente, 700 livros inspirados nela; e existem cerca de 2 mil grupos de estudo em função dessas 1,2 mil páginas de escrituras que, quando lidas com o coração, não deixam dúvidas de que foram apresentadas pelo Grande Mestre. Obra indispensável para quem trilha o caminho da luz, encontra-se traduzida em diversos idiomas.

Todas essas situações provenientes do livro *Um Curso em Milagres* servem também como um excelente teste de fé. Até que ponto acreditamos em algo que não pode ser visto ou lido, mas apenas sentido com o coração? Na era racionalista em que nos encontramos, onde tudo precisa de comprovação científica, nada é mais lógico do que os sentimentos. Todos sentem, porém poucos se dão conta de algumas coisas básicas, como, por exemplo, a verdade absoluta de que a nossa intuição jamais nos engana.

A intuição tem peso, medida ou pode ser tocada? Não. Mas ela existe! Se você, ao entrar num ambiente, sente algo ruim, um aperto no peito ou dor no estômago, nada mais é do que sua intuição interagindo e mostrando que algo está errado. Nossas emoções são um mecanismo extremamente evoluído, que sabe dizer o que é bom ou ruim. Quanto a Jesus Cristo, nos dias de hoje, existe quase uma unanimidade. Embora alguns ainda tenham dúvida quanto à sua existência ou ao rumo da história de sua vida, muitos já concordam com sua importância e seu impacto na vida humana. Seja como homem ou como avatar, sempre lembramos das lições desse Mestre que marcou o calendário de nossa era.

Aqui vale relembrar a parábola do filho pródigo, que pode ser interpretada de muitas maneiras. A história que conto a seguir é surpreendente, talvez até inacreditável, mas traz uma noção relativamente verdadeira acerca do que Ele quis dizer com "filho pródigo". Ela foi canalizada por diversos povos, por pessoas e crenças diferentes, em várias épocas. O mais espantoso é que essas histórias são parecidas e seguem uma ordem lógica de raciocínio.

Para falar do Cristo, do Filho de Deus, ou da Alma Crística, temos de retornar a uma era muito longínqua, nos primórdios do Universo.

> No princípio de tudo, havia apenas uma única Fonte de Luz, a qual chamamos Deus, nosso Pai/Mãe Celestial. Para expressar toda a sua beleza e divindade, essa Luz se manifestou através de orbitais, materializando-se em universos, sóis, luas, galáxias e expressões de Si mesmo. Tudo isso para que a alegria da Sua criação pudesse ser contemplada e dividida por outros seres. Dessa manifestação, surgiram inúmeras centelhas de luz à Sua imagem, inclusive uma expressão de luz

autoconsciente chamada Amilius, a primeira manifestação do Cristo. Uma característica comum a todos esses seres iluminados era o livre-arbítrio. Como partículas divinas, esses seres de luz saíram pelo Universo para criar e manifestar a Luz Divina, da mesma forma que o Criador. Ao conhecer as criações materiais, não houve satisfação em apenas contemplá-las, mas a necessidade de experimentar a matéria. Esses espíritos livres e andróginos começaram a se projetar em uma árvore para viver a experiência de ser um vegetal, também em um animal para ter a sensação de sentir na pele como era beber água em um riacho.

Não haveria nenhum problema em experimentar o universo material, desde que não houvesse a superidentificação com ele. Porém, de tanto experimentar, surgiram desejos e vícios. Tudo era experimentado e sentido, mas, com o desequilíbrio nas emoções, esses seres começaram a se projetar em tudo. Por serem partículas que saíram diretamente da fonte, sua força era muito intensa e um único pensamento já se manifestava, inclusive pela liberdade dos sentidos, que eram muito mais de cinco. Bastava que se imaginasse um elefante com cabeça de cachorro, que imediatamente a aberração se materializava. Numa necessidade desenfreada de experimentar a

matéria, essas almas (nós mesmos) emanavam partículas de si mesmas, dividindo-se em várias partes que, fragmentadas, acabavam por esquecer sua origem. Assim iam se partindo cada vez mais e perdendo poder. Surgiram seres horrendos, e o equilíbrio do Universo estava em perigo, pois as manifestações divinas estavam experimentando a matéria de maneira desenfreada, esquecendo totalmente o propósito de sua origem espiritual. Porém, algumas das manifestações, não concordando com as atitudes de seus irmãos, opuseram-se e ficaram ao lado do Pai/Mãe. Uma dessas manifestações, chamada Amilius (que mais tarde viria a ser Adão, e depois Jesus), por sua incorruptibilidade, permaneceu junto de Deus.

Nessa época, surgiu o período que chamamos de "Queda do Homem", quando nos prendemos à matéria de tal modo que começamos a acreditar que éramos os seres que havíamos criado, esquecendo completamente nossa origem espiritual. Assim, houve uma espécie de intervenção divina para que o Universo restabelecesse seu equilíbrio e harmonia. Um processo de separação energética precisou ser feito: as almas foram divididas em sexos feminino e masculino, restaram-nos cinco sentidos, foram criadas as cinco raças com cores de pele diferentes para que melhor se adequassem ao clima de cada região. Ficamos presos aqui no chão, na densidade da matéria para que, lentamente, através dos milênios, começássemos a lembrar do caminho de volta para a casa do Pai/Mãe Universal.

Muitas vezes, como terapeuta, observei as pessoas invocando a Divina Presença do Eu Sou. Elas repetem "Eu Sou, Eu Sou, Eu Sou". Quando perguntamos o motivo, a resposta é: "Ah, é porque meu guru recomendou; porque meu terapeuta falou que é bom; porque é legal". Em tudo o que Jesus ensinava, existia um enorme grau de profundidade. Por isso, não basta repetir "Jesus é aquele que veio para nos salvar, ou para retirar os pecados do mundo", mas compreender por que fazer isso e, principalmente, sentir. As invocações da Divina Presença do Eu Sou existem para que nossa alma seja despertada e lembre exatamente de quem ela é, de onde veio, e para lembrarmos da nossa origem divina e crística.

Por isso é que a afirmação do Eu Sou é tão importante!

Eu Sou uma partícula de Deus.

Eu Sou Deus em ação!

Eu Sou um Filho de Deus!

Para que nunca esqueçamos de Quem somos Filhos!

"Quem ousar dizer 'Eu Sou O Que Eu Sou', que ouse também perdoar, que ouse também compreender e ser compassivo, pois, neste começo da Era de Aquário, é chegada a hora de o homem santificar suas ações e compreender os enganos do próximo."[4]

A fim de auxiliar nessa caminhada de volta para casa, nos momentos de crise, Deus envia um avatar, uma manifestação de Si mesmo para que possamos receber um grau de energia mais elevado, que torne nossa evolução mais veloz. Amilius, cheio de amor, compaixão e coragem, teve a nobreza de se oferecer para esse árduo compromisso de ajudar os irmãos na volta para casa – ou "arrebanhar as ovelhas", daí as vidas de Cristo e Krishna como pastores.

Com isso, vieram as outras encarnações crísticas:

- Adão;
- O Sacerdote Machiventa Melquisedeque (professor de Abraão);
- Enoch (um dos profetas bíblicos do Antigo Testamento);
- Zend (pai de Zoroastro, o avatar da Pérsia);
- Jesa (um sábio judeu da Babilônia, que participou da revelação da Cabala aos homens, juntamente com o profeta Schimeon Ben Jochai);
- Josué (que substituiu Moisés na missão de conduzir o povo judeu até a Terra Prometida);
- Rama (na filosofia hindu, é o sétimo avatar de Vishnu);

[4] Frase extraída do livro *Os Sete Mestres*, de Maria Sílvia Orlovas.

- Krishna (na filosofia hindu, é o oitavo avatar de Vishnu);
- Buda (Príncipe Sidarta Gautama, nono avatar de Vishnu);
- Jesus Cristo (o Hierofante do Amor);
- Apolônio de Tiana (profeta peregrino do Século I, no Oriente) que ascensionou, assumindo a identidade de Sananda no plano astral superior.

Por outro lado, aqui estamos nós, ainda evoluindo milimetricamente neste retorno à Casa do Pai/Mãe. Podemos avaliar nossa velocidade, observando que, em dois mil anos, evoluímos apenas tecnologicamente. Mas talvez hoje, no século XXI, sejamos mais bárbaros do que os nossos antepassados primatas, pois na época deles não havia o grau de esclarecimento que existe hoje. Para que tenhamos consciência de nossa barbárie, separei exemplos encontrados nos noticiários que demonstram o que estamos fazendo com nossas crianças:

- Milhares de crianças trabalham, no mundo inteiro, em jornadas de 17 horas, enfrentando condições precárias e risco de morte;
- Crianças disputam migalhas de pão com abutres em lixões;
- Crianças trabalham em olarias para ajudar no sustento de suas famílias. Por terem o peso e a idade ideal (entre 4 e 6 anos), são importantes para andarem sobre os tijolos que secam ao sol sem quebrá-los;
- A cada 24 horas, 320 crianças e adolescentes são explorados sexualmente no Brasil, de acordo com a Unicef;
- Milhares de meninas e meninos fogem de conflitos quando seus países estão em guerra e perdem vacinas vitais para protegê-los contra poliomielite, sarampo, difteria e outras doenças potencialmente fatais.

E então? Onde estamos? Na casa do Pai? Certamente não!

Porém, há algo inerente à nossa alma: esperança! Assim como existem essas situações que nos fazem chorar, existem aqueles que não medem esforços para provar que ainda é possível acreditar na força do coração humano. Verdadeiros guerreiros, seres de luz que optam pela misericórdia, pela unicidade e por ajudar a quem precisa. Pessoas que poderiam levar suas vidas de forma tranquila, sem precisar trabalhar tanto pelas causas sociais, mas a inquietude e o inconformismo de seus espíritos não permitem que levem uma vidinha ilusória e sem graça, pois não existe nenhuma graça naquilo que é passageiro, como o acúmulo de bens materiais, por exemplo. Para eles, a verdadeira felicidade reside em cada sorriso de gratidão das crianças, e em cada gesto de agradecimento das pessoas ajudadas.

Tudo o que existe no Universo é bipolar. Portanto, sempre que há a escuridão, existe a certeza de um próximo dia ensolarado e a esperança de que, muito em breve, todos os seres humanos despertarão para uma vida de colaboração, na qual prevalecerão os sorrisos cordiais nas ruas, a educação, o equilíbrio e a gratidão. Então nosso livre-arbítrio só seguirá por uma estrada: a da misericórdia.

A palavra misericórdia é de origem latina e surge da junção de *misereo*, que significa "miséria", com *cor*, que quer dizer "coração". Essa palavra traz a miséria ao coração, deixando-os entrelaçados. Assim como o Cristo se dispôs a auxiliar no resgate de nossa alma, devemos pôr a miséria de nossos irmãos próxima dos nossos corações. A misericórdia mora no coração que se compadece e age. Somente pelas nossas ações – cada um fazendo sua parte nas filas de banco com gentileza, sendo educado no trânsito ou auxiliando alguém a atravessar a rua –, conquistaremos a maior das recompensas: um planeta harmonioso onde reinará a paz e a comunhão. E, assim como Jesus nos ensinou, que possamos amar o próximo como a nós mesmos, pois somos uma Presença Única, que veio da mesma Fonte Cósmica!

Palavras de Jesus Cristo, segundo o Evangelho de São Mateus

"Mesmo que o Céu e a Terra passem, não será omitido um jota ou um til da lei até que tudo seja cumprido."

Podemos comparar esse ensinamento ao sexto princípio hermético, também conhecido como a Lei do Karma. Toda ação possui uma reação, e nada escapa ao cumprimento da lei.

"Guardai-vos de praticar sua justiça diante dos homens para serdes vistos por eles. Do contrário, não tereis galardão diante de Vosso Pai Celeste. Portanto, quando derdes esmola, não faças tocar trombeta diante de ti como os hipócritas fazem nas sinagogas e nas ruas, para serem louvados pelos homens. Em verdade vos digo que já receberam a sua recompensa. Mas quando derdes esmolas, não saiba a tua mão esquerda o que faz a tua direita, para que a tua esmola seja dada em segredo, então Teu Pai, que vê em secreto, te recompensará. Não julgueis segundo a aparência, e sim pela reta justiça."

Esses ensinamentos são similares à reta justiça de Rama, sétimo avatar de Vishnu.

"Não acumuleis para vós outros tesouros sobre a terra, onde a traça e a ferrugem corroem e onde os ladrões escavam e roubam; mas ajuntai para vós outros tesouros no céu, onde traça nem ferrugem corrói e onde os ladrões não escavam, nem roubam; porque, onde está o teu tesouro, aí estará também o teu coração."

Compare o ensinamento acima com a frase do *Tao Te Ching*, de Lao-Tsé: "O acúmulo de riquezas só existe para incitar o roubo".

BUDA

• ILUMINAÇÃO •

A palavra *Buddha*, do idioma sânscrito, significa "desperto", "iluminado" (vem do radical *Budh*, "despertar"). Buda não se trata, especificamente, de uma pessoa, mas de um título dado na filosofia budista àqueles que atingiram a iluminação de todo o conhecimento divino e se puseram a divulgar esses fenômenos com a intenção abençoada de levar esse despertar espiritual aos demais seres. Segundo os ensinamentos budistas, todos os fenômenos materiais são impermanentes, insatisfatórios e impessoais. Ao compreender essa realidade, seria possível viver de maneira plena, livre dos condicionamentos mentais que causam a insatisfação, o descontentamento e o sofrimento.

A palavra "Buda" denota não apenas um mestre religioso que viveu numa época em particular, mas toda uma categoria de seres iluminados que atingiram a completa realização espiritual. Aqui no Ocidente, podemos associá-lo com o título de "papa", que se refere não apenas a um homem, mas a todos aqueles que sucessivamente ocuparam o cargo. As escrituras budistas tradicionais mencionam pelo menos 24 Budas, que surgiram no passado em épocas diferentes.

Entre eles, o mais conhecido foi Sidarta Gautama, um príncipe nascido no sul do Nepal, em 558 a.C., no reino de Shakya, filho do rei Gautama e da princesa Maya – último de uma linhagem de antecessores cuja história se perdeu no tempo. Hoje é conhecido como "Buda", "O Iluminado" ou, ainda, "Luz da Ásia".

Gautama era seu nome de família, que significa "a melhor vaca", e Sidarta é uma junção do Sânscrito *Siddhi* ("realização", "completude", "sucesso") e *Artha* ("alvo", "propósito", "meta"). Pode ser traduzido como "aquele cujos objetivos são alcançados" ou "aquele que cumpriu a meta a que se propôs em sua vida".

Há mais de 2,5 mil anos, o Buda Shakyamuni, como também é conhecido (cujo significado é o "sábio de Shakya"), surgiu entre os membros da casta guerreira *kshátrya*, sendo seu pai, na época, um rei da região de Kapilavastu, reino de Shakya ao sul do Nepal, onde nasceu sob a filosofia *samkhya*, um dos três pilares básicos do hinduísmo tradicional. Sidarta foi um nobre dedicado a banir o sofrimento humano e nos deixou uma herança de luz e sabedoria.

Seu surgimento aqui na Terra parte de uma bela história oriental. Sua mãe sonhou com um lindo elefante branco de seis presas, que entrou em seu ventre e a fecundou com uma pérola. Ao acordar, a princesa foi tomada por uma imensa sensação de paz e sentiu sua alma se libertando. Nesse momento, ela soube que traria ao mundo "O Iluminado".

Durante a gravidez, Maya precisou retirar-se do palácio para fazer uma viagem. Então, na floresta, juntamente com suas amas, ela sentiu que estava na hora de O Iluminado chegar. Buda nasceu e se pôs a caminhar. Onde pisava, brotavam lindas flores de lótus. Ele olhou para as quatro direções sagradas e, depois de constatar que era um ser único em todo o Universo, falou: "Eu sou aquele que veio trazer iluminação ao mundo".

Sua mãe iluminou-se na hora do parto e, sete dias depois, partiu deste mundo, feliz e sem apegos, pois sabia que tinha cumprido sua missão com a humanidade. No mesmo dia, Maya ascensionou aos céus.

Percebendo que o menino possuía algo de especial, o pai levou-o aos sábios e videntes, que viram nele todos os traços de um grande iluminado. Suas mãos e pés traziam as marcas dos animais sagrados e da Grande Montanha. No alto de sua cabeça, onde se localiza o chacra coronário, havia uma protuberância. Nesse instante, um dos sábios presentes chorou, pois sabia que, devido à sua idade avançada, não viveria o suficiente para ser um dos discípulos do Iluminado.

Ao verem os sinais e as coincidências de seu nascimento, os sábios profetizaram ao rei que seu filho havia descido ao mundo para ser um grande rei de toda a Terra ou um dos maiores sábios que já pisaram no planeta. Mas o rei não queria que seu filho fosse um monge, e sim um grande príncipe, e por isso o criou fechado no palácio, ocultando dele tudo o que pudesse lembrar o sofrimento do homem. Cercou-o de luxo, mas os sinais continuavam a aparecer. Numa competição de arco e flecha realizada no palácio, Sidarta lançou uma seta a uma distância assombrosa e, quando ela tocou o solo, a terra se abriu, brotando uma fonte de água límpida que até hoje é procurada sem sucesso por vários mestres e peregrinos. O pai se preocupou, mas preferiu ignorar diversos sinais – como o crescimento do lóbulo das orelhas (sinal de iluminação para os orientais) –, tentando, em vão, fazer com que ele seguisse o caminho da realeza e se casasse.

Sidarta casou-se com a princesa Yashodara Devi, que nasceu no mesmo instante em que ele veio ao mundo. Entre eles havia muito amor, e a vida de Sidarta continuava seguindo em ritmo normal, dentro dos princípios da nobreza daquela época. Ele jamais conheceu o sofrimento, pois seu pai, sabendo da pureza da alma do filho, protegia-o ao máximo, evitando seu contato com a dor, a doença, a pobreza, a velhice e a morte.

Quando o príncipe Iluminado saía para passear pelo reino, os guardas imperiais iam à frente limpando a "sujeira". Eles retiravam das ruas todos os pobres, mendigos e pessoas doentes e famintas, para que Buda jamais visse tais atrocidades. Mas, em uma de suas saídas, os seguranças falharam e o jovem viu três coisas que perturbaram sua mente.

A primeira foi um senhor em idade muito avançada, que estava faminto e doente. Isso o deixou muito surpreso, porque não imaginava que tal fato existisse. Ele perguntou ao guarda que lhe fazia companhia o que era aquilo. Ele respondeu que todos, sem exceção, um dia chegariam à velhice.

A segunda visão foi a de um leproso, o que o abalou ainda mais. Novamente perguntou o que era aquilo, e ouviu que se tratava de um homem doente, assim como todos os seres humanos, pelo menos uma vez na vida, passariam por algum tipo de enfermidade.

No caminho de volta, ele presenciou uma celebração fúnebre e perguntou ao guarda por que as pessoas caminhavam pela rua levando um homem deitado. O guarda explicou que a morte é o destino final de cada pessoa, não importando sua condição, casta, cor de pele ou crença.

Esse passeio mudou definitivamente a vida de Sidarta, que ficou atormentado com tanto sofrimento. Aqueles pensamentos não saíam de sua cabeça, e dentro de si começava a brotar uma grande força, a qual dizia que ele precisava fazer algo para acabar com os sofrimentos do mundo. Sidarta percebeu que seu pai e todos os que estavam à sua volta o tinham enganado, escondendo as verdades da vida. Então ele conheceu a ilusão em que vivia.

Buda se deu conta de que a desilusão é uma situação muito positiva, pois, quando permanecemos iludidos, não conhecemos a Verdade. As palavras "verdade" e "verde" têm a mesma raiz. Uma das traduções de "verdade" é "representação fiel de algo existente na natureza", ou seja, a busca da verdade é algo natural a todos os seres humanos. Por mais que estejamos iludidos, é na natureza, no verde, que buscamos nossa verdade mais profunda. Nós, humanos, somos "bichos do mato" sim! É natural, pense comigo: onde você moraria se não existissem casas? Na natureza, numa árvore, talvez numa caverna.

A cor verde da natureza está associada ao equilíbrio, pois se localiza bem no meio do arco-íris, que é a luz primordial, natural, gerando um ponto de equilíbrio entre as cores mais frias e as mais quentes. O verde é yin e yang, simultaneamente, associado também ao chacra cardíaco (ou *Anahata*), que se localiza bem no nosso centro, na câmara secreta de nossos corações. É lá, no centro sagrado de nosso coração, que habita o verde, a verdade que é única para cada um. É pessoal e intransferível, variando de pessoa para pessoa, a depender da interpretação e profundidade de cada alma. Por isso as discussões religiosas são inúteis, já que os membros de uma família que tiveram a mesma educação podem ter crenças diferentes, de acordo com o seu grau de evolução espiritual.

A verdade deve ser buscada, experienciada, vivida, para que nos libertemos do véu de ilusão, como fizeram os grandes mestres.

A Busca da Verdade

Buda ainda não sabia o que fazer, mas começou a sentir uma grande força interna. Decidiu sair novamente e foi quando encontrou um grupo de monges mendicantes. Sua curiosidade levou-o a perguntar a seu cocheiro quem eram aqueles homens. O serviçal explicou que eram santos, que haviam escolhido abandonar todas as ligações com as coisas terrenas para encontrar a iluminação e libertar-se do sofrimento. Nesse momento, o príncipe sentiu um enorme chamado interior e resolveu abandonar a nobreza para seguir o caminho dos monges, a fim de libertar a humanidade do sofrimento.

Sidarta deixou o palácio no dia em que seu filho nasceu. Ele o viu antes de partir e fez a promessa de que um dia voltaria para cuidar dele. Depois cavalgou com o seu servo para longe, trocou de roupa com o serviçal e se dirigiu às montanhas para encontrar os sábios e aprender junto a eles. O servo retornou e contou o ocorrido ao rei, que ficou desolado, mas nada pôde fazer. Segundo a lenda, o cavalo de Sidarta morreu de tristeza ao voltar para o palácio.

Conforme conta a tradição, o jovem aprendeu o sistema *samkhya* com o mestre Arada-Kalama e as técnicas de yoga com o guru Udraka Ramapura. Mesmo assim, continuava perturbado. Ele sentia que deveria partir em outras direções e, com esse intuito, rumou para a floresta com um grupo de ascetas, pessoas que se dedicavam por completo aos exercícios espirituais, mortificando o corpo, usando de flagelos radicais e fazendo sacrifícios extremos para obter a purificação. Seu intuito era praticar mortificações e jejuns para atingir a iluminação.

Contudo, ele percebeu que, por mais que castigasse seu corpo e jejuasse quase até morrer, enfrentasse o sol ou a chuva sem nada para cobrir o corpo, praticasse as posições de yoga nas mais diversas condições, esses extremismos não estavam levando-o a lugar algum. Apenas maltratavam seu corpo físico e sua alma.

Quando externou suas preocupações para seus companheiros de senda, eles disseram que estava se desviando do caminho e que deveria treinar com mais afinco. Embora ainda fizesse toda a série de mortificações, Sidarta percebia que estava longe de seu objetivo. Em uma das passagens pela floresta, uma moça percebeu o quanto ele estava fraco e lhe ofereceu um pouco de água e arroz, que ele aceitou de bom grado. Mas seus companheiros, ao verem isso, o repreenderam e abandonaram, afirmando que ele não era digno do caminho dos *sadhus* (renunciantes).

Com as forças renovadas, Sidarta percebeu que a verdade e a libertação não estavam nos extremos. Fosse no luxo ou nas mortificações, ele não encontraria as respostas que procurava, pois elas estavam no meio-termo, no Caminho do Meio. Com isso em mente, ele decidiu ir até o fim para descobrir a Verdade. Para isso, escolheu uma figueira, sentou-se embaixo dela e fez o juramento de que, mesmo se sua carne definhasse e seu sangue secasse, só se levantaria dali depois de obter a iluminação. Tão firmes eram sua determinação e vontade, que Sidarta a obteve naquela mesma noite.

O evento da iluminação de Sidarta trouxe a seu corpo o espírito sagrado do Senhor Maitreya, o Cristo Planetário *(leia sobre ele na pág. 293)*, assim como aconteceu com Jesus: Sidarta era o homem e Buda (ou estado búdico) equivalia a Cristo (ou estado crístico). Quando o Espírito Sagrado do Cristo Planetário interpenetra o corpo físico de um homem iluminado, como Jesus, Buda ou Krishna (os escolhidos), esses seres atingem um alto grau iniciático, tornando-se avatares, que são os emissários celestes, os "Filho de Deus".

O instante da iluminação de Buda pode ser comparado ao momento do batismo de Jesus no rio Jordão: foi quando o Espírito Santo se fez presente no corpo de ambos. Imediatamente, Buda percebeu a razão de tudo o que ocorria ao homem, soube quem era e quem havia sido e que há centenas de encarnações ele vinha se preparando para o momento da iluminação. Também percebeu que não existia nada nem ninguém para auxiliar no seu processo de busca e conhecimento: toda verdade e saber estavam em seu interior. Compreendeu que essa mesma verdade se aplicava a todos os seres humanos e que essa era a chave para acabar com o sofrimento.

Diz a lenda que o Rei dos Demônios, ao perceber que o seu domínio sobre os homens seria afetado, atacou O Iluminado com todas as suas artimanhas, desde elefantes enlouquecidos e guerreiros místicos até belas donzelas com trajes sensuais. Mas, uma a uma, tais ameaças foram desviadas por Sidarta, que já havia se tornado o Buda.

Mesmo após a iluminação, ele continuou meditando noite adentro e, quando a estrela da manhã surgiu no horizonte, despertou com toda a força da sua iluminação. Segundo contam as escrituras budistas, isso ocorreu na lua cheia de maio. No calendário hindu, é chamada de Festival do Wesak, data especial no budismo – uma espécie de Natal, pois representa o momento do nascimento do grande salvador do mundo, aquele que havia atingido a iluminação por si só.

Sidarta tinha 35 anos quando isso aconteceu. Após conquistar a iluminação, ele ainda permaneceu mais sete dias no mesmo local, desenvolvendo uma forma de transmitir aos homens o que havia descoberto para que não só ele, mas todos, pudessem atingir o estado de *bodhi* ou *bodhicitta* ("iluminação").

Após a iluminação, Buda teve a consciência das **Quatro Nobres Verdades**:

1. *O sofrimento existe.*
2. *Sua origem é o desejo.*
3. *Sem desejo não há sofrimento.*
4. *Pode-se chegar a eliminá-lo por meio da Senda Óctupla.*

A Senda Óctupla abrange **Oito Verdades Espirituais**:

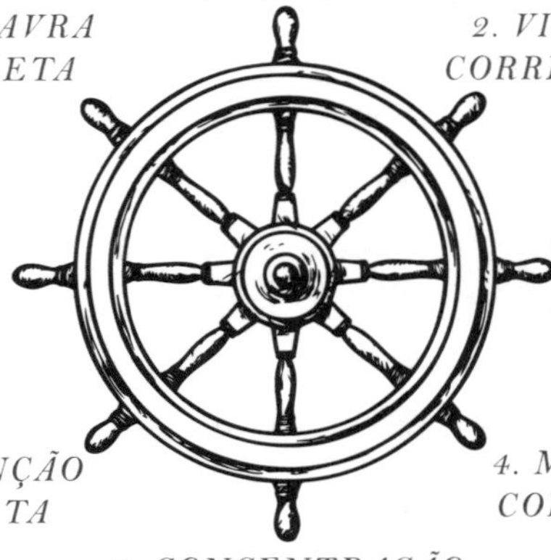

PARA PARTICIPAR DO FESTIVAL DE WESAK

Quando acontece a primeira lua cheia do mês de maio – exatamente como estava o céu quando Sidarta atingiu a Iluminação –, no Oriente se comemora o Dia de Buda, também chamado de Festival de Wesak. Considerado um dos dias mais poderosos para os orientais, nele são feitas meditações (muitas vezes com pedidos a Buda) e práticas de gratidão.

Para participar dessa tradição, você pode fazer uma prática nos dois dias anteriores, no dia do Festival e durante os dois dias posteriores, seguindo uma alimentação bem leve. Entre em estado de prece, visualizando luz. Deixe-a penetrar na alma e recite tantas vezes quanto seja possível a Grande Invocação. A prática mínima é recitá-la ao amanhecer, ao meio-dia, às cinco da tarde, ao anoitecer e no momento exato da lua cheia. É uma maneira de fazermos algo para auxiliar na introdução de um período de paz e boa vontade no mundo.

Seguindo suas próprias palavras, O Iluminado foi conversar com os cinco renunciantes que o haviam abandonado, por não o considerarem digno de ser monge. Ao chegar ao Parque das Gazelas, proferiu seu primeiro discurso, que tem para o budismo a mesma importância d'O Sermão da Montanha para o cristianismo. No momento em que os monges o viram, perceberam que ele era O Iluminado. Após ouvirem suas palavras, os cinco atingiram samadhi (o supremo estado de bem-aventurança) e se uniram à ordem que acabava de nascer: o budismo.

Buda afirmou, em mais de um discurso, que os praticantes do budismo deveriam questionar seus mestres, inclusive ele. Somente a doutrina que sobrevivesse aos questionamentos teria a chave para a libertação, pois a verdade se movimenta a todo instante e as doutrinas também precisam mudar, como tudo no Universo. Por isso o estudo de lógica é tão intenso nos mosteiros budistas, para que todas as respostas se endossem, não restando dúvida quanto ao verdadeiro caminho.

O SERMÃO DE BENARES

Assim falou Buda, no Parque das Gazelas, ao dirigir-se aos seus discípulos:

> *"O sofrimento físico traz perturbações à mente. O conforto físico traz apego às paixões. Nem o ascetismo, nem o prazer permitem realizar o caminho. É preciso abandonar esses dois extremos e seguir o Caminho do Meio. Este é o óctuplo caminho, composto de visão correta, ação correta, vida correta, esforço correto, intenção correta, palavra correta e meditação correta. Aquele que praticar isso alcançará a paz espiritual e se livrará dos tormentos do nascimento,da velhice e da morte. Eu obtive o Caminho do Meio e alcancei a Iluminação.*
>
> *Como sabeis, a vida é plena de sofrimento: ao nascer, ao envelhecer, ao adoecer e ao morrer. Há, ainda, o sofrimento da separação dos entes queridos, o de ser obrigado a permanecer ligado a algo que se detesta, o de não se obter o que se deseja e o de se perder glórias e prazeres. E há muitos outros. Os seres que têm forma e os que não têm; os de uma, duas, quatro ou mais pernas; todos os seres vivos, enfim, estão sujeitos ao sofrimento. Essa é a nobre verdade da origem do sofrimento.*

Todos os seres se deixam prender à ideia de um 'Eu substancial', tornando-se sujeitos a tais sofrimentos. O desejo, a cólera e a ignorância são causados pelo Eu substancial. Esses venenos são a causa de todos os sofrimentos. Todos os seres vivos que são presas desses três venenos estão entregues ao sofrimento. Tal é a verdade sobre a origem desse sofrimento.

O sofrimento deve ser extraído. Se eliminarmos a ideia do Eu, o desejo, a cólera e a ignorância desaparecerão. Então, os sofrimentos cessarão. O abandono, a libertação, o desprendimento conduzem à cessação do sofrimento. Para obter a cessação, é necessária a prática do óctuplo caminho.

Amigos, prestai muita atenção: primeiramente, é preciso conhecer a existência do sofrimento. Deve-se, depois, destruir sua origem. Por isso, é preciso compreender que a cessação do sofrimento é possível. Para consegui-la, é necessário praticar o Caminho. Eu conheci a existência do sofrimento, destruí sua origem, compreendi sua cessação e pratiquei o Caminho. Assim, obtive a Suprema Iluminação.

A Existência, a Origem, a Cessação e o Caminho da Cessação são as Quatro Nobres Verdades. Sem conhecê-las, ninguém pode conseguir a Iluminação. Quem as compreender perfeitamente pode libertar-se de todos os sofrimentos."

Sidarta começou a ser seguido por uma legião de pessoas. Esse fato começou a preocupar os sacerdotes da região, que se sentiram ameaçados e pediram providências ao rei Gautama. Buda atendeu ao pedido de seu pai, pois o respeitava muito. Então ele foi até o palácio com um verdadeiro exército da luz o seguindo: 20 mil pessoas.

No tempo em que lá permaneceu, iniciou sua esposa, seu filho e seu primo Ananda, que se tornou seu grande amigo e herdeiro dos seus conhecimentos. Mas seu pai não simpatizou com a iniciação do neto, repreendendo Sidarta. O rei acreditava que, apesar de ser um Iluminado, seu filho não poderia ordenar crianças sem que elas atingissem uma idade mínima, o que foi aceito e virou regra desde então.

Ainda em sua terra natal, Buda foi vítima de intrigas e emboscadas – algumas armadas por seu primo Devadata –, das quais sempre se livrou. Conta a lenda que Devadata foi tragado para um dos reinos inferiores e lá queima em chamas até hoje.

Já em sua velhice, Buda foi visitado novamente pelo Rei dos Demônios, que havia sido vencido na noite de sua iluminação. O maldoso ser perguntou se deixaria o corpo físico e Buda respondeu que sim, três meses a contar daquela data. Ele explicou que a morte e o fim do corpo físico são leis universais, às quais deveria obedecer, mesmo tendo a capacidade de viver milhares de anos, se assim o quisesse.

Depois disso, Buda convocou os mais diversos seres, desde demônios e serpentes até criaturas celestiais, e ordenou que todos observassem sua lei e que ela não fosse quebrada. Afirmou que, por meio de sua prática, muitos seriam libertados.

Com a saúde abalada em virtude de alguns alimentos que lhe foram oferecidos em suas andanças, Buda caiu de cama e partiu deste mundo aos 80 anos, deitado com a face para o poente e a cabeça em direção ao norte, debaixo de duas árvores. Entrando em êxtase, ele abandonou o corpo em meio a seus discípulos.

Durante o processo de sua morte (*mahasamadhi*), Buda anunciou que haveria o advento do budismo e que aconteceriam separações dentro da filosofia, o que geraria novas facções e grupos religiosos. De fato, ocorreram e transformaram o budismo em uma verdade com diferentes interpretações – uma teia que interliga muitos pontos de vista, desde o lamaísmo tibetano até o zen-budismo japonês –, todas iluminadas pelo Grande Avatar da Ásia: Sidarta Gautama, o Shakyamuni Buda.

A Grande Invocação

Do ponto de Luz na Mente de Deus,
flua luz às mentes dos homens.

Que a Luz permaneça na Terra.

Do ponto de Amor no Coração de Deus,
flua amor aos corações dos homens.

Que o Cristo volte à Terra.

Do centro onde a Vontadede Deus é conhecida,

Que o propósito guie as pequenas
vontades dos homens,

O propósito que os Mestres
conhecem e seguem.

Do centro a que chamamos raça dos homens,

Que se manifeste o Plano de Amor e Luz,

E confirme a vontade para o bem.

Que a Luz, o Amor e o Poder mantenham
o Plano Divino sobre a Terra.

Que assim seja e sempre será,
porque assim é!

RAMATÍS

• *CONHECIMENTO* • *TRANSFORMAÇÃO* •

Amado e respeitado no meio espiritualista brasileiro, Swami Ramatís é uma das figuras espirituais mais requisitadas na época atual. Adepto de conceitos muito evoluídos, nos traz conhecimentos sobre vegetarianismo, ufologia, chacras, projeção astral, fitoenergética e muitos outros temas espirituais.

Seus ensinamentos são inconfundíveis. De linguagem forte, enfática e encantadoramente incisiva, ele nos leva à reflexão sobre toda a nossa existência como seres divinos. A literatura ramatisiana, como é conhecida, causa tal inquietação em nossa alma a ponto de fazer com que uma profunda transformação aconteça imediatamente.

Ao lermos os escritos sagrados do Mestre Ramatís, sentimos uma imensa vontade de buscar o ser crístico que existe em cada um de nós. O ponto central das mensagens e do trabalho do Mestre – que é seguido por diversos centros espiritualistas, recebendo suas indicações espirituais – é a postura universalista e livre de preconceitos, a qual permite absorver os conhecimentos espirituais das mais diversas linhas. Dessa forma, converge-se para uma união semelhante à que se dá no plano etérico entre as Fraternidades da Cruz e do Triângulo (veja mais adiante, na pág. 67), refazendo o princípio hermético de que o macrocosmo e o microcosmo estão correlacionados e se influenciam.

Os dados biográficos de Ramatís são escassos. Sabe-se que o Mestre viveu na Indochina, no século X, como instrutor em um dos santuários iniciáticos da Índia. Trabalhava com magnetismo, psicometria, radiestesia, vidência, terapia e telepatia. Ele foi contemporâneo de Allan Kardec, na Atlântida e no Egito, e também de muitos outros seres iluminados que encarnaram na mesma época, para disseminar a sabedoria divina pelo mundo.

De acordo com alguns pesquisadores, Ramatís desencarnou jovem, deixando dezenas de iniciados de diversas ordens religiosas responsáveis pela difusão de seus ensinamentos, cujo pilar principal é o universalismo. O Mestre nos revela que seus discípulos verdadeiros são simpatizantes de todas as vertentes de ensinamentos religiosos e filosóficos, utilizando-se do discernimento para identificar o que é bom ou ruim para a alma. Seus seguidores, normalmente, não se afinizam com regras impostas pelos homens e gostam de viver dentro de uma proposta de liberdade espiritual.

Sugiro a você que leia as obras de Ramatís. Porém é preciso estar pronto para absorver todo esse conhecimento. Existe um momento certo para cada um. Você saberá. Receberá o chamado. Particularmente, mesmo tendo conhecimento sobre ele há bastante tempo, um dia – não faz muitos anos – o nome de Ramatís começou a povoar minha mente, repetindo-se como se fosse um mantra. Fiquei um tanto confusa, pois não sabia o que estava acontecendo. Esperei os sinais do Universo e me mantive aberta ao fluxo, o que sempre costumo fazer nos momentos de dúvida.

Na semana seguinte, recebi uma amiga que muito amo para realizar uma terapia de regressão a vidas passadas. Minha formação vem da escola de Psicoterapia Reencarnacionista[5], na qual o mundo espiritual está sempre presente. Por isso, durante as regressões, tanto eu quanto meus colegas sempre somos presenteados com informações preciosas vindas do Astral

---

[5] www.portalabpr.org

Superior. Nesse processo terapêutico em especial, aconteceu a maior manifestação mediúnica de minha vida. Digo que foi a maior porque envolveu muitos sentidos: consegui visualizar um ser iluminado pela cor dourada, com um belo turbante e aspecto hindu, lindamente vestido. Senti um aroma doce (acredito que seja um incenso do céu), que só poderia ser extrafísico. Ouvi uma mensagem dele, que deveria ser transmitida à moça que estava em regressão. Os processos de ajuste e cura que senti em meu corpo físico são inesquecíveis e inexplicáveis.

Fiquei algum tempo pensando se colocaria ou não essa mensagem aqui. Decidi incluí-la porque pode ser útil a muitas pessoas e hoje compreendo que, na verdade, essa mensagem era para todos nós. Peço a sua compaixão na leitura, porque nós, seres humanos, quando recebemos algo do Divino, nem sempre conseguimos manter o teor original, devido a uma considerável taxa de interferência causada por nossas imperfeições, ignorância e crenças pessoais. Filtre aquilo com que você não concordar. A mensagem foi a seguinte:

As Senhas do Mundo Espiritual

"Existem muitas formas de conexão com as esferas espirituais: por meio de um pensamento positivo, do sorriso ou de sentimentos virtuosos, como o amor, a compaixão e a gratidão. Desenvolvendo esses sentimentos, acessamos outras dimensões e nos conectamos a planos sutis da Luz e egrégoras que estão em ressonância com o que sentimos. Ou seja, quando pensamos no amor, há uma conexão amorosa; quando sentimos gratidão, há uma conexão de gratitude.

A mente humana é poderosa e nosso chacra frontal funciona como um projetor de múltiplas cenas, sendo que podemos escolher a imagem a ser projetada. Os pensamentos, sentimentos e emoções funcionam como senhas de acesso a cada um desses possíveis acontecimentos. Cada vez que pensamos, criamos uma conexão com nível de energia diretamente proporcional ao pensamento emitido. Então cada vez que visualizamos uma cena triste em nosso projetor mental, estabelecemos uma conexão que libera a senha de acesso para que mais tristeza seja gerada. Cada vez que sentimos raiva, digitamos a senha de acesso para que mais raiva seja produzida, e isso provoca alterações orgânicas e desequilíbrios hormonais no sistema endócrino até que haja a condensação de uma doença. Nosso sistema imunológico é inteligente e autossuficiente, capaz de restabelecer a energia perdida e o equilíbrio. Porém, o ser humano está inserido em uma atmosfera de competição e desgaste, agredindo-se a cada instante com pensamentos nocivos, muitas vezes sem o perceber.

Existem também muitos exemplos para as senhas de conexão com mundos inferiores. As ações inconscientes e condicionadas também são senhas. Se cada ser humano conseguisse visualizar com olhos físicos o que acontece em determinados momentos, ele jamais cometeria tais atos.

Para que haja clareza, vamos utilizar exemplos práticos. Imagine que não é pequeno o número de pessoas no planeta Terra que, neste momento, reclamam de alguma coisa, sejam coisas simples ou mais sérias. Desde insatisfações com o corte de cabelo e com o corpo físico até o salário que recebem. Reclamam, reclamam e reclamam mais ainda... Podemos dizer que este é 'o grupo das pessoas que reclamam de tudo'. Assim que começamos a reclamar, juntamo-nos a elas, como se estivéssemos todos reunidos em uma sala de conferências reclamando ao mesmo tempo. É exatamente esse nível de energia que nossa alma atrai para si: uma nuvem cinza de reclamação que desequilibra as funções do corpo físico. Aí já se manifestam nossas decisões mais importantes: devemos questionar o tempo inteiro a qualidade do alimento que estamos dando a nossa alma. Assim como selecionamos os alimentos com cuidado e carinho, devemos escolher nossos pensamentos com o mesmo amor, para que o espírito se mantenha saudável, forte e nutrido. Não é vantajoso ao ser humano pensar de forma negativa pois, assim, a alma adoece e essa doença mais tarde se torna física.

Mas as senhas, muitas vezes, não se dão pelos pensamentos, e sim por ações condicionadas, hábitos, como o do fumante, que já se acostumou a fumar sempre nos mesmos lugares, adquirindo um hábito nocivo que o domina completamente, sem que ele o perceba. É como se uma forma-pensamento ficasse armazenada no local onde fuma, entre os dedos da mão que seguram o cigarro, condicionando-o por completo, de forma mecânica. As palavras do viciado também são utilizadas no diminutivo, em uma demonstração de carinho pelo objeto de desejo: "Vou fumar um cigarrinho" ou "Beber uma caipirinha", como se esse ato diminuísse a culpa que sentem depois.

Cada vez que o fumante acende um cigarro, digita a senha de acesso e conecta-se a todas as almas dos seres que já sofreram com esse vício, tanto aqueles que se encontram em camas de hospital, que estão doentes ou que já desencarnaram, quanto os obsessores[6] *que ainda estão em nosso plano alimentando-se da energia dos fumantes por apego ao objeto de desejo. Cabe lembrar que nossa mente é um projetor, então o simples fato de acender um cigarro é a senha de conexão para todas as possibilidades que ele traz. Isso vale para qualquer situação viciante ou sentimento destrutivo, egoísta ou obsessivo!*

Quando produzidas constantemente, as senhas nocivas abrem as portas para situações ainda mais densas e cada vez mais o ser humano se densifica e adoece, 'até que a morte os separe': corpo e espírito. Essa separação torna-se necessária para que o espírito evolua, pois encontrando-se nos planos astrais superiores, há um padrão de energia sutil e a reflexão sobre os propósitos de sua existência.

Se são dadas todas as chances e sinais para que o espírito evolua e mesmo assim ele não aprende, não há por que ele permanecer encarnado. Então vem a morte como um ultimato e voltamos ao astral para percebermos o quanto vivemos iludidos e presos na matéria.

A natureza é sábia. Já que a humanidade não consegue unir corpo e espírito de forma harmoniosa e feliz aqui na Terra, existe a necessidade de separá-los para que se apresente uma nova oportunidade no futuro: isso se chama reencarnação. Somente pela experiência espiritual é que há evolução, ou seja, ao desenvolver vários papéis diferentes durante sua existência cíclica.

Dentro da compaixão e da sabedoria universal, o ser humano é presenteado com um aspecto divino: o livre-arbítrio. Então podemos escolher, com a opção de evoluir pelo amor, pelos bons pensamentos e sentimentos e pela construção de um estado de paz interior que independe dos meios externos. É possível desenvolver um estado de consciência espiritual em que, com a alegria e a simplicidade,

[6] Obsessores são espíritos encarnados ou desencarnados que se ocupam temporariamente de causar transtornos e prejudicar a vida das pessoas, consciente ou inconscientemente, desde que estas se encontrem em sintonia com a energia deles. Diz-se "temporariamente" pois todo espírito obsessor acaba, mais cedo ou mais tarde, concluindo que o maior prejudicado com a obsessão é ele mesmo, uma vez que, enquanto estiver exclusivamente dedicado a prejudicar alguém, estará estagnado no seu caminho evolutivo.

podemos atingir níveis muito superiores de felicidade. Um estado de paz e felicidade constante exige trabalho e esforço contínuos, e ali não há espaço para a preguiça, mas para a obra espiritual. Viemos à Terra para trabalhar com um único propósito: evoluir espiritualmente. Nossa evolução deve ser construída internamente, no templo sagrado de nosso coração, para que se torne confiável, inabalável e intocável. Muitas situações se apresentam para nos testar, tentando abalar o sentimento de paz. Porém, se algo ou alguém consegue desfazer esse sentimento, não se iluda: ele não foi verdadeiro!

Somente o que é eterno como o espírito traz a verdade; as situações temporárias são ilusórias e irreais. Portanto, 'momentos felizes' não podem ser confundidos com a felicidade real.

O Mestre Jesus, em sua época, questionou a um de seus discípulos: 'Que valor tem algo que pode ser roubado?'. Então, valorize sua paz interior e jamais permita que algo ou alguém a roube! Além disso, pelas práticas espirituais de sua preferência, construa o seu estado de plenitude e paz com a utilização da única senha que pode acessar a felicidade real: o amor universal."

Quando passei a mensagem a essa moça, ela se mostrou profundamente emocionada, pois era conhecedora da literatura ramatisiana e admiradora do querido Mestre.

Muitas vezes, quando menos esperamos, Ramatís se manifesta. Principalmente a todos aqueles que simpatizam com o universalismo, seguindo as correntes filosóficas de vários segmentos de crenças, mas sem prender-se a nenhuma delas, mantendo-se em liberdade para discernir com o leme interior presente em seus corações.

Alguns dias depois desse acontecimento (sempre me emociono ao lembrar dele), durante a Feira do Livro de Porto Alegre, estávamos num grupo de amigos conversando até que uma moça que passava se aproximou e convidou uma das minhas amigas para um congresso. Impulsivamente, eu, que não tinha nada a ver com o assunto, senti uma enorme vontade de participar do evento, que logo depois compreendi: seria uma vivência sobre os ensinamentos de Ramatís. Na ocasião, pude adquirir vários de seus livros e mergulhar profundamente em sua proposta universalista de luz. Durante o encontro, muitas manifestações incríveis ocorreram. Foi emocionante!

Tudo isso aconteceu no momento certo. Acredito que, do contrário, teria me chocado com seu jeito forte e sábio de transmitir os ensinamentos do Plano Superior. A principal mensagem que Ramatís nos deixa é a de evoluir com liberdade, responsabilidade, universalismo e serviço espiritual.

ALGUMAS FRASES DE RAMATÍS*

"Se o estudante espiritual pretende se projetar para fora do corpo físico de maneira consciente, deve sempre ter em mente que a sua arma mais poderosa é a própria vontade, alicerçada, é óbvio, por um profundo conhecimento da mecânica que rege os processos projetivos, e por um sentimento elevado por tudo aquilo que encontrar nos planos extrafísicos."

"Todos os homens estão cercados de espíritos que assistem, tentam, protegem, ajudam ou exploram, quer sejam teosofistas, rosacruzes, yogues, espíritas ou católicos. Os encarnados atraem espíritos de conformidade com suas ideias, paixões ou intenções, pouco importando a sua crença ou religião."

"Os mentores espirituais aconselham aos médiuns a modéstia, a humildade e constante autocrítica, a fim de não crescerem na sua intimidade as flores ridículas que enfeitam a vaidade humana."

* Retiradas do livro *Viagem Espiritual*, do Professor Wagner Borges.

A Fraternidade da Cruz e do Triângulo

Segundo o professor Wagner Borges, no final do século XIX, duas equipes de amparadores espirituais sobrevoavam o planeta Terra.

Uma equipe formada por amparadores ocidentais, chamada de Fraternidade da Cruz, trabalhava sobre a Europa, com base nos ensinamentos de Jesus Cristo. No Oriente, havia a Fraternidade do Triângulo, uma egrégora de espíritos orientais que trabalhava em uma atmosfera espiritual vinculada aos ensinamentos de Rama, Krishna e Buda.

Ambas estavam empenhadas em ajudar os seres humanos a caminharem na senda da evolução espiritual. Essas fraternidades decidiram fundir-se numa só, passando a se chamar de Fraternidade da Cruz e do Triângulo, e traçar um plano para que parte dos espíritos com muitas vidas no Oriente reencarnasse no Ocidente e vice-versa.

Esse plano começou a ser posto em prática no século XX, tanto que, hoje, podemos observar nos orientais a incorporação de uma modernidade ocidental. Aqui no Ocidente, podemos contemplar a simpatia pela sabedoria do Oriente, inclusive pelas terapias vibracionais que se expandiram com rapidez admirável, sobretudo na última década.

A característica principal desses espíritos é o universalismo, ou seja, não se prendem a uma única base espiritual ou doutrina, mas somam conhecimentos, equilibram as culturas do Ocidente e do Oriente, sem radicalismos e com liberdade.

A principal mensagem que Ramatís nos deixa é a de evoluir com liberdade, responsabilidade, universalismo e serviço espiritual.

MAOMÉ

Você já parou para refletir sobre o preconceito que existe contra os islâmicos? Por incrível que pareça, trata-se de uma intolerância que nem sabemos de onde vem. Muitas pessoas vinculam Maomé, Alá e o Islã ao que é apresentado na mídia, que, como sabemos, frequentemente se mostra manipuladora.

A partir de agora, vamos juntos compreender e ressignificar esse conceito errôneo sobre quem foi Maomé, mesmo porque a maioria das religiões não cristãs – como o islamismo – consideram Jesus Cristo um grande avatar, tão importante quanto Maomé. Por outro lado, venho de uma família cristã e, pelo que lembro, na minha casa nunca foi mencionado o nome de outro avatar além de Jesus. Existem tantos outros, com tantos ensinamentos, e tão importantes para chegarmos aonde estamos hoje!

Os islâmicos não consideram Maomé um Deus ou filho Dele, mas um grande herói enviado, um profeta e o mais brilhante tradutor da palavra de Alá (Deus). O ponto central da religião é o livro chamado Alcorão, visto como uma cópia do Alcorão Celeste – ou Alcorão Incriado. É uma versão terrena da obra divina (traduzida por Maomé, em forma de letras e sons), e sua composição torna-se ainda mais surpreendente porque o profeta não sabia ler e escrever.

Apesar da importância desse Mestre na formação do Islã, os muçulmanos afirmam que o islamismo não começou com o profeta, mas com Alá, como está escrito no Livro de Gênesis. Mas, com Maomé, o islamismo atingiu sua forma definitiva. Ele certamente foi um dos homens mais influentes de todos os tempos. Um grande líder que conseguiu trazer unidade e comunhão a um povo hostil e sem esperança.

A cidade de Meca é, até hoje, o centro de peregrinação que reúne os islâmicos, e foi lá que o grande profeta Maomé nasceu, em 570 d.C. Lá se encontra a Caaba, um templo de pedra negra construído por Abraão na Antiguidade, que muitas pessoas acreditam ser um meteorito. Na época do nascimento de Maomé, Meca era desorganizada e abandonada, inclusive pelos líderes espirituais. Povoada por tribos com ideologias divergentes, a cidade era carente de organização política e social, tanto é que as tribos viviam em conflito, pois não se consideravam parte do mesmo povo.

A infância de Maomé foi marcada pelo sofrimento. Seu pai faleceu quando ele era ainda um recém-nascido; sua mãe, quando o profeta tinha apenas 6 anos. Aos 8 anos, ele perdeu o seu avô, que o criava desde o falecimento dos pais. Então o jovem foi morar com seus tios, que o ensinaram a profissão de pastor. Cuidando dos rebanhos da família, Maomé desenvolveu uma personalidade compassiva. Era amoroso, calmo, gentil, atento ao sofrimento alheio e compreendia as dores da alma das outras pessoas. Mais tarde, o jovem tornou-se comerciante e conheceu uma viúva chamada Khadija, cerca de 15 anos mais velha do que ele, com quem viria a se casar.

A sociedade da época vivia dentro de propósitos e ideais divergentes ao modo de vida de Maomé, o que fazia com que o Mestre frequentemente se retirasse ao Monte Hira para meditação. Numa dessas ocasiões, quando já estava com cerca de 40 anos, o Arcanjo Gabriel apareceu e lhe entregou um pergaminho. Mesmo sem saber ler, o profeta conseguiu compreender a mensagem e, com a ajuda de sua esposa, iniciou a pregação da palavra de Alá.

Como em qualquer outra filosofia religiosa que se inicia, a primeira reação é o combate; depois, a zombaria; e quando a tradição se mantém forte durante algum tempo, vem a aceitação. Com Maomé não foi diferente: com grande maestria, enfrentou todas as dificuldades para implantar a palavra de Alá.

Um dos maiores desafios foi diante dos poderosos da região, que ganhavam muito dinheiro com as peregrinações à Meca, pois a cidade tinha cerca de 300 santuários. Ao instituir uma cultura monoteísta (crença em um único Deus), Maomé afetaria toda a economia local e acabaria com a exploração econômica por meio da fé.

Os princípios do novo profeta trariam um comportamento diferente às pessoas, que teriam que abandonar seus vícios e crenças antigas, e isso atrapalharia o conforto ilusório e a preguiça de quem não estava disposto a evoluir espiritualmente. Além disso, Maomé insistia na ideia de que todos eram iguais perante Alá, o que trazia democracia e liberdade e era péssimo para os interesses pessoais dos poderosos.

Com a credibilidade e idoneidade de Maomé, suas palavras foram se espalhando e se fortificando, agregando cada vez mais seguidores. Isso acabou por irritar aqueles que detinham o poder, que passaram a planejar uma maneira de assassinar o profeta.

Nessa época, Maomé recebeu a visita de nobres da cidade de Yathrib, que ficava bem longe de Meca. Eles o convidaram para ir até lá instituir a palavra de Alá, pois seus ensinamentos já haviam chegado a terras distantes e encontrado uma boa resposta do povo. Essa cidade enfrentava crises de todos os aspectos, inclusive com lutas internas, e as pessoas desejavam a presença de um líder forte, unificador e imparcial, sem relações com a cidade.

Maomé aceitou o desafio e partiu para Yathrib, já que o povo de lá aceitou cumprir os preceitos do Islã. Muitas famílias de Meca partiram juntamente com Maomé, o que definiu o ponto crucial de desenvolvimento da religião islâmica: a Hégira. Em Árabe, *hégira* significa rompimento, migração, partida, e esse fato foi tão importante que, em 622 d.C., os islâmicos iniciaram seu calendário. Tudo o que o povo de Meca desejava era partir para outro lugar, onde pudesse viver em paz e seguir a palavra do profeta Maomé.

Esse Mestre conseguiu realizar grandes feitos ao unir as tribos divergentes e implantar valores de justiça social e fraternidade entre todos. A cidade de Yahtrib passou a se chamar Medina (A Cidade do Profeta) e foi a primeira a se tornar inteiramente islâmica.

Alguns anos após a migração, Meca e Medina estavam em guerra e com um número muito inferior de soldados. O profeta voltou à Meca triunfante, conquistando todos aqueles que lá estavam com as palavras do Alcorão.

Quando Maomé faleceu, em 632 d.C., a maior parte da Arábia já havia se tornado islâmica. Foi somente após a sua morte que o Alcorão começou a ser redigido; até então estava guardado apenas na memória dos seguidores. Diz-se que os textos estavam escritos em folhas de palmeiras, peles e pedras e que o primeiro califa – sucessor de Maomé como líder espiritual do islamismo para os muçulmanos –, Abu Bakr, mandou escrever todos os versículos sobre peles vindas da Pérsia. Maomé morreu no colo de sua esposa preferida, Aisha, e escolheu ser sepultado em Medina, a cidade que o adotou.

Os Ensinamentos do Profeta Maomé: Pilares da Religião Islâmica

Com os pergaminhos entregues pelo Arcanjo Gabriel, Maomé instituiu o Islã, uma série de ensinamentos onde Deus (Alá) era a figura central, sem a existência do culto a outras divindades. Os princípios islâmicos são claros e devem ser seguidos por todos os que iniciam no islamismo:

- O primeiro princípio foi trazido por Abraão: é a revelação de que existe um único Deus;
- O segundo, por Moisés: a revelação dos Dez Mandamentos;
- O terceiro, por Jesus: a revelação da regra de ouro, ou seja, "fazer ao outro aquilo que gostaríamos que o outro nos fizesse".

Os pilares que regulam a vida dos muçulmanos são:

1. *Shahadah (professar a fé)* – **Testemunhar que não existe outro Deus, senão Alá, e que Maomé é o seu profeta.**
2. *Salat* – **Rezar cinco vezes ao dia.**
3. *Zakat* – **Dar esmolas aos necessitados.**
4. *Saum* – **Jejuar durante o mês do Ramadã – nono mês do calendário islâmico, período de renovação da fé, prática mais intensa da caridade e vivência profunda da fraternidade e dos valores da vida familiar (o jejum se dá do alvorecer ao pôr do sol, incluindo abstenção de fumo e relações sexuais).**
5. *Haj* – **Fazer uma peregrinação à Meca.**

Conhecer a religião islâmica, uma das que mais cresce no mundo, é importante. Porém, para mergulhar em conceitos tão distantes da nossa realidade, o primeiro passo é nos colocarmos no lugar do seu povo, que, diariamente, sofre com atentados de grupos radicais que se dizem seguidores do islamismo. Mais uma vez, a religião é poluída e contaminada com conceitos separatistas baseados no medo, divergentes da harmonia divina.

O que acontece nos tempos atuais é diferente das ideias apresentadas pelo profeta Maomé. Os verdadeiros seguidores de Alá praticam o bem, o que os tornam completamente distintos dos terroristas que certamente não seguem o Deus verdadeiro. Todo o radicalismo imposto pelos fundamentalistas para converter o mundo inteiro à religião islâmica fere o princípio básico da humanidade, aquele que nos foi dado de presente desde a nossa criação: o livre-arbítrio.

O CISMA DO ISLÃ

Os primeiros califas advinham da família de Maomé ou faziam parte do primeiro grupo de iniciados que conviviam diretamente com ele. A partir do quarto califa, Ali – primo do profeta –, houve o primeiro cisma, ou seja, uma dissidência religiosa, política ou literária, na qual há a separação de um povo por diferenças ideológicas.

O cisma aconteceu entre dois grupos de islâmicos. O minoritário era composto por xiitas, designação dada aos muçulmanos que sustentavam só serem verdadeiras as tradições de Maomé transmitidas pelos membros de sua família. Já o grupo majoritário era formado pelos sunitas, membros de uma das quatro seitas muçulmanas ortodoxas que consideravam a Suna (suplemento do Alcorão que traz uma coletânea de preceitos tirados das práticas de Maomé e dos quatro califas ortodoxos) como complemento do Alcorão. Eles achavam que a liderança e a sucessão do califa cabiam a quem detinha o poder, não sendo necessariamente descendente de Maomé.

Nessa divergência, Ali foi assassinado e o califado se instalou em Damasco e depois em Bagdá, onde permaneceu por 500 anos. A partir dessa época, a liderança passou para as mãos do sultão de Istambul, com quem permaneceu até 1924, quando o último sultão turco foi destituído. Foi então que o islamismo deixou de ter um califa como líder.

São Francisco de Assis

• HUMILDADE • OBEDIÊNCIA •

São Francisco é um dos mais queridos santos da era cristã. Ainda hoje, representa um exemplo de vida e de amor aos ensinamentos de Jesus Cristo, com marcas profundas não apenas no catolicismo, mas em toda a religiosidade ocidental.

Giovanni di Pietro di Bernardone, nome verdadeiro de São Francisco, nasceu em 1181 ou 1.182, na pequenina e poética cidade de Assis, situada na Cordilheira dos Apeninos, na Itália. Seu pai foi Pedro Bernardone, um comerciante, e sua mãe uma dama de origem francesa. Narra uma lenda que a sua mãe, já sentindo as dores do parto, não conseguia dar à luz. Para que o bebê viesse ao mundo, ela teve que ser transportada até a estrebaria da casa, sobre a palha, entre um asno e um boi, em semelhança à mãe de Jesus.

No batizado, o bebê recebeu o nome de Giovanni, escolhido pela mãe e os parentes. O pai, que estava ausente numa viagem de negócios pela França, quando regressou, decidiu mudar o nome do menino para Francisco.

Poucos exerceram influência tão determinante na história civil e espiritual de seu tempo e poucos levaram as máximas evangélicas tão longe quanto este homem, que conseguiu total identificação com o Jesus Cristo crucificado, a ponto de receber no próprio corpo os estigmas da Paixão.

Até hoje, pouco se sabe sobre a infância de Francisco. O documento biográfico *Legenda dos Três Companheiros*, datado de 1246 e escrito por três de seus primeiros discípulos (frei Leão, frei Rufino e frei Ângelo), revela que, já crescido, como era dotado de inteligência viva, estava disposto a continuar o ofício do pai, o de mercador. Contudo, muito mais alegre e liberal do que o velho Bernardone, sua maior felicidade era cantar e se divertir com os amigos pelas ruas da cidade, e era tão esbanjador que gastava tudo o que ganhava em reuniões e banquetes.

Apesar disso, São Boaventura, outro contemporâneo do santo de Assis, explica que, "auxiliado pelo Divino, ele jamais se deixou levar pelo ardor das paixões que dominavam os jovens de sua companhia". A popularidade que Francisco tinha adquirido entre seus conterrâneos devia-se mais às suas qualidades morais do que físicas, pois, segundo seus amigos, ele "era pequeno e franzino" e atraía pouca atenção daqueles que não o conheciam.

Na verdade, o próprio Francisco confessou, sobre o período anterior à sua conversão: "Eu verdadeiramente creio não haver, por graça de Deus, cometido falta sem ter feito disso expiação, confessando o meu pecado e arrependendo-me da minha culpa".

Aprendizados

Depois de uma séria doença, em 1202, durante a qual se tornou profundamente insatisfeito com o seu modo de vida, o jovem comerciante partiu em uma expedição militar, mas adoeceu no primeiro dia, tendo que retornar. Seu desapontamento trouxe, outra vez, a crise espiritual que ele já havia experimentado na primeira enfermidade, antes de partir para a expedição.

Certo dia, depois de preparar um banquete para os amigos e sair festejando pelas ruas, Francisco desapareceu. Depois de procurá-lo por algum tempo, os companheiros o encontraram em uma espécie de transe, totalmente transformado.

Um dos episódios mais marcantes de sua vida aconteceu logo após a sua primeira viagem de peregrinação a Roma. Apesar do horror a leprosos, ele passou por um mendigo que tinha a enfermidade e, imediatamente, em um verdadeiro ato de autocontrole, deu meia-volta, entregou ao mendigo todo o dinheiro que tinha e beijou sua mão. A partir de então, o jovem passou a servir aos leprosos nos hospitais.

Em outra ocasião, enquanto rezava na pequena igreja de São Damião, Francisco ouviu um Cristo crucificado pedir-lhe que "restaurasse sua casa que estava em ruínas". Por acreditar que tais palavras faziam referência à capela em que se encontrava, ele se empenhou literalmente em reformar não só a igreja de São Damião, mas também dois outros templos. Foi quando o Plano Superior voltou a falar, pedindo que ele restaurasse não só os edifícios das igrejas, mas a própria Igreja como instituição.

Nesse mesmo dia, ele ouviu de Cristo: "Se queres conhecer a minha vontade, precisas desprezar todas as coisas que até aqui materialmente amaste e desejaste. Quando tiveres feito isto, ser-te-á agradável tudo quanto te é insuportável e se tornará insuportável tudo quanto desejas". Foi então que seu pai decidiu intervir nos acontecimentos. Ele tinha certeza de que Francisco havia enlouquecido, porque estava dando todas as posses da família como esmola.

Revoltado, o comerciante resolveu arrastar o rapaz até o bispo para ser legalmente deserdado. Sem esperar que os documentos fossem assinados, Francisco, numa atitude extremamente ousada, despiu-se em praça pública e entregou ao pai as únicas posses que ainda lhe restavam: seu sobrenome e a roupa do corpo. Sob o olhar atônito das pessoas, ele foi coberto com uma capa do bispo e deixou a cidade rumo às florestas do Monte Subasio para se dedicar de corpo e alma à sublime tarefa de se tornar um instrumento da paz divina.

Pouco a pouco, seu modo de vida austero passou a incomodar os nobres de Assis, principalmente porque outros jovens passaram a admirá-lo, na tentativa de alcançar a mesma experiência direta com o Divino. Ainda tido como louco por alguns e como um anarquista por outros, o jovem santo continuou firme em seu caminho e sua missão de resgatar almas para a verdadeira religião, na qual Deus deixava de ser propriedade exclusiva do clero e se tornava acessível dentro do coração. Naquela época, acreditava-se que os homens precisariam de um intermediário para chegar a Deus, e a tarefa de São Francisco foi mostrar exatamente o contrário.

Quando já contava com um pequeno e sólido grupo partilhando a mesma vida de pobreza, castidade e obediência, o humilde Francisco decidiu que eles se chamariam Frades Menores. Surgiram, assim, os doze primeiros discípulos que, segundo o iluminado Francisco, "foram homens de tão grande santidade que, desde os apóstolos, não viu o mundo seres tão maravilhosos e santos. Aqueles que vinham abraçar nossa vida distribuíam aos pobres tudo o que tinham. Contentavam-se com uma só túnica, uma corda e um par de calções e não queriam mais nada".

Os novos apóstolos reuniram-se em torno da pequena igreja de Porciúncula, ou Santa Maria dos Anjos, que se tornou o berço da Ordem. Buscando obter a aprovação para ela, Francisco dirigiu-se à Roma para uma audiência com o papa Inocêncio III. Sem dúvida, não foi por mera coincidência que, dias antes, o papa sonhou com a basílica de Latrão prestes a ruir e um homem pequeno, de aspecto pobre, sustentando-a nos ombros. No momento em que viu Francisco, o reconheceu e abraçou, e disse a ele e a seus companheiros: "Irmãos, ide com Deus e pregai a penitência, segundo vos será inspirado". Munidos dessa aprovação, os novos religiosos saíram em duplas para pregar, percorrendo as cidades da região e mostrando aos seus habitantes, pela palavra e pelo exemplo, o caminho da união com Deus.

Um dos pontos mais notáveis na personalidade de São Francisco era sua constante alegria – aliás, a alegria era um dos maiores preceitos de sua Ordem. O seu amor aos animais e à natureza era notável e se manifestava de inúmeras formas. Tanto é que a sua pregação aos pássaros foi um tema muito abordado na arte. Ele chamava todas as criaturas de "irmãos" e "irmãs" e, no poema *Cântico do Irmão Sol*, evoca o Irmão Sol, a Irmã Lua, o Irmão Vento e a Irmã Água para glorificar a Deus. Em sua última doença, seus olhos tiveram que ser cauterizados. Ao ver o ferro ardente, ele se dirigiu ao Irmão Fogo e pediu que fosse delicado com ele. O ferro em brasa tocou sua carne e Francisco nada sentiu.

Certa noite, os frades viram um esplendoroso carro de fogo com um globo brilhante (parecido com o sol) entrar pelo aposento em que estavam e dar três voltas no recinto. Na mesma hora, eles compreenderam que Deus lhes mostrava, por meio daquela figura, que Francisco tinha vindo no espírito e na força do profeta Elias. Desde então, o santo passou a penetrar nos segredos de seus corações, predizer o futuro e realizar milagres. Estava patente para todos que o espírito de Elias, duas vezes mais poderoso, manifestava-se nele com tal força que o melhor para todos era seguir seus ensinamentos.

Francisco manifestava seu amor a Deus por uma alegria imensa que, muitas vezes, se expressava em cânticos ardorosos. Quando perguntavam a ele a razão da sua alegria, respondia que aquilo era fruto da pureza do coração e da constância na oração, pois Francisco mantinha-se conectado com Deus em todos os momentos; tanto é que seu corte de cabelo, tão característico, tinha o único objetivo de expandir a energia do chacra coronário. Essa conexão divina, que angariou muitos discípulos, acabou também atraindo Clara, de 17 anos, filha de um importante conde. Desde o momento em que o ouviu pregar, a jovem sentiu, com toda a força de seu coração, a vida que Deus queria para ela, e Francisco tornou-se guia e mentor espiritual da sua alma.

Como os pais tinham outros planos para ela, a jovem precisou fugir para a igrejinha de Porciúncula, onde Francisco cortou seus cabelos e a fez vestir um simples hábito. Nascia, assim, a Ordem Segunda dos Franciscanos – a das Clarissas.

Lidando com os desejos

Para dominar os desejos de seu eu inferior, o santo chegava a flagelar seu corpo. Certa vez, ao sentir a força das tentações que o acometiam, ele entrou em uma caverna cheia de neve e fincou os pés descalços no gelo. Ainda assim, não foi o suficiente. Então retirou a corda de sua cintura e passou a se chicotear, mas não foi o suficiente. Depois despiu-se e começou a rolar pela neve, conseguindo, finalmente, mostrar a seus instintos mais baixos quem realmente estava no comando.

Contudo, ao somar todos os sofrimentos físicos a que se submeteu por vontade própria, a dor de nenhum deles foi maior do que ver surgir uma nova tendência entre seus frades, chefiada pelo superior frei Elias. Ele começou a dar à Ordem uma orientação diferente da do santo, principalmente em relação aos estudos e ao modo de se observar a pobreza. Francisco chegou a se indispor seriamente com frei Pedro de Stacia, um dos frades dessa nova linha. Por fim, ao ver que tantos leigos queriam pertencer à sua família de almas, mas não podiam observar inteiramente as regras franciscanas, por serem casados ou por possuírem outros encargos terrenos, Francisco fundou uma Ordem Terceira, capaz de abranger a todos. Muitos grandes personagens – como São Luís, rei da França, e Santa Isabel, duquesa da Turíngia – a ela pertenceram.

À medida que crescia o número de frades, o trabalho deles passou a se estender para outros países. Em 1212, o próprio Francisco partiu rumo à Terra Santa, mas o seu navio teve problemas e foi forçado a retornar. Em 1219, viajou para o Egito, onde os cruzados haviam cercado Damietta. Aprisionado, o santo foi conduzido até o sultão, a quem falou sobre a experiência do Divino. Profundamente tocado, o soberano lhe enviou de volta ao acampamento dos cristãos e ele acabou chegando a Jerusalém, onde permaneceu até setembro de 1220.

Quando retornou à Itália, Francisco descobriu que os problemas com a Ordem haviam crescido demais em sua ausência, a tal ponto que decidiu afastar-se de seu posto como ministro-geral dos frades. Durante a abdicação do cargo, ele disse: "Senhor, eu te devolvo a família que a mim confiaste. Tu sabes, doce Jesus, que não tenho mais a força e as qualidades necessárias para continuar cuidando dela. Assim, eu a confio aos ministros. Que eles sejam responsáveis ante Ti, no Dia do Julgamento, se qualquer irmão, por sua negligência ou mau exemplo, ou por castigo severo demais, desviar-se do caminho". Com essas palavras, o santo de Assis deixava evidente que a sua inspiração espiritual jamais se encaixaria no governo de uma sociedade religiosa de proporções tão grandes.

Dois anos antes da sua morte, o santo de Assis foi até o Monte Alverne em companhia de alguns de seus frades mais íntimos. Após quarenta dias de jejum, oração e contemplação, no dia 14 de setembro de 1224 ele teve uma visão: em meio aos raios do sol nascente, Francisco percebeu uma estranha figura. Com as asas estendidas, um serafim – considerado o Santo Anjo mais honrado, mais digno e o que mais ama – voou em sua direção e o inundou com um prazer indescritível. No centro da visão, apareceu uma cruz, na qual o serafim estava pregado. Quando a visão sumiu, Francisco sentiu dores agudas, mescladas ao deleite dos primeiros momentos. Perturbado, ele ansiosamente buscou o significado daquilo e viu, impressos em seu corpo, os estigmas da Paixão de Cristo.

Foi assim que esse discípulo tão fiel obteve a maior de todas as graças: uma profunda semelhança com o seu Mestre. Contudo, de tão humilde que era, jamais mostrou as marcas sagradas a ninguém. Apenas seus discípulos mais próximos conseguiram ver os estigmas e somente quando ele abandonou o corpo rumo à Morada Suprema.

Os dois anos que se seguiram até a sua morte foram repletos de feitos extraordinários. Apesar de muito doente no aspecto físico, Francisco se aproximava cada vez mais do espírito e promovia curas e milagres. Algumas vezes, quando em profunda contemplação, ele levitava. Em certa ocasião, subiu tão alto que praticamente encostou a cabeça no teto de uma igreja.

Em sua última doença e já próximo da morte, Francisco pediu desculpas ao próprio corpo por ter infligido a ele tantos castigos; e a frei Ângelo e frei Leão, o santo pediu que ambos permanecessem junto ao seu leito, para cantar os louvores da Irmã Morte. Para aqueles que se escandalizavam com essa atitude, ele respondia: "Por graça do Espírito Santo, sinto-me tão profundamente unido ao meu Senhor Deus, que não posso deixar de me alegrar n'Ele".

Por fim, ao ter realizado em sua vida todos os planos do Criador, o bem-aventurado adormeceu no dia 3 de outubro de 1226, aos 44 (ou 45) anos, rezando e cantando um salmo, e foi sepultado no dia seguinte – 4 de outubro, que é quando se comemora o dia de Francisco de Assis. Apenas dois anos depois, foi canonizado pelo papa Gregório IX. Três meses antes, em julho, quase cego, sozinho numa cabana de palha, em estado febril e atormentado pelos ratos, São Francisco deixou para a humanidade o Cântico das Criaturas – também conhecido como Cântico do Irmão Sol *(veja o texto completo na pág. 84)*. Este representa um dos mais importantes documentos literários de São Francisco, redigido em italiano antigo – língua em que ele, certamente, ditou a maioria dos seus escritos, antes que os irmãos versados em letras os traduzissem para o Latim, a linguagem mais comum da época. A penúltima estrofe, que acolhe a morte, foi composta pouco antes de ele fechar os olhos para este mundo: "Ai dos que morrerem em pecado mortal! Felizes os que ela achar conforme a Tua santíssima vontade, porque a morte segunda não lhes fará mal!".

Uma Alma Ecológica

Como já mencionado, a marca registrada de São Francisco diante de seus amigos sempre foi a alegria. Ele vivia sempre feliz, pois sua conexão com o divino era tão grande que isso lhe proporcionava uma felicidade completa, absoluta. Quando estamos alinhados com a missão da nossa alma, é exatamente assim que nos sentimos: somos movidos por uma paz profunda e uma constante alegria, como um combustível para que sigamos nosso rumo à felicidade plena.

Muito diferente dos cristãos de sua época, São Francisco recusou-se a viver uma vida vazia e sempre buscou sua maior vontade: uma conexão direta com Deus. Então aconteceram suas primeiras iniciações, de forma natural: procurou se libertar dos apegos, abandonou a terra natal e resgatou sua natureza primordial para, então, iniciar-se no caminho da luz e viver em sintonia com os ritmos e princípios universais.

Uma das suas declarações de respeito à natureza foi a adoção da alimentação vegetariana, porque o seu amor pelos animais era muito grande para que conseguisse comê-los. Isso o tornou conhecido como protetor e defensor dos animais.

Nós, seres humanos, dentro da nossa ignorância, muitas vezes rezamos diante de nosso prato e pedimos as bênçãos do céu tendo um animal morto à nossa frente. Para nos enganarmos, colocamos apelidos nas coisas: bife, filé, almôndega, frutos do mar... Afinal, falar "vaca morta" ou "cadáver" é meio pesado, não é mesmo? A alta gastronomia não concordaria com isso. Mas se fica tão penoso assim, será que não há algo errado? Será que é natural consumirmos tanta carne? Temos tanto poder de criação e ilusão que nos distraímos e esquecemos de que bifes e filés são animais mortos. Pense nisso com carinho e sem radicalismos! Escute o que o seu coração fala a respeito, e não a sua mente racional ou os seus desejos primitivos.

Muitos se dizem seguidores de São Francisco e rezam pedindo proteção aos bichos de estimação. Porém, não reconhecem que uma das maiores causas do efeito estufa, dos desmatamentos e dos problemas ambientais é proveniente do consumo de carne. Desconhecem que se gastam 15 mil litros de água para "fabricar" um quilo de carne e ignoram os rios de sangue (com muitos hormônios e antibióticos) provenientes dos frigoríficos e abatedouros, despejados diariamente nos lençóis freáticos. Como fica a qualidade da água que bebemos? Péssima. A natureza já nos devolve os resultados de nossas escolhas equivocadas.

São Francisco teve essa consciência numa época em que os animais ainda viviam de forma natural, em que as galinhas ciscavam no chão e não existiam pesquisas de zootecnia para sugerir hormônios e antibióticos que fazem uma pobre vaca produzir leite até suas tetas explodirem. Um leite que, em vez de ser destinado ao bezerrinho, é vendido ao único mamífero que consome esse alimento depois de adulto: o ser humano.

Cada vez mais árvores nativas são derrubadas para que se formem campos pecuaristas. Em muitos estados brasileiros, existem mais bois do que pessoas. Em alguns lugares, a população de suínos é dez vezes maior do que a população humana, e a única maneira de reverter essa situação alarmante é diminuindo o consumo. Esses são dados de pesquisas da Organização das Nações Unidas. Hoje o vegetarianismo ganha cada vez mais adeptos, e podemos transformar o mundo ao começar por nós mesmos.

Tudo isso pode parecer radical e é difícil viver sem carne numa sociedade que subsiste em torno dessa indústria. A própria mensagem de São Francisco não é determinista. Entretanto, acredito que possamos nos manter com 50% da carne que consumimos. Esse seria um bom começo para todos. Pesquisas mostram que as pessoas que não consomem qualquer tipo de carne frequentemente são mais amorosas, sensíveis, calmas e equilibradas.

Imaginemos São Francisco aqui na Terra, atualmente, visitando um aviário ou frigorífico e deparando-se com as barbáries às quais nossos irmãos animais são submetidos. Tratados como produtos, esses animais são açoitados, sentem muita dor e sofrem inúmeros maus-tratos por um simples capricho nosso: tê-los em nosso prato. Veja o quanto nosso espírito ainda é ignorante de clareza consciencial!

Desejo profundamente que possamos nos dar conta, o quanto antes, de que se somente o dinheiro for levado em consideração, a casa vai cair, e esta é a única casa que temos para morar: nosso planeta.

Pensemos lentamente nessas questões enquanto contemplamos nossa consciência, nosso interior. Tomemos nossas decisões com base no amor que nasce da alma e do coração e procuremos viver em harmonia com a natureza, aproveitando o que ela tem de belo para oferecer. Sintamos cada paisagem, cada planta, cada pedra, cada animal. Vivamos como São Francisco e agradeçamos ao Irmão Sol e à Irmã Lua, pois também fazemos parte de todo esse processo criativo da linda natureza de Deus.

Cântico do Irmão Sol

Altíssimo, onipotente, bom Senhor,
Teus são o louvor, a glória, a honra,
E toda a bênção.
Só a ti, Altíssimo, são devidos;
E homem algum é digno
De te mencionar.
Louvado sejas, meu Senhor,
Com todas as tuas criaturas,
Especialmente, o senhor Irmão Sol,
Que clareia o dia,
E com sua luz nos alumia.

Ele é belo e radiante,
Com grande esplendor:
De ti, Altíssimo, é a imagem.
Louvado sejas, meu Senhor,
Pela Irmã Lua e pelas Estrelas,
Que no céu formastes claras,
Preciosas e belas.

Louvado sejas, meu Senhor,
Pelo Irmão Vento,
Pelo ar, nublado,
Ou sereno, e todo o tempo,
Pelo qual às tuas criaturas dás sustento.

Louvado sejas, meu Senhor,
Pela irmã Água,
Que é mui útil e humilde,
E preciosa e casta.

Louvado sejas, meu Senhor,
Pelo irmão Fogo,
Pelo qual iluminas a noite.

E ele é belo e jucundo,
E vigoroso e forte.

Louvado sejas, meu Senhor,
Por nossa irmã, a mãe Terra,
Que nos sustenta e governa,
E produz frutos diversos,
E coloridas flores e ervas.

Louvado sejas, meu Senhor,
Pelos que perdoam por Teu amor,
E suportam enfermidades e tribulações.

Bem-aventurados os que sustentam a Paz,
Que por ti, Altíssimo, serão coroados.

Louvado sejas, meu Senhor,
Por nossa irmã, a Morte corporal,
Da qual homem algum pode escapar.

Ai dos que morrerem em pecado mortal!

Felizes os que ela achar
Conforme à Tua santíssima vontade,
Porque a morte segunda não lhes fará mal!

Louvai e bendizei ao meu Senhor,
E dai-lhe graças,
E servi-o com grande humildade.

Lao Tse

• *TRANSCENDÊNCIA* •

Lao Tse foi o maior filósofo chinês, além de alquimista e sábio. É o autor da obra fundamental do taoísmo: o *Tao Te Ching – O Livro do Caminho Perfeito*, um dos mais traduzidos até hoje e considerado, pelos taoístas, uma literatura sagrada.

De extrema profundidade, a obra reúne conceitos sobre o Todo, sobre o Grande Espírito criador do Universo. No *Tao Te Ching*, o autor relata: "Há algo natural e perfeito existente antes de céu e terra. Imóvel e insondável, permanece só e sem modificação. Está em toda parte e não se esgota. Pode-se considerá-lo a Mãe de Tudo. Não conhecendo seu nome, chamo-o Tao. Obrigado a dar-lhe um nome, O chamaria Transcendente".

O Tao não pode ser definido, pois sua imensidão está fora de nosso entendimento. Diante do que Lao Tse nos ensina, sabemos que o Tao emana o chi (ou *ch'i*), a energia vital que abastece a vida de tudo o que está sobre a Terra, desde o menor micróbio até o maior mamífero. Essa vibração emanada pelo Tao, quando em contato com a Terra, divide-se em dois princípios que estão em tudo: o yin e o yang. O símbolo do taoísmo faz alusão à harmonia de forças opostas na natureza e à dualidade humana.

Nessa filosofia, as energias yin e yang estão presentes em tudo o que vive, sempre transformando-se e complementando-se, em eterno movimento, equilibradas pelo invisível e onipresente Tao. Yang é a força positiva e representa a masculinidade. Yin, a força negativa, a feminilidade. A união dessas duas forças traria um ponto neutro de equilíbrio e harmonia.

Porém, quando ambas estão em desequilíbrio, há uma quebra no ritmo da natureza, a qual gera desajustes e conflitos. Isso pode ocorrer frequentemente com a energia dos nossos pensamentos e sentimentos e provocar equilíbrio ou desequilíbrio em nosso corpo. Os sábios taoístas ensinam que, assim como a água se ajusta a um recipiente, devemos aprender a equilibrar e moldar nossa energia, para que possamos viver em equilíbrio com o Tao.

Não existem provas históricas da existência de Lao Tse, o que o torna um personagem lendário. Uma antiga lenda chinesa conta que ele já nasceu velho, por isso teria recebido esse nome que, traduzido literalmente, significa "velho ou que já viveu muito". Essa narrativa pode possuir um sentido metafórico pela antiguidade do próprio taoísmo, que tem suas bases em conceitos filosóficos chineses muito antigos, anteriores à própria canalização do livro *Tao Te Ching – O Livro do Caminho Perfeito*.

Os vestígios mais embasados historicamente dizem que ele nasceu em 570 a.C., durante a época das Cem Escolas de Pensamento e o Período dos Reinos Combatentes, e que seu nome verdadeiro era Lao Tan. Mas o fato é que a religião taoísta o situa quase mil anos antes. Por isso, alguns estudiosos do assunto chegam a acreditar que Lao Tse nem viveu no plano Terra e que a sua lenda existe somente para que a China tenha um Messias, que se fundamenta no *Tao Te Ching*, a sabedoria dos grandes mestres taoístas do passado chinês.

A HISTÓRIA DE LAO TSE

• *SEGUNDO O TAOÍSMO* •

Conta a lenda taoísta que o Mestre nasceu na província de Na Hue, na cidade de Guo Yang, no período de 1324 a.C. Seu pai era um famoso alquimista que viveu mais de 100 anos. Sua mãe o concebeu ao engolir uma pérola de luz e a gestação demorou 81 anos.

Lao Tse nasceu do lado esquerdo das costelas da sagrada mãe, no jardim da família, sob uma árvore de nome Li (ameixeira), com cabelos brancos e orelhas grandes. Por isso, recebeu o nome de Lao Tse (filho velho) e Li Er (orelha grande da ameixeira). A união dos termos chineses (para velho e criança em seu nome) justifica o seu título de Senhor do Fim e do Princípio. Dentro dessa narrativa, podem ser observadas diversas metáforas que, no livro *Tao Te Ching*, são interpretadas de acordo com a profundidade espiritual de quem a lê.

Lao Tse foi convidado pelo rei Wen para ser o responsável pela biblioteca real e assumiu o cargo de historiador e bibliotecário até os 40 anos, quando iniciou sua grande viagem para o Ocidente com o intuito de chegar aos reinos da Índia, do Afeganistão e da Itália. Durante a viagem, permaneceu algum tempo na fronteira de Yu Men, onde aceitou o oficial-chefe da fronteira como discípulo. Ditou-lhe vários escritos, entre eles, o *Tao Te Ching*.

Lao Tse representado
• *Como divindade taoísta* •

Muitos anos depois, Lao Tse teve sua ascensão no deserto de Gobi, durante a qual emanou raios de luz em cinco cores, transformou-se em corpo de luz dourada e desapareceu no céu. Após sua ascensão, retornou novamente à Terra encarnado como filho único do senhor Li Po Yang, da província Shu.

Seu discípulo Yi Shi, o oficial da fronteira, o reencontrou na aldeia da família Li. Diante dele, a criança de 3 anos de idade revelou sua verdadeira imagem. Seu corpo cresceu e transformou-se em luz dourada e branca. Lao Tse pronunciou mais um ensinamento: o *Tratado Maravilhoso do Princípio Solar do Tesouro do Espírito* (*Ling Bao Yuan Yang Miao Ching*). Após concluir seu ensinamento, os 200 membros da família Li ascensionaram em massa, seguidos por Lao Tse e Yi Shi. Isso aconteceu no dia 28 de abril de 1118 a.C.

Depois do segundo nascimento e da ascensão, Lao Tse retornou inúmeras vezes para transmitir ensinamentos e ordenar as novas tradições. Por isso, é chamado pelos taoístas de Sublime Patriarca do Caminho.

O Tao Te Ching

Segundo a tradição chinesa, como já mencionado, Lao Tse trabalhou muitos anos como bibliotecário real, com o cargo de superintendente judicial dos arquivos imperiais, em Loyang, capital do estado de Shu. Desgostoso com as intrigas e disputas da vida na corte, decidiu abandonar esse modo de viver e seguir para as terras do Oeste, em direção à Índia.

Ao chegar à fronteira, o guardião Yi Shi, ao reconhecer sua sabedoria, o reverenciou conforme a tradição chinesa e pediu para se tornar seu discípulo. Pediu a ele, ainda, que antes de sair da China, deixasse um registro por escrito de seus ensinamentos. Assim, antes de partir, Lao Tse escreveu os 81 pequenos poemas, que receberam o título de *Tao Te Ching*.

O seu contato com os livros e a sua sabedoria pessoal o induziram a criar uma doutrina de caráter panteísta, a qual adora a natureza, identifica Deus com o Universo e o vê em tudo o que existe. Nela o Tao (ou caminho) é o princípio material e espiritual, criador e ordenador do mundo. No terreno prático, preconizou a vida contemplativa e a supressão de qualquer desejo.

Lao Tse é tradicionalmente considerado o fundador do taoísmo, movimento com vertentes filosóficas e religiosas distintas, designadas por diferentes nomes em chinês: Tao Chia é o termo que se refere ao taoísmo filosófico, e Tao Chiao, ao taoísmo religioso. Junto com o confucionismo e o budismo, o taoísmo integra os fundamentos da tradição espiritual da China. Seu seguidor Zhuangzi foi outro famoso filósofo taoísta chinês, cuja filosofia foi muito influente no desenvolvimento do budismo chan e do budismo zen. Na religião taoísta, Lao Tse recebe a consideração de uma divindade, reverenciada em diversos templos e cerimônias.

ALGUNS VERSOS DO
TAO TE CHING

Há algo natural e perfeito existente antes de céu e terra.
Imóvel e insondável, permanece só e sem modificação.
Está em toda parte e não se esgota.
Pode-se considerá-lo a Mãe de Tudo.
Não conhecendo seu nome, chamo-o Tao.
Obrigado a dar-lhe um nome,
O chamaria Transcendente.

O caminho que pode ser seguido não é o Caminho Perfeito.
O nome que pode ser dito não é o nome eterno.
No princípio está o que não tem nome.
O que tem nome é a Mãe de todas as coisas.

O espírito das profundezas do vale é imperecível,
é chamado o mistério feminino.
A Porta da Fêmea misteriosa é a raiz,
da qual crescem o céu e a terra.
Fracamente visível, seu poder inexaurível permanece.
A fêmea misteriosa dura perpetuamente
O seu uso, entretanto, jamais a esgotará.
O poder do espírito e a harmonia das forças
Preservam da dispersão a vida.
Assim procedendo, se torna o homem
Semelhante à criança,
Confiando sempre sua vida.

Segue as suas veredas
Sem jamais aberrar.
Quem conduz seu povo com amor
Permite que ele mesmo se harmonize,
Amparando-o em tempos de fortuna
E nas horas de infortúnio.
Quem possui verdadeira sapiência não necessita de erudição,
Sabe criar valores e não os guarda para si.
Aquilo que dá vida não reclama qualquer posse,
Beneficia, mas não exige gratidão.
Comanda, mas não exerce autoritarismo.
Eis a chamada qualidade misteriosa.
Sabe agir sem se apegar
Sabe conduzir sem impelir
E nisto reside a finalidade da vida.
As cinco cores cegam os olhos humanos
As cinco notas ensurdecem os ouvidos
Os cinco gostos injuriam o paladar
As corridas e as caçadas desencadeiam
no coração paixões furiosas e selvagens.
Os bens de difícil obtenção causam
ferimentos diante de perigosos obstáculos.
Por esse motivo, o sábio ocupa-se
do interior e não da exterioridade dos sentidos.
Ele rejeita o superficial e prefere mergulhar no profundo.

O Tao da Serenidade e da Alegria

• *Pelo professor Wagner Borges* •

Observe a flor que desabrocha
no momento certo.
Ela sorri para as gotinhas
de orvalho e para o sol.
Em seu sorriso está o Chi.

Ela não pensa, mas sua
sensibilidade agradece ao Tao.
Observe a cascata correndo
por entre as pedras.
Ela nunca olha para trás.
O seu destino são as grandes águas.
Elas correm junto com o Chi
e sentem o Tao.

Sorva tranquilamente
uma caneca de chá morno.
Pense que cada gole é o Tao.
Faça isso de olhos fechados e medite.
Seja suave, amigo e sereno.

Nunca renegue a si mesmo.
Para o Tao, tudo é sagrado.
Os opostos são alternâncias do Chi.
Yin e Yang são irmãos, equilíbrio é paz.
Persevere nos bons princípios.
Feche os olhos e sente-se
com paciência.
Junte as mãos em frente ao peito.
Faça o azul do céu entrar em sua testa.
Arremesse longe a arrogância.

Agradeça ao Tao, venere a vida.
Seja flor e cascata, saúde o Chi.
Limpe as emoções, seja sereno.

Viaje, espiritualmente, aos nove céus.
Deite o corpo no leito,
arremesse longe o medo.
Pense numa bola azul acima
da cabeça, outra abaixo dos pés.
Sinta o azul preenchendo
o seu corpo, por cima e por baixo.

Medite no Tao.
O azul eletrificado
percorre o seu corpo.
Decole o espírito nas correntes de luz.
Visite os sábios extrafísicos
nos planos celestes.

Por favor, remova as dores da tristeza.
Isso faz estragos nos pulmões.
Não respire apenas o ar,
respire o Chi junto.
Pense que o Chi é o ouro da vida.

Duas maravilhas:
paciência e simplicidade.
O Tao admira essas duas qualidades.
Por isso, os sábios são fortes e serenos.
Eles são cascata e flor
e sempre agradecem.

CONFÚCIO

• *HONESTIDADE* •

Confúcio (ou Kong Qiu) nasceu na China, na vila de Zon, região de Lu, em 551 a.C. Quando criança, gostava de participar regularmente de rituais religiosos em diversos templos. Anos depois, já adolescente, começou a ganhar fama de pessoa justa e honesta, que buscava sempre aprender cada vez mais.

Começou cedo a viajar por vários lugares e conheceu muitas pessoas consideravelmente mais velhas e sábias. Estudou na capital do império, Zhou, onde se acredita que tenha estreitado relações com Lao Tse, o fundador do taoísmo. Ao voltar à sua terra natal, tornou-se professor e ensinou jovens de muitos lugares.

Confúcio tinha 35 anos quando a sua região entrou em guerra com a vizinha cidade de Qi. O duque Zhao reunia-se frequentemente com Confúcio e pedia a ele os mais diversos conselhos. No entanto, alguns ministros de Zhao, guiados talvez por um forte sentimento de inveja e ganância, eram contrários às ideias do sábio e convenceram o seu líder a não mais se aconselhar com ele.

Algum tempo depois, outros setores da sociedade começaram a contradizer o Mestre e suas posições políticas. Ao encontrar-se sozinho e desapoiado em situações que nem haviam sido criadas por ele, Confúcio retirou-se de Lu. Anos mais tarde, voltou à sua região natal, mas não mais integrou a vida política e social, concentrando-se apenas em estudar profundamente.

Terminada a guerra, e já com 50 anos de idade, recebeu um pedido do barão de Qi para ajudá-lo a se defender de conflitos internos na sociedade, o qual não aceitou. Alguns anos mais tarde, foi proclamado "chefe" da cidade pelo novo duque de Lu e, sob a sua administração, ela cresceu consideravelmente, o que demonstrou a todos como exercia bem a função política. De forma gradual, foi promovido até chegar a secretário-geral da Justiça e, aos 56 anos, a primeiro-ministro de Lu.

Curiosamente, em todas as regiões próximas, começou a surgir uma grande preocupação: a de Lu se tornar uma região demasiadamente poderosa. Assim as cidades vizinhas passaram a enviar mensageiros com oferendas e até dançarinas para agradar ao duque. Quando este abandonou uma manifestação religiosa para receber os mensageiros, Confúcio desistiu do seu cargo, fez as malas e partiu para fora da região, segundo ele, para sempre.

Então, durante os cinco anos seguintes, o Mestre viajou extensivamente pela China, acompanhado de seus discípulos, e espalhou sua sabedoria a todos que o escutavam. Entretanto, a realeza chinesa dificultava ao máximo a obra de Confúcio: ao mesmo tempo em que era amado pelo povo graças à sua filosofia de vida e aos ensinamentos, muitas vezes era expulso de onde estava e chegou a sofrer ameaças de morte.

Foi detido e ficou preso durante cinco dias. Aos 62 anos, acabou raptado com seus discípulos por soldados de um nobre. Foi salvo por um rei amigo, que mandou seu exército pessoal resgatá-lo.

Depois de todos esses anos viajando incessantemente, sempre espalhando sua sabedoria, Confúcio começou a se sentir cansado e regressou definitivamente para Lu, já com 67 anos de idade. Apesar de ser bem-vindo à região que o viu nascer, nenhum cargo público foi oferecido a ele.

Seu desejo secreto era passar o resto de sua vida ensinando e escrevendo, e assim o fez até a sua morte, aos 72 anos.

Frases Atribuídas a Confúcio

- *"Exige muito de ti e espera pouco dos outros. Assim, evitarás muitos aborrecimentos."*
- *"A nossa maior glória não reside no fato de não cairmos, mas sim em levantarmo-nos sempre depois de cada queda."*
- *"A preguiça caminha tão devagar, que a pobreza não tem dificuldade em a alcançar."*
- *"A humildade é a única base sólida de todas as virtudes."*
- *"O maior prazer de um homem inteligente é bancar o idiota diante do idiota que quer bancar o inteligente."*
- *"Eu não procuro saber as respostas, procuro compreender as perguntas."*
- *"De nada vale tentar ajudar aqueles que não ajudam a si mesmos. Foge por um instante do homem irado, mas foge sempre do hipócrita."*
- *"Mil dias não bastam para aprender o bem; mas para aprender o mal, uma hora é demais."*
- *"Não corrigir nossas falhas é o mesmo que cometer novos erros."*
- *"Para conhecermos os amigos, é necessário passar pelo sucesso e pela desgraça. No sucesso, verificamos a quantidade e, na desgraça, a qualidade."*
- *"Escolhe um trabalho de que gostes e não terás que trabalhar nem um dia na tua vida."*
- *"Qual seria a sua idade se você não soubesse quantos anos você tem?"*
- *"O silêncio é um amigo que nunca trai."*

- *"Quando vires um homem bom, tenta imitá-lo; quando vires um homem mau, examina-te a ti mesmo."*
- *"Aja antes de falar e, portanto, fale de acordo com os seus atos."*
- *"Não fales bem de ti aos outros, pois não os convencerás. Não fales mal, pois te julgarão muito pior do que és."*
- *"Transportai um punhado de terra todos os dias e fareis uma montanha."*
- *"O sábio envergonha-se dos seus defeitos, mas não se envergonha de os corrigir."*
- *"Há três métodos para ganhar sabedoria: primeiro, por reflexão, que é o mais nobre; segundo, por imitação, que é o mais fácil; e terceiro, por experiência, que é o mais amargo."*
- *"Coloca a lealdade e a confiança acima de qualquer coisa; não te alies aos moralmente inferiores; não receies corrigir teus erros."*
- *"Não são as ervas más que afogam a boa semente, e sim a negligência do lavrador."*
- *"Ser ofendido não tem importância nenhuma, a não ser que continuemos a lembrar disso."*
- *"Não importa o quanto você vá devagar, desde que não pare."*
- *"Ver o bem e não fazê-lo é sinal de covardia."*
- *"Entre amigos, as frequentes censuras afastam a amizade."*
- *"Aquele que não prevê as coisas longínquas expõe-se a desgraças próximas."*
- *"Existem três coisas que não voltam atrás: a flecha lançada, a palavra pronunciada e a oportunidade perdida."*

Cacique Pena Branca

• DIPLOMACIA • INTELIGÊNCIA •

Este nobre brasileiro nasceu em 1425, aproximadamente, na região central do Brasil, situada hoje entre Brasília e Goiás. Era o filho mais velho do cacique e, desde cedo, apresentou inteligência superior.

Na época, não havia o costume de fazer intercâmbios e trocas de alimentos entre as tribos – apenas algumas aceitavam esse tipo de transação – porque existia uma cultura de subsistência e muitas eram rivais entre si.

O Mestre Pena Branca foi um dos primeiros a incentivar a melhora de condições dos indígenas e, por isso, assumiu a tarefa de fazer intercâmbio com outras aldeias, entre elas a Jê (ou Tapuia) e Nuaruaque (ou Caraíba). Num trabalho diplomático com o objetivo de promover a união entre os povos indígenas do Brasil, Pena Branca fazia longas viagens e estabelecia elos de amizade entre os territórios.

Enquanto realizava uma de suas peregrinações na região do Nordeste brasileiro, conheceu uma indígena que viria a ser sua mulher, chamada Flor da Manhã. Ela foi sempre o seu apoio. Como cacique, foi bastante honrado e respeitado, tanto pela sua própria aldeia de tupis, quanto por todas as outras. Continuou seu trabalho de itinerante por todo o Brasil, na tentativa de fortalecer e unir a cultura indígena.

Certo dia, Pena Branca estava em cima de um monte, na região da atual Bahia, e foi o primeiro a avistar a chegada dos portugueses em seus navios, com grandes cruzes vermelhas no leme. Esteve presente na primeira missa realizada no Brasil pelos jesuítas, por frei Henrique de Coimbra.

Desde então, procurou ser o porta-voz entre os indígenas e os portugueses. Costumava ser precavido pela desconfiança em relação às intenções daqueles homens brancos que ofereciam objetos, como espelhos e pentes, para agradá-los. Aprendeu rapidamente o Português e a cultura cristã com os jesuítas.

Teve intenso contato com os corsários franceses, que conseguiram penetrar (sem o conhecimento dos portugueses) na costa brasileira muito antes das grandes invasões de 1555, e ainda aprendeu a falar Francês.

Os escambos – forma de comércio de pau-brasil entre indígenas e portugueses, por meio de trocas – eram vistos com reserva por Pena Branca, pois ali começou a escravidão indígena. A intenção do Mestre sempre foi a de progredir culturalmente com a chegada desses povos, que ele chamava de "amigos".

Fez sua passagem em 1529, aos 104 anos, deixando grande saudade em todos os indígenas do Brasil. Foi reconhecido como um servidor na assistência espiritual, assim como o cacique Cobra Coral. Apesar de não ter conhecido o padre José de Anchieta em vida, já que este chegou ao Brasil em meados de 1554, Pena Branca foi um dos espíritos que ajudou esse abnegado jesuíta no seu desligamento desencarnatório.

Responsável pela proteção contra invasões de espíritos obsessores, o cacique Pena Branca comanda equipes socorristas em muitos núcleos espíritas e age nas atividades de passes, por sua profunda habilidade e conhecimento na área da diplomacia. Além disso, a inteligência do nosso Grande Mestre Pena Branca é extremamente requisitada em centros espiritualistas para auxiliar no encaminhamento de espíritos desencarnados até os Portais de Luz do Astral Superior.

O Xamanismo

Desde criança, sempre me identifiquei com o xamanismo, mesmo sem saber que recebia esse nome. O xamanismo é como o Tao: inefável; precisa ser sentido. Poderíamos dizer que é a ciência dos antigos povos, que viviam da forma mais natural possível em sincronismo com os ritmos do Universo. Contempla o Grande Espírito que nos criou (Deus) em todas as coisas. Honra e agradece cada elemento que a Mãe Terra nos dá e sente que essa Força Invisível está presente em tudo. Xamanismo é uma demonstração de amor profundo pelos animais, pela natureza e por todos os seres, a qual respeita os limites da Mãe Terra e retira dela somente o que é necessário. Nele nos sentimos iguais a cada partícula, respeitando até mesmo uma formiga, pelo simples fato de não sermos superiores a ela.

Muito temos a aprender com os indígenas, que sempre souberam respeitar a natureza e viver bem, em harmonia com o Grande Espírito. A Mãe Natureza chora por nossas atrocidades. Certamente, como mãe compassiva e bondosa, compreende nossa ignorância e nosso estágio evolutivo e, com seu poderoso coração, deseja profundamente que tenhamos mais respeito com aqueles que, como ela, já estão presentes aqui há bem mais tempo do que nós: as plantas, os minerais, os animais.

O cacique Pena Branca pode ser invocado para esclarecer nossa mente diante dos cuidados com a natureza e trazer consciência espiritual sobre as nossas atitudes com o meio ambiente.

Uma Mensagem Canalizada

Certa vez, participei de uma vivência xamânica conduzida pelo professor Vitor Hugo França, pessoa honrada, de alma transparente e amorosa. Ele é fundador do Espaço Voz dos Elementos em São Paulo, onde são realizados cursos, vivências e outras atividades xamânicas (saiba mais em www.vozdoselementos.com.br). Nesse evento, canalizei o seguinte texto:

O Grande espírito está no vazio
Na fronte enrugada dos velhos
Na sabedoria dos simples
E na expansão das ondas do mar
Em cada aflição humana
O Grande Espírito se faz
Numa tentativa elástica
De equilibrar as forças da Paz
De trazer conforto
E evitar o confronto
Propagando o amor
Para consumir a dor
A grande luz se apresenta
Em cada momento feliz
E nesse momento nos diz
Você é muito mais!
Você faz parte de mim
Como a águia e seu planar
Que no céu a revoar
Nos abençoa assim:
– Seja luz, manifeste a luz
E, assim, o amor se fará!

LEONARDO DA VINCI

• *TALENTOS* • *VIRTUDES* •

Maior gênio da época renascentista, Da Vinci foi um exímio pintor, escultor, arquiteto, engenheiro, botânico e músico. É até difícil conceber que, em uma única pessoa, pudessem se reunir tantas virtudes.

Nascido em 1452, num pequeno vilarejo próximo ao município de Vinci, era filho ilegítimo de um tabelião, conhecido como Piero da Vinci. Sua mãe chamava-se Caterina, provavelmente uma camponesa. Alguns historiadores acreditam que a moça era uma escrava judia, vinda do Oriente Médio, que havia sido comprada por Piero da Vinci. As posses de sua família equivaliam à riqueza das pessoas que hoje dizemos pertencer à classe média.

Desde cedo, Da Vinci revelou uma aptidão genial para o desenho, área em que mais se destacou tecnicamente no período da adolescência. Como sua família possuía relações com Andrea del Verrocchio, um pintor famoso da época, seu pai levou alguns trabalhos do filho ao ateliê do pintor, questionando-o sobre o eventual talento dele e se valeria a pena investir no jovem. Verrocchio ficou espantado com a habilidade do rapaz e, prontamente, o aceitou no seu estúdio.

Assim, em 1466, aos 14 anos, Da Vinci mudou-se para Florença e iniciou seu aprendizado no ateliê de Verrocchio. O artista, de grande prestígio na época, ensinou-lhe toda a base que, mais tarde, o levaria a se tornar um grande pintor. Lá também aprendeu escultura, arquitetura, óptica, perspectiva, música e botânica. Na adolescência, portanto, Da Vinci foi fortemente influenciado por duas grandes personalidades da época: seu mestre, Andrea del Verrocchio, e Lorenzo de Médici.

O gênio viveu em plena Renascença, nos séculos XV e XVI, e expressava melhor do que qualquer outro o espírito daquele tempo. Ao contrário do homem medieval, que via em Deus a razão de todas as coisas, os renascentistas acreditavam no poder humano de julgar, criar e construir. Por isso, a Renascença também ficou conhecida como a Época do Humanismo e se caracterizava por enormes progressos nas artes, nas leis e nas ciências.

Em 1472, aos 20 anos, Da Vinci já era membro do grêmio dos pintores de Florença e a sua carreira passou a ser independente à do mestre Verrocchio. As pessoas da corte faziam encomendas diretamente a Da Vinci. Porém, em 1476, ele e mais três alunos do ateliê de Andrea del Verrocchio foram acusados de sodomia. Segundo a acusação, Da Vinci teria tido relações homossexuais com um modelo muito popular de Florença. Mas, no seu julgamento, faltaram provas concretas que confirmassem a incriminação e ele foi absolvido de toda e qualquer denúncia possível.

Em meados de 1490, o sábio produziu um estudo das proporções humanas, baseado no tratado recém-redescoberto do arquiteto romano Vitruvius. Leonardo debruçou-se sobre o chamado *Homem Vitruviano*, que acabou por se tornar um dos seus trabalhos mais famosos, um símbolo do espírito renascentista. O desenho reproduz a anatomia humana e conduziu, cinco anos depois, ao *Cavaleiro Mecânico de Leonardo*, autômato humanoide desenhado com um sistema comandado por roldanas e cabos – que hoje é chamado de *Robô de Leonardo*, por se cogitar que tenha sido o primeiro protótipo de robô criado no mundo.

Em 1502, ficou a serviço de César Bórgia, como arquiteto militar e engenheiro. Neste mesmo ano, ambos viajaram pelo norte da Itália.

Em Milão, juntamente com Francesco Sforza, Da Vinci projetou vários prédios com armas de guerra e reforços. Entre os seus mais formidáveis projetos, está uma escada para uso numa torre fortificada, que incluía quatro rampas, todas independentes entre si. Assim, os soldados podiam subir e descer de quatro andares sem esbarrar em grupos de soldados que seguiam em direção contrária.

Nessa mesma época, ele também projetou um fosso interessante: escondeu uma torre cilíndrica debaixo d'água com um teto levemente inclinado, que saía um pouco da superfície da água. Os defensores que estivessem dentro da torre poderiam disparar suas armas pela superfície aquática. Além disso, feno molhado cobria o teto da torre contra os danos causados pelos disparos. Da Vinci projetou, ainda, um castelo com sistema triplo de segurança. Um dos cantos dessa construção tinha duas fortificações: a primeira estendia-se até o canto do forte e a outra, sobre parte da parede externa.

Ainda em 1502, o genial inventor retornou a Florença, onde recebeu a encomenda de um retrato: a *Mona Lisa*. No ano seguinte, começou a pintá-lo e levou cerca de três anos para terminá-lo. Há teorias de que seria um autorretrato, mas com feições femininas, o que explicaria, assim, o sorriso ambíguo. No entanto, a ideia mais aceita é de que a tela ilustra a esposa do comprador Francesco Bartolomeo del Giocondo (daí o seu título original, *La Gioconda*) – o nome *Mona Lisa* foi atribuído por Giorgio Vasari, em 1550, 31 anos após a morte do pintor. Contudo, ainda há o simbolismo por trás disso: *Mona Lisa* poderia ser um anagrama de duas divindades egípcias da fertilidade (Amon e L'Isa), muito referenciadas pelos pagãos da época. Essa última hipótese foi sugerida pelo escritor Dan Brown no seu livro *O Código Da Vinci*, a qual foi duramente criticada por estudiosos de arte.

Tanto mistério não impediu que a obra fosse a mais famosa e mais reproduzida da História, o que tornou o seu trabalho único. Nela, Da Vinci evidenciou seu interesse pela fisionomia, com seus incríveis e minuciosos registros de emotividade, expressividade e gesticulação humana. Poucos trabalhos do mesmo gênero foram tão controversos, valiosos, questionados ou elogiados.

Em 1515, Francisco I, rei da França, designou a Da Vinci a tarefa de fazer a peça central de um leão mecânico para as negociações de paz entre o rei francês e o papa Leão X, em Bolonha. Nessa ocasião, ele foi apresentado ao rei. Em 1516, ficou a serviço dele como primeiro pintor, engenheiro e arquiteto. Foi dado ao genial artista o uso do Castelo Clos Lucé, próximo ao castelo do rei, juntamente com uma pensão generosa. Da Vinci e Francisco I tornaram-se bons amigos.

O grande Mestre morreu em Cloux, na França, em 1519, aos 67 anos. De acordo com o seu excêntrico desejo para a época, 60 mendigos seguiram seu caixão. Ele foi enterrado na Capela de São Hubert, no Castelo de Amboise, também em terras francesas.

Personalidade genial e controversa

Da Vinci sempre foi uma figura misteriosa, devido aos muitos talentos que possuía. A sua capacidade e o seu conhecimento em várias áreas o proclamaram como um dos maiores gênios da humanidade. Porém ele sabia que se os seus manuscritos fossem descobertos pela Igreja haveria grandes possibilidades de ser considerado herege, porque seus conteúdos científicos eram encarados por essa instituição como feitiçaria e, assim, teria como castigo um final terrível. Daí a ideia de escrever da direita para a esquerda, o inverso da escrita, de modo que seus manuscritos só fossem decifrados diante de um espelho.

No início da década de 1510, Da Vinci iniciou a pintura *Leda e o Cisne*, um dos dois únicos nus atribuídos a ele. Em 1513, viajou para Roma levando o quadro consigo. Na verdade, ele queria participar da criação das obras de arte da Capela Sistina, mas, devido às intrigas com o papa da época, não teve essa oportunidade. Os problemas que existiam estavam relacionados aos seus estudos de anatomia, algo malvisto pela Igreja, que considerava a prática herege.

Em 1515, concluiu sua pintura *Leda e o Cisne*, baseada na mitologia grega. Essa obra provavelmente foi destruída pela Inquisição da Igreja

Católica. Enquanto ainda a produzia, Da Vinci iniciou outra pintura a óleo, intitulada *São João Batista*, finalizada após três anos. Nessa obra, o santo tinha uma delicadeza feminina, que não se sabe se foi proposital. Acredita-se que a intenção dele era provocar a Igreja, já que parecia contradizer a personalidade de João Batista descrita na Bíblia.

Outra mostra de sua irreverência foi o quadro A *Anunciação*, pintado entre 1472 e 1475, que retrata o momento em que o Arcanjo Gabriel anuncia a Maria que ela será a mãe de Jesus. Só que essa obra não apresenta Maria como uma personagem submissa, mas sim o anjo como submisso a ela, ao contrário de outros quadros da época. A própria figura de Maria foi representada com uma certa monumentalidade, pautada pela sua postura ereta. Isso, para a Igreja da época, era escandaloso, pois as mulheres deveriam mostrar respeito e submissão aos homens, inclusive nas obras de arte.

Da Vinci também tinha outro método de transmitir mensagens para as gerações futuras – as quais, acreditava ele, estariam muito desenvolvidas, devido ao progresso racional dos seres humanos. Era por meio do simbolismo em suas pinturas que deixava mensagens com uma enorme inteligência e criatividade, muitas delas capazes de mudar a maneira de pensar do homem. Ao mesmo tempo em que uma obra por ele pintada escondia um segredo, também o revelava.

Uma delas foi a *Madona do Fuso*, feita em Florença, em 1501, cujo original já não existe mais. O nome dessa pintura se dá porque o Menino Jesus segura um fuso de fiar, cuja forma, à primeira vista, assemelha-se a uma cruz, e somente numa observação mais precisa fica claro o que de fato representa. O fuso demonstra o espírito doméstico da Virgem Maria, mas também remete o observador à cruz, símbolo de Jesus Cristo. Essa imagem de Jesus brincando com a cruz não teria sido aceita pela conservadora sociedade da época, e menos ainda pela Igreja e pelo tribunal inquisidor. Ao longo dos tempos, vários críticos têm atribuído diversas interpretações ao fuso. Porém, o mais certo é que represente mesmo uma cruz, de forma simbólica.

Já *A Santa Ceia* – outra obra muito famosa de Da Vinci – traria a simbologia da presença da astrologia na vida das pessoas. O Mestre das artes teria pintado cada discípulo com uma atitude do zodíaco, e Jesus, sentado ao meio, representa o centro do Universo, o que caracterizaria as qualidades de todos os doze signos. Da direita para a esquerda, os discípulos representam os seguintes signos: o apóstolo Simão, Áries; Judas Tadeu, Touro; Mateus, Gêmeos; Filipe, Câncer; Tiago Maior, Leão; Tomé, Virgem; João, Libra; Judas, Escorpião; Pedro, Sagitário; André, Capricórnio; Tiago Menor, Aquário; e Bartolomeu, Peixes.

Também um cientista

Talvez até mesmo mais impressionantes do que os trabalhos artísticos de Da Vinci tenham sido os seus estudos em ciências e engenhosas criações, registrados em cadernos que incluem cerca de 13 mil páginas de notas e desenhos que fundem arte e ciência. Mais uma vez, vários de seus estudos foram considerados heresia pela Santa Inquisição.

O gênio tentou entender os fenômenos, descrevendo-os em detalhes extremos, e não enfatizou experiências ou explicações teóricas. Ao longo de sua vida, planejou uma enciclopédia baseada em desenhos detalhados de tudo. Como não dominava nem o Latim, nem a matemática, o Da Vinci cientista foi ignorado pelos estudiosos contemporâneos. Mas ele participou de autópsias e produziu desenhos anatômicos extremamente detalhados, planejando um trabalho especialmente com humanos e anatomia comparativa – vale lembrar o já mencionado *Homem Vitruviano*.

Fascinado pelos fenômenos de voo, Da Vinci produziu um detalhado estudo sobre o voo dos pássaros e planos para várias máquinas voadoras. Tentou aplicá-los para os protótipos que desenhou: o primeiro foi batizado de *Swan di Volo* (Cisne Voador) e, segundo especialistas, é de 1510. Inclusive fez um helicóptero movimentado por quatro homens e um planador, cuja viabilidade já foi provada.

Mesmo não sendo engenheiro, em 1502, Da Vinci produziu o desenho de uma ponte para o sultão Beyazid II, de Constantinopla. Ela não foi construída, mas a visão do artista foi ressuscitada em 2001, quando uma ponte menor, baseada em seu projeto, foi construída na Noruega, na estrada que liga Oslo a Estocolmo. A ponte chama-se Golden Horn, mas foi apelidada de "Mona Lisa das Pontes".

Os seus cadernos também contêm várias invenções no campo militar, como canhões e um tanque blindado movimentado por humanos ou cavalos, além de bombas de agrupamento, embora ele considerasse a guerra a pior das atividades humanas. Outras invenções incluem um submarino e um dispositivo de engrenagem, que foi interpretado como a primeira calculadora mecânica. Durante o período em que permaneceu no Vaticano, planejou um uso industrial de poder solar e empregou espelhos côncavos para aquecer a água. Assim, inventou a primeira máquina a vapor.

Não é à toa que Leonardo da Vinci é considerado o arquétipo do Homem do Renascimento. Grande inventor de sua época, estava muito à frente de seu tempo. Seu interesse e sua criatividade em vários campos de estudo deram origem a invenções como o salva-vidas, o paraquedas e a bicicleta.

Impossível imaginar como um homem que viveu há cerca de 500 anos fosse capaz de desenvolver teorias e técnicas em tantas áreas, desde a pintura até as ciências modernas. Provavelmente o seu perfeccionismo em cada trabalho tenha sido um dos motivos de possuir autoria de tão poucas obras. Outro possível fator foi o de que alguns de seus quadros se perderam com o tempo (foram roubados ou até mesmo destruídos), devido à maneira polêmica de pintar cenas religiosas e retratos.

O grande artista planejou frequentemente pinturas grandiosas, com muitos desenhos e esboços, mas deixou os projetos inacabados. Hoje esses esboços integram o espólio dos mais conceituados museus mundiais, que testemunham uma inteligência genial. Atualmente existem somente algumas de suas pinturas.

O fato é que sua personalidade sempre foi cercada por uma aura de mistério: engenhosidades foram vistas com suspeitas em uma época obscura e com ideologias rigorosas. Nesse ambiente ainda muito influenciado pela Igreja Católica, era fácil tromar um estudo científico aprofundado por uma heresia. Por isso, especula-se que Da Vinci preferiu optar pela clandestinidade para expressar o que realmente acreditava. Muitos sustentam, inclusive, que ele era pagão e só explorou as instituições religiosas para tirar lucro das suas incumbências. Existem diversos estudos contemporâneos que atestam que Da Vinci foi um ateu fervoroso. Porém, muitas de suas obras de arte o colocam como um dos maiores expoentes da arte sacra, como A *Última Ceia*.

Para completar essa personalidade instigante, Da Vinci também tinha um amor natural pelos animais. A mera ideia de permitir o seu sofrimento desnecessário – e, mais ainda, de matar – era abominável para ele. O grande artista e inventor adotou, na infância, uma dieta vegetariana, por razões éticas. É provável que tenha atacado a vaidade humana com as seguintes palavras: “Rei dos animais – é como o humano descreve a si mesmo –, eu te chamaria rei das bestas, sendo tu a maior de todas – porque as ajudas só para que elas te deem seus filhos, para o bem da tua goela, a qual transformaste num túmulo para todos os animais”.

Por fim, é importante falar que o interesse e a admiração por Da Vinci como cientista, observador e inventor são recentes. Durante mais de 400 anos, a sua fama se apoiou nos seus arquivos como artista, nos seus esboços e nas suas grandiosas pinturas, a exemplo da obra-prima da pintura mais célebre jamais criada, a *Mona Lisa*, cuja autoria é sua. Mas toda a sua vida prova que ele é dos homens mais grandiosos que já passaram pelo planeta, como afirma a seguinte frase atribuída a ele: “De tempos em tempos, o Céu nos envia alguém que não é apenas humano, mas também divino, de modo que, através de seu espírito e da superioridade de sua inteligência, possamos atingir o Céu”.

Melquisedeque

• *INICIAÇÃO* •

Muitos são os mistérios que envolvem o nome Melquisedeque. Para iniciar sua biografia, vale lembrar que existem uma Ordem Sacerdotal de Melquisedeque e um homem que esteve presente aqui na Terra, na época do Antigo Testamento, chamado Machiventa Melquisedeque. Para uma melhor compreensão, vou falar primeiramente da Ordem Sacerdotal e, a seguir, do personagem. A palavra Melquisedeque também pode ser considerada um título alcançado pelo discípulo, após o cumprimento de alguns estágios iniciáticos da alma.

A Ordem

O livro *As Chaves de Enoch* descreve um ser que, dos mundos celestes, dirige a Ordem de Melquisedeque como o Eterno Senhor da Luz, responsável pela organização dos níveis dos mundos celestiais de Deus para a transição de uma nova era de luz. É comparado a Miguel e Metatron, em disponibilidade de recursos e na transformação e purificação da nossa consciência espiritual, conduzindo-nos a um novo estágio evolutivo.

A melhor definição dessa Ordem é que ela é responsável pela reprogramação da consciência, necessária para tornar o nosso plano denso mais sutil e elevar a frequência vibratória da raça humana. Esse trabalho dos sacerdotes da Ordem de Melquisedeque visa à reorganização dos nossos estados físicos, mentais, emocionais e espirituais. Trata-se de uma fraternidade de luz dispersa e invisível, que interpenetra toda a árvore genealógica da raça humana. Seus membros são, normalmente, os grandes líderes, os filhos da Verdade, ocultos na sabedoria histórica. Esses seres, por seu alto grau iniciático, guardam as chaves que dão acesso à verdadeira história do planeta.

Na história do planeta Terra, a Ordem de Melquisedeque sempre existiu em pequenas comunidades familiares de sacerdotes-patriarcas, de cientistas-sacerdotes e de sábios-poetas, que seguiram lealmente a palavra de Deus. Os antigos patriarcas bíblicos faziam parte desse sacerdócio de luz, passando pelas gerações de Abraão a Jetro até chegar a Moisés. Aarão, irmão de Moisés, foi quem teve a incumbência de iniciar, junto com os 70 anciãos de Israel, um sacerdócio que ficasse subordinado à Ordem de Melquisedeque.

As informações do livro *As Chaves de Enoch* coincidem com as fornecidas pelo *The Urantia Book*[7], segundo o qual os membros da Ordem de Melquisedeque são conhecidos como filhos e filhas das emergências de Deus. Eles são assim designados porque, sempre que surge um problema mais grave, geralmente é um membro dessa ordem que recebe a incumbência de resolvê-lo.

Acredito que todas as pessoas que se candidatam à ascensão com o propósito de propagar a luz, se dispondo a se tornarem canais da luz divina, podem ser sacerdotes dessa Ordem. Jesus foi um Sumo Sacerdote na Ordem de Melquisedeque; Moisés também. Da mesma forma, podemos nos tornar um.

Acredita-se que os níveis iniciáticos da Ordem de Melquisedeque sejam:

---

[7] O *Livro de Urântia*, no Brasil (N. do E.)

1. **NEÓFITO;**
2. **INICIADO;**
3. **HIEROFANTE;**
4. **SUMO SACERDOTEOU SACERDOTISA.**

Especialistas sobre o tema acreditam que a Ordem de Melquisedeque existia antes mesmo da criação do planeta Terra. Seus iniciados estariam difundindo a Ordem não só na Terra, mas em todos os planetas do Universo, e as sociedades secretas aqui presentes seriam apenas uma representação limitada da verdade divina.

O objetivo maior da Ordem de Melquisedeque é inspirar os seres humanos na senda da espiritualidade. Os mentores da Ordem convidam, energeticamente, os seres mais evoluídos para as iniciações. Toda a verdade vem à Terra por meio dessa escola iniciática.

Essas iniciações, muitas vezes, ocorrem durante o sono, naqueles dias em que acordamos nos sentindo muito bem e nem sabemos o motivo. A primeira iniciação é quando somos inspirados a buscar uma nova vida de paz, compaixão e amor, ao desejarmos um encontro com a nossa natureza divina. A segunda iniciação se dá pela busca de ações que tomamos para o encontro da iluminação interior. Já a terceira iniciação ocorre quando há a abertura de nossa alma para todos os ensinamentos e práticas espirituais. É quando nos fundimos e nos conectamos a Deus e mudamos completamente nossas intenções, ações, comportamentos, sentimentos e emoções, em um salto quântico para um nível mais evoluído. A quarta iniciação envolve o processo de ascensão como aconteceu com Jesus, envolvendo mistérios que nem somos capazes de compreender.

A Ordem de Melquisedeque é também uma ordem autônoma. Seus membros mantêm uma organização independente, dedicada à inteligência universal. Eles têm a confiança plena de todas as classes de seres inteligentes. Em sua sabedoria, estão próximos da perfeição. As ordens de Melquisedeque se dedicam, principalmente, ao extenso sistema educacional e ao regime de treinamento vivencial e espiritual do Universo.

De acordo com *The Urantia Book*, o serviço dessas ordens abrange, aproximadamente, dez milhões de mundos habitados somente em nosso Universo. Além do seu trabalho de treinamento educacional regular, seus membros entram em ação sempre que ocorre uma emergência no Universo. Quando algum aspecto do plano do Criador corre riscos, um Melquisedeque se apresenta imediatamente para prestar assistência e pode, inclusive, se tornar visível aos seres mortais; em ocasiões raras, alguns membros até encarnam fisicamente. A Ordem de Melquisedeque possui ministros de emergência versáteis e voluntários para todas as ordens de inteligências do Universo.

Melquisedeque e a abertura do Portal 11:11

Segundo a escritora Solara, em 11 de janeiro de 1992 aconteceu a abertura do Portal 11:11, um dos maiores símbolos da energia da ascensão e do despertar consciencial da humanidade. Esse portal gerou uma maior sensibilidade em todos os nossos pensamentos, sentimentos e emoções, com uma ampla abertura à espiritualidade.

A autora descreve esse momento como uma grande iniciação da humanidade na Ordem de Melquisedeque. Com essa ativação, que ocorreu lentamente entre 1991 e 1995, houve uma externalização de muitos mistérios ocultos durante milênios. O cetro do poder de Melquisedeque foi ativado e está acordando os bancos de memória celular de todos nós. Essa ativação despertou o interesse das pessoas em buscar informações ocultas.

Pense se há alguns anos ouvíamos falar em ocultismo, Mestres Ascensionados, Reiki, terapias alternativas... Todo esse movimento passou a ocorrer após 1992 e proporcionou em muitas pessoas uma vontade de buscar novas aspirações espirituais.

Manuscritos do Mar Morto

• *A Descoberta doLivro de Melquisedeque* •

No litoral do Mar Morto, perto de Jericó, acampava uma tribo beduína – povo nômade que vive nos desertos do Oriente Médio e norte da África – conhecida como Taamireh. Era início da primavera de 1947, quando um dos filhos daquela tribo, Muhammad Edh-Dhib, um jovem de apenas 15 anos, pastoreava o rebanho de seu pai. Ao retornar para casa, descobriu que estava faltando uma cabra. Depois de andar muito em busca da cabra perdida, o rapaz sentou-se à sombra de uma grande pedra. Nesse momento, viu uma estreita fenda na rocha e arremessou uma pedra em direção ao buraco. Fez várias tentativas, até que acertou o alvo.

O jovem escutou um som que, dentro da caverna, pareceu o ruído de um vaso de barro quando cai. Então aproximou-se da pequena abertura e seus olhos começaram a avistar contornos que pareciam grandes jarros. Ao retornar à sua tenda, contou a experiência ao irmão mais velho, Ahmed Muhammad, que pediu que o levasse àquele lugar. Encontraram nos vasos vários rolos de couro de cabra e concluíram que poderiam conseguir algum dinheiro com eles, vendendo-os para algum sapateiro.

Khalil Iskander Shahin, conhecido como Kando, tinha uma sapataria em Belém. Remendava uma bolsa quando dois beduínos entraram em seu estabelecimento, arrastando consigo sete grandes rolos. Ao colocá-los sobre o balcão, perguntaram o quanto ele poderia pagar por todo aquele couro. Quando os analisou, viu que estavam bastante envelhecidos e que, com certeza, não seriam muito úteis.

Khalil estava para se despedir dos moços quando, ao observar todas aquelas escritas nos rolos, resolveu adquiri-los, pensando em revendê-los para algum colecionador de antiguidades. Pagou, então, uma ninharia por eles, e os rapazes, ainda que cansados por todo esforço, saíram agradecidos.

Athanasius Y. Samuel, arcebispo metropolitano do Mosteiro São Marcos, em Jerusalém, tomou conhecimento dos rolos e adquiriu quatro deles. Alguns dias depois, Khalil vendeu os outros três para o professor Eleazer Lipa Sukenik, da Universidade Hebraica de Jerusalém.

Ao analisar os seus quatro rolos, Athanasius conscientizou-se de haver adquirido uma preciosidade. Decidido a fazer fortuna com a sua venda, levou-os clandestinamente para os Estados Unidos, onde passou a oferecê-los para pessoas e instituições as quais acreditava que se interessariam por eles. Ninguém, contudo, aceitou sua proposta, pois o preço exigido era muito alto.

Desanimado, Athanasius decidiu, numa última tentativa, colocar um anúncio no *Wall Street Journal*. O general Yigael Yadin, chefe do Estado-Maior do exército israelense – filho do professor Eleazer, que havia comprado os três últimos rolos –, estava à procura dos manuscritos quando, ao ler o jornal, foi atraído para o pequeno artigo que falava daqueles quatro rolos encontrados no Mar Morto com manuscritos bíblicos datados, o mais antigo, do ano 200 a.C. Como estava desesperado à procura dos outros quatro, Yigael pagou 250 mil dólares pelos quatro rolos.

Ao serem os sete rolos cuidadosamente analisados por eruditos em Israel, foi comprovado que eram os mais antigos manuscritos já descobertos pelo homem, datados de tempos anteriores aos dias de Cristo. Um dos rolos (o mais conservado dos sete) apresentava uma cópia do *Livro de Isaías* que, ao ser comparada às cópias modernas, trouxe a certeza de que não houve, nesses dois milênios, nenhuma alteração significativa em sua mensagem profética.

Os demais manuscritos, também de grande importância, são *O Manuscrito de Lameque*, conhecido como *O Apócrifo de Gênesis*, que apresenta um relato ampliado do Gênesis; e *A Regra da Guerra*, que descreve a grande batalha final entre os filhos da luz e os filhos das trevas, na qual os descendentes das tribos de Levi, Judá e Benjamim são retratados como os "filhos da luz", e os edomitas, moabitas, amonitas, filisteus e gregos como os "filhos das trevas". Há também um pergaminho com *Os Hinos de Ação de Graças* (*Hodayot*), uma sequência de 33 salmos que eram cantados em cultos de adoração ao Criador.

Dois anos depois da experiência daqueles jovens beduínos, dois arqueólogos, G. L. Harding e R. De Vaux, auxiliados por quinze habitantes daquela região do Mar Morto, começaram novas buscas nas proximidades daquela caverna, que viria a ser conhecida como Gruta 1. Em fevereiro de 1952, encontraram finalmente, ao sul da Gruta 1, a Gruta 2, na qual estavam partes de dezessete manuscritos bíblicos e uma porção maior de partes de manuscritos não bíblicos. Ao todo, foram achados 187 fragmentos.

Com a descoberta da Gruta 2, a atenção dos arqueólogos e de todos aqueles pesquisadores do Mar Morto voltou-se para as cavernas. No dia 14 de março de 1952, descobriram a Gruta 3, que, além de centenas de fragmentos de outros manuscritos, guardava um documento muito especial: três folhas de um cobre muito fino, cada qual medindo 0,30 cm por 0,80 cm.

Ao examinarem aquelas lâminas de cobre, perceberam que elas eram compostas, originalmente, por um único rolo, pois suas extremidades traziam as marcas de seu ligamento. O estudo posterior desse documento revelou ser de grande importância, pois trazia detalhadas informações sobre as demais grutas que continham documentos e tesouros.

À medida que novas grutas eram descobertas, novos documentos vinham à luz. Depois da descoberta da Gruta 6, em setembro de 1952, as buscas foram intensificadas, mas não trouxeram qualquer novo achado por um período de quase três anos. Na manhã do dia 2 de fevereiro de 1955, vencidos pelo desânimo, estavam a ponto de suspender as buscas quando foram abençoados com a descoberta da Gruta 7.

Renovados em seu ânimo de prosseguirem com a procura, entre os dias 2 de fevereiro e 6 de abril de 1955, foram agraciados com os tesouros das Grutas 7, 8, 9 e 10. Com todo esse sucesso, intensificaram ainda mais as buscas, mas sem nenhum resultado.

Em janeiro de 1956, quatro irmãos beduínos encontraram a gruta 11, a qual continha jarros com livros deteriorados e dois rolos muito conservados: o *Livro de Levíticos* e o *Livro de Ezequiel*. Também foi encontrado um grande rolo, o *Livro de Melquisedeque*, que, na verdade, consistia numa sequência de sete manuscritos costurados uns aos outros. Dos sete, os seis últimos traziam um relato minucioso da história do Universo, desde sua origem até a consumação dos tempos. O primeiro continha relatos sobre os habitantes de Sodoma, os quais haviam sido levados cativos por um grande exército: "Acompanhado por apenas 318 pessoas, Abraão, sob a orientação de Yahuh, conquistou um miraculoso livramento, triunfando sobre todos os inimigos" (Gênesis, 14 e 15).

Essa primeira narrativa continua até a destruição de Sodoma e Gomorra, seis anos depois. O segundo relato do primeiro rolo narrava a história de Salém. Por ocasião das descobertas das onze grutas, os territórios do Mar Morto encontravam-se sob jurisdição da Jordânia, cujo governo garantiu direitos exclusivos de estudo a oito especialistas liderados pelo padre Roland de Vaux, do Centro Bíblico e Arqueológico de Jerusalém, que proibiu o acesso de qualquer pesquisador judeu aos pergaminhos.

Em 1967, durante a Guerra dos Seis Dias, Israel, ao conquistar a margem ocidental do Jordão, adquiriu o controle dos documentos, mas também só permitiu que um pequeno grupo os estudasse. Mais tarde, alguns foram traduzidos e divulgados, embora o mundo tenha continuado a desconhecer o que havia na maior parte desse tesouro. Somente em setembro de 1990, os manuscritos passaram a ser mais amplamente divulgados, quando dois estudiosos – Bem-Zion Wacholder e Martin Abegg – do Colégio Hebreu de Cincinatti, nos Estados Unidos, tiveram acesso a uma cópia de um código de referências (relação de palavras com sua posição nos diferentes manuscritos) dos pergaminhos.

Por razões de segurança, o governo israelense havia distribuído algumas cópias desses quebra-cabeças por instituições judaicas em todo o mundo, além de ter depositado microfilmes dos pergaminhos sob a guarda de oito bibliotecas, a maioria nos Estados Unidos, com o compromisso de que não fossem liberados para o público. No final de 1999, rompendo com todo esse cerco, a Biblioteca Huntington, de Los Angeles, uma das que detinham uma cópia microfilmada dos documentos, liberou a consulta para estudiosos do mundo todo. Entre os sete rolos retirados da Caverna 11 pelos beduínos, foram declarados autênticos os seguintes manuscritos: o *Livro de Salmos*, o *Livro de Levíticos*, o *Livro de Ezequiel* e o *Livro de Jô*. O restante – *Nova Jerusalém*, o segundo rolo de *Salmos* e o *Livro de Melquisedeque* – foi declarado apócrifo pelos peritos.

Machiventa Melquisedeque

De acordo com *The Urantia Book*, um membro da Ordem chamado Machiventa Melquisedeque viveu fisicamente no planeta Terra em 1973 a.C. Isso aconteceu poucas vezes no nosso Universo local. Essa passagem ocorreu perto da cidade de Salém, na Palestina. Quem o viu pela primeira vez foi um pastor, numa tenda, e o membro da Ordem se pronunciou da seguinte maneira: "Eu sou Melquisedeque, sacerdote de El Elyon, o Altíssimo, o Deus único. El Elyon, o Altíssimo, é o criador Divino das estrelas do firmamento e desta Terra em que vivemos. Ele é o Deus Supremo do céu".

Machiventa Melquisedeque reuniu em torno de si um grupo de estudantes e discípulos e tornou-se o núcleo da cidade de Salém. Logo ficou conhecido em toda a Palestina como o Sacerdote de El Elyon, o Altíssimo, e como o Sábio de Salém, a qual, posteriormente, veio a ser a cidade de Jerusalém, em Israel. Ele se referia a Jesus naturalmente e profetizava sua vinda à Terra. Seus ensinamentos eram simples, porque as pessoas tinham pouca instrução naquele período e a Luz espiritual no planeta era muito frágil. Toda pessoa que escrevesse seu nome ou imprimisse sua marca nas tábuas de argila da igreja de Melquisedeque guardava na memória as seguintes crenças:

1. **Creio em El Elyon, o Deus Altíssimo, o único Pai Universal e Criador de todas as coisas.**
2. **Aceito a aliança de Melquisedeque com o Altíssimo, que me dispensa seus favores por minha fé, e não pelos sacrifícios e pela queima de oferendas.**
3. **Prometo obedecer aos sete mandamentos de Melquisedeque e anunciar a boa nova dessa aliança com o Altíssimo a todos os homens.**

Mesmo esse credo breve e simples era avançado demais para as pessoas daquela época. Os sete mandamentos, instituídos por Melquisedeque, eram:

1. **NÃO SERVIRÁS A NENHUM OUTRO DEUS, SENÃO AO CRIADOR ALTÍSSIMO DO CÉU E DA TERRA.**
2. **NÃO DUVIDARÁS DE QUE A FÉ É A ÚNICA EXIGÊNCIA DE SALVAÇÃO ETERNA.**
3. **NÃO PRESTARÁS FALSO TESTEMUNHO.**
4. **NÃO MATARÁS.**
5. **NÃO ROUBARÁS.**
6. **NÃO COMETERÁS ADULTÉRIO.**
7. **NÃO DESRESPEITARÁS TEUS PAIS E AS PESSOAS MAIS VELHAS.**

Algumas correntes filosóficas afirmam que Melquisedeque viveu 94 anos; já outras, que ele permaneceu na Terra por incríveis 600 anos.

Com o passar dos séculos, seus ensinamentos se difundiram entre toda a raça humana. Inicialmente foi a religião judaica (e mais tarde a religião cristã) que carregou a tocha inicial da Ordem de Melquisedeque. Depois da sua morte, Melquisedeque, lá do plano espiritual, continuou trabalhando com profetas e videntes para perpetuar os ensinamentos que ele havia começado com Abraão.

Certamente Melquisedeque pode ser considerado o Grande Pai da raça humana, o Eterno Senhor da Luz. Com o seu manto, nos abençoa a cada dia, ilumina nossas mentes e traz evolução e cura para que, um dia, possamos transformar nossas consciências e evoluir nessa grande hierarquia cósmica.

Os Maias

• *MUDANÇAS NECESSÁRIAS* •

Os noticiários relatam, diariamente, acontecimentos sobre catástrofes, cataclismas, guerras, discussões políticas e religiosas. A Bíblia, no Evangelho de São João, refere que, quando tudo isso acontecesse simultaneamente, estaríamos vivendo o Apocalipse, ou seja, um tempo de dores, sofrimentos e destruição. Há milhares de anos, na Península de Yucatán – que abrange partes da Guatemala, de Belize e do México –, existia um povo muito sábio, que vivia de acordo com os ritmos do Universo: a civilização maia.

Seu grau de instrução e sabedoria cósmica era altíssimo e isso gerou um mérito espiritual suficiente para que houvesse uma ascensão em massa. Tanto é que nenhum vestígio dos habitantes da época do desaparecimento dessa civilização foi encontrado. Algumas correntes de pensamento acreditam que, após um momento espiritual coletivo muito especial, eles tenham desaparecido e atravessado um portal para uma dimensão superior. Porém, atentos ao desenvolvimento de seus irmãos, os maias deixaram importantes recomendações inscritas nas pedras de Chichén Itzá – a famosa pirâmide com degraus localizada no México –, para que pudéssemos evoluir conscienciosamente como eles.

Nossos irmãos nunca mencionaram alguém importante entre eles, como por exemplo um governante, rei ou messias, pois viviam em comunhão, numa sociedade na qual prevalecia a unicidade. Todos eram mestres em alguma coisa e não havia análise de valores. Tudo era importante para o contexto em que estavam, desde as atividades mais simples até as mais complexas. Todos eram um só, diante de Hunab Ku, o nome que davam ao seu deus ou ao próprio Universo, o Todo.

Excelentes observadores dos ritmos da galáxia, eles nos deixaram sete importantes profecias gravadas em pedras, em forma de livros desdobráveis, os chamados *Códices Maias*, ou em escrituras sagradas, conhecidas como *Chilam Balam*. De forma alguma, as profecias maias foram reveladas para trazer terror à humanidade, mas, sim, como uma tentativa de transmitir alerta e esperança. Graças aos seus profundos conhecimentos sobre o Universo, conseguiram elaborar cálculos precisos e previsões assertivas a respeito do que aconteceria em nossa era.

Algumas linhas de pesquisa acreditam que, como todos os grandes impérios, os maias se deixaram levar pelo ego negativo, pela vaidade, pela ignorância e pela arrogância, e, com isso, ocorreu o desaparecimento desse povo, por meio de um grande cataclisma. De todo modo, eles nos presentearam com as profecias, que existem com um único objetivo: para que possamos ser alertados e mudar a tempo, antes que o pior aconteça.

As Sete Profecias Maias

A Primeira Profecia

Na visão dos maias, a galáxia é um grande organismo vivo onde todos os seres vivos estão inseridos e fazem parte do mesmo ecossistema. Todos são importantes e um é complemento do outro, devendo zelar pelo bem-estar geral.

A primeira profecia fala sobre o sol, que eles chamaram de *Kinich-Ahau*. Para eles, o sol é um ser vivo que respira e, de vez em quando, sincroniza-se, fazendo um alinhamento em relação ao grande organismo vivo no qual está inserido: o Universo. Segundo os maias, o sol era um meio de comunicação com Deus (*Hunab Ku*). Cada ciclo do sol chamava-se *Ahau* e o último teria acontecido em 3113 a.C., quando essa civilização traçou os últimos cálculos para elaborar suas profecias. Os sacerdotes calcularam o que seria um dia galáctico (que duraria 25.125 anos), um ciclo em que todo o Sistema Solar se movimenta de forma elíptica com relação a um Grande Sol Central, o qual chamavam de "Centro do Universo". Esse dia galáctico era dividido em cinco fases de 5.125 anos: o amanhecer, o meio-dia, a tarde, o entardecer e a noite.

Os últimos vinte anos da noite galáctica eram chamados de *Katún*, o período de maior escuridão, antes do período da manhã galáctica. O *Katún* aconteceria em nosso planeta no período de 11/11/1992 até 21/12/2012, quando o Grande Sol Central emanaria raios sincronizadores em direção à nossa galáxia e brilharia mais, atingindo o sol do Sistema Solar. Ao receber essa carga energética de um raio sincronizador, o sol produziria o que os cientistas chamam de manchas solares, ou seja, erupções ou mudanças magnéticas que trariam grandes influências e alterações em nosso comportamento.

Para os maias, o *Katún* seria um período de grandes aprendizagens, mudanças e aceleração vibratória do planeta e de todos os seres que aqui vivem. Para compreendermos melhor a frequência do planeta, vou falar da Ressonância Schumann, uma unidade de medida da Nasa que mensura os batimentos cardíacos da Terra. Essa frequência foi medida recentemente e a sensação que temos, segundo a agência, é de que o planeta está mais acelerado, o que faz parecer que um dia possui apenas 16 horas, e não 24; isso tudo é causado pelas manchas solares em excesso nessa época em que vivemos! A medida da ressonância do planeta foi feita pelos maias há 5 mil anos. A diferença de seus cálculos com relação aos da Nasa é de incríveis dezessete segundos, o que significa quase nada, visto que, naquela época, não existiam computadores supermodernos para que os maias pudessem efetuar suas estimativas.

Eles acreditavam que, nesse período, várias mudanças na natureza poderiam acontecer. Elas seriam necessárias para que a humanidade pudesse compreender o funcionamento do Universo e dele se reaproximar, pois só quem convive sincronizado com sua própria natureza é capaz de atravessar um período difícil em harmonia. Em 22 de dezembro de 2012, ocorreria o que os maias chamaram de "amanhecer da galáxia", com profundas transformações em todos os seres e a condução a um novo processo evolutivo.

A SEGUNDA PROFECIA

Segundo esta profecia, o comportamento de toda a humanidade se modificaria a partir de 11 de agosto de 1999, mediante um eclipse solar. Esse eclipse já aconteceu e foi um evento único, pois todos os planetas se alinharam em formato de cruz, atualmente conhecida como "cruz cósmica". O planeta Terra estava no centro dessa cruz e o posicionamento dos planetas correspondia aos signos de Aquário, Escorpião, Leão e Touro, associados aos quatro evangelistas: Mateus, Marcos, Lucas e João. Esses apóstolos são os quatro guardas do trono que protagonizaram o livro bíblico Apocalipse.

Talvez quem ler o Apocalipse hoje se assuste um pouco, mas, na época de Jesus, seria difícil para os apóstolos imaginarem e profetizarem o mundo atual, com internet, telefone celular e automóveis pelas ruas. Então as previsões teriam que ser um tanto exageradas, até para que fossem ouvidas. Realmente, segundo estudiosos do tema, todas as informações estão sincronizadas e interligadas: estamos vivendo em plena era apocalíptica. O que se refere na Bíblia como o "fim dos tempos" seria o "final do dia galáctico", ou seja, "preparando-se para o amanhecer", o que está muito associado ao final de uma era, e não ao final do mundo.

Segundo os maias, após o eclipse, a energia que receberíamos da galáxia iria acelerar os nossos processos fisiológicos e comportamentais, alterando as nossas percepções e causando a sensação de que o tempo passa com maior velocidade. Nesse dia, a sombra da cruz cósmica, projetada na Terra, atravessou a Europa, passou por Kosovo, pelo Oriente Médio, pelo Irã, pelo Iraque, pelo Paquistão e pela Índia. A sombra determinou as regiões mais conflitantes do planeta (a incrível foto do eclipse, em forma de cruz, pode ser encontrada facilmente na internet).

Os maias previram que, a partir desse eclipse, alguns seres humanos perderiam totalmente o controle das suas emoções; outros, porém, procurariam desenvolver a espiritualidade e buscar a paz interior, para atravessar esse período de conflitos e evoluir conscienciosamente. Durante esse período, tudo seria colocado às claras e aflorariam os sentimentos ruins para que fosse realizado um processo de limpeza na humanidade. Ocorreriam mudanças nas convicções religiosas e uma profunda transformação nas relações, nas comunicações, na economia, na sociedade, na ordem e na justiça. Tudo estaria à flor da pele, para que fosse solucionado e entrasse em sincronicidade com o Universo.

A segunda profecia dizia ainda que céu e inferno seriam estados de consciência e se manifestariam simultaneamente. Cada ser humano se conectaria a um estado ou outro, pela frequência vibratória dos pensamentos. No céu, com a sabedoria e o amor, para transcender e tolerar voluntariamente o que acontece; e, no inferno, com a ignorância e os aprendizados por meio da dor e do sofrimento.

Nessa época, todas as opções seriam livres, com valores morais mais frouxos do que nunca, e não existiria nenhum tipo de censura, para que cada um se manifestasse exata e livremente como é. O ser humano é abençoado com o seu livre-arbítrio e sempre decide o seu próprio destino. Vale repetir: as profecias maias não existem para causar desespero, mas para trazer um alerta sobre as mudanças.

Esta profecia conta também que, se os seres humanos optassem pela luz e sintonizassem com o ritmo do Universo antes de 21 de dezembro de 2012, o que estivesse descrito nas próximas profecias se tornaria desnecessário e não precisaria acontecer.

A Terceira Profecia

Ela previa que uma onda de calor aumentaria a temperatura do planeta e produziria mudanças climáticas, geológicas e sociais em uma magnitude sem precedentes, numa velocidade nunca vista antes. Os maias diziam que essa mudança ocorreria por vários fatores: pelo comportamento humano e pela falta de identificação e sintonia com os mecanismos do Universo, gerando processos autodestrutivos, como o aquecimento global. Outros fatores seriam gerados pelo sol, que, ao acelerar sua vibração e atividade, produziria maior irradiação e aumentaria a temperatura do planeta.

As mudanças já estão acontecendo desde 1999 e talvez por ocorrerem de forma lenta não percebemos quando começaram. Para explicar como isso se dá, vejamos um exemplo: se somos colocados dentro de um caldeirão com água fervendo, a reação de dor e queimadura é imediata. Porém, se entramos em um caldeirão com água fria e ela esquenta lentamente, nosso corpo se adapta à temperatura. Hoje os níveis de aquecimento estão alarmantes e as campanhas de cuidados com a natureza são cada vez maiores, nos alertando para que possamos tomar atitudes a tempo de evitar males piores. O comportamento ecologicamente correto, em sincronicidade com o Universo, será crucial para que a humanidade resista a esses tempos difíceis.

A Quarta Profecia

Conforme a previsão dos maias, o aumento da temperatura do planeta, causado pela atitude antiecológica do homem, aliado a uma maior atividade do sol pelos raios sincronizadores da galáxia, provocaria o derretimento do gelo nos polos. Se o sol aumenta seus níveis de atividade acima do normal, há mais vento solar e erupções maciças desde a coroa solar, além de um aumento da radiação e uma maior temperatura terrestre.

Os maias basearam-se nos ciclos do planeta Vênus, nos giros de 584 dias, para efetuar seus cálculos solares. Vênus é um planeta facilmente visível no céu, já que sua órbita está entre a Terra e o sol. Essa civilização deixou registros de que, a cada 117 giros de Vênus, marcados cada vez que o planeta aparece no mesmo ponto no céu (correspondente a 187,2 anos terrestres), o sol sofre fortes alterações, o que faz surgirem as manchas solares. Eles advertiram que, em torno de 5.125 anos, seriam produzidas alterações ainda maiores e, quando isso ocorresse, o ser humano deveria estar alerta, principalmente quanto aos cuidados ambientais, para que os impactos e o sofrimento fossem menores.

Os maias previram o aumento da temperatura das águas do mar e, por isso, concluíram que haveria o derretimento das geleiras, como se colocássemos um cubo de gelo em uma xícara de chá (derreteria imediatamente). A verdade é que a Mãe Terra está doente e sofrendo nossas agressões, enquanto apresenta um estado febril exatamente como quando adoecemos. É um mecanismo de defesa do organismo planetário, um processo de limpeza para que, depois, no amanhecer da galáxia, sua saúde seja restabelecida.

A Quinta Profecia

Ela dizia que todos os sistemas baseados no medo desapareceriam. O ser humano compreenderia que não está sozinho no Universo e se sentiria parte dele, entendendo que, ao preservar o ambiente em que vive, preservaria a si mesmo.

Nos dias atuais, existe uma grande onda especulativa no mercado internacional. O dinheiro nos domina completamente. Se há um evento na economia de um país, todos são afetados, e isso gera ansiedade, estresse, preocupação e desconfiança entre as pessoas, já que estamos todos interligados. A quinta profecia fala do desaparecimento do dinheiro e dos sentimentos negativos que ele desperta.

Nessa profecia, os maias relatavam que todos os meios de comunicação artificiais seriam eliminados, para que os homens olhassem para dentro de si e deixassem de se distrair com as coisas externas. Alguns comentários surgiram sobre essa previsão, mencionando que as altas temperaturas do sol causariam danos irreversíveis nos satélites que orbitam em torno da Terra, o que prejudicaria os sistemas de comunicação em todo o mundo e faria com que o controle de informações desaparecesse, bem como a mídia televisiva e a internet. Isso manteria a humanidade em contato apenas com o seu eu interior, libertando-se das questões externas.

As interpretações mais radicais sugerem que esse momento seria de total descontrole, em que todas as crenças baseadas no medo cairiam como pedras de um dominó. Desse momento, surgiria uma nova ótica espiritual, livre e universalista, a qual acabaria com os limites estabelecidos pelas diferentes maneiras de ver o mesmo Deus. Esse novo dia galáctico consistiria em um momento de luz e paz para toda a galáxia e tudo o que fosse contrário à harmonia poderia desaparecer. Não existiria um comportamento vinculado à imposição da verdade pela força, o que já experimentamos há vários séculos. Nesse amanhecer, a única verdade seria a de cada um, a verdade dos corações sincronizados com o Universo.

A Sexta Profecia

Ela dizia que apareceria um cometa cuja trajetória poderia colocar em risco a existência do ser humano. Os maias viam os cometas como um sinal de mudança, os quais surgiam para movimentar o equilíbrio existente, de modo que certas estruturas se transformassem e permitissem a evolução da consciência. Eles acreditavam que a verdade se movimentava de vez em quando (ou seja, não pode ser estática) e que as piores situações são aquelas mais perfeitas, a fim de que possamos compreender os ciclos da vida.

Esse sábio povo estudou e registrou os movimentos do céu. Seu alerta sempre foi com o intuito de prevenir, a fim de que os homens se organizassem para atravessar períodos difíceis. O perigo iminente de um cometa nos traria a obrigatoriedade de união e colaboração internacional. Seria a única maneira de os países abrirem mão de sua soberania para lutarem juntos pelas mesmas causas, dando origem a um governo mundial para o bem comum.

A Sétima Profecia

Esta última fala do momento em que o Sistema Solar, em seu giro cíclico, sairia da noite para entrar na fase de amanhecer da galáxia, em 22 de dezembro de 2012. No período do *Katún* (1992 a 2012), todos os seres humanos receberiam a oportunidade de mudar e evoluir em um ritmo intenso e acelerado, vencendo suas limitações e agregando energia suficiente para receber um novo sentido: a comunicação pelo pensamento.

Aqueles que optassem pela evolução poderiam elevar sua frequência vibratória do medo para o amor e, assim, florescer o sexto sentido. O cinturão de fótons (raio sincronizador) disparado pela galáxia ativaria o DNA espiritual e traria uma nova consciência individual, planetária e universal. Esse sentido desnudaria o ser humano, que reconheceria os outros de forma vibratória e eliminaria as mentiras, uma vez que nem os pensamentos poderiam ser escondidos. Desapareceriam os controles externos, como o dinheiro, a política, as fronteiras e o exército, e o governo seria liderado pelos humanos com espírito mais sábio. Já os processos de aprendizagem se dariam pelo contraste harmônico, por meio do amor. Haveria uma espécie de internet mental, em que todos estariam interligados pela força do pensamento.

A decisão de escrever sobre os maias veio com a ideia de homenagear a cultura dos povos antigos que, mesmo com instrumentos feitos de pedra, sem chips ou energia elétrica, dedicaram suas vidas à observação da natureza. Assim, eles deixaram um legado de ricas informações, que pode nos ajudar em nossa evolução espiritual.

Os conhecimentos herméticos são tão universalistas e profundos que Hermes foi endeusado por seus seguidores, recebendo o nome de "Trismegistos", que significa "três vezes grande", e de Thot, antigo deus do Egito, conhecido como o "escriba dos deuses", por ser considerado um emissário do mundo espiritual. Também devido às suas aspirações científicas e universais ficou conhecido na Grécia como Hermes, o deus da Sabedoria, e em Roma como Mercúrio.

Sua proposta é tão contemporânea que seus ensinamentos perduram até hoje, tendo sido compilados em dois excelentes livros: *O Caibalion* e *O Divino Poimandres*, um sistema completo de teologia metafísica e filosofia.

• PARTE 2 •

MESTRES DA ÍNDIA

NA ÍNDIA, DESDE A ANTIGUIDADE, a religião, a filosofia e a ciência são provenientes da mesma fonte. A estrutura social, política e econômica do povo indiano deriva das escrituras sagradas: os Vedas.

Vedanta é a combinação de duas palavras: *veda*, que significa "conhecimento"; e *anta*, que significa "a parte final" ou a "essência" dos Vedas. Nesse caso, o conhecimento não tem uma conotação intelectual; não se refere, por exemplo, ao conteúdo limitado que aprendemos na escola, mas ao conhecimento do Eu Divino existente em cada um de nós, ou seja, é a busca pelo autoconhecimento.

Dentro dessa filosofia, Deus não é personificado. Trata-se da própria existência, consciência e bem-aventurança infinitas; uma realidade transcendente e impessoal, presente em tudo o que existe, a qual recebe o nome de Brahman.

Ainda assim, o Vedanta também afirma que Deus pode ser pessoal e assumir forma humana em diferentes épocas. Mais importante: Ele mora em nossos corações, como o Divino Ser ou Atman, que não nasce nem morre e não é afetado por nossas falhas ou pelas alterações de nossos corpos e mentes. Puro, perfeito e livre de limitações, o Atman é uno com Brahman. O maior templo de Deus reside no coração do homem e a meta da vida humana é manifestar essa divindade. Consciente ou inconscientemente, todo ser humano caminha para expressá-la, pois é a nossa verdadeira natureza.

Finalmente, o Vedanta afirma que todas as religiões ensinam as mesmas verdades básicas a respeito de Deus e do mundo. Milhares de anos atrás, o Rig Veda já declarava: "A Verdade é uma, os sábios chamam-na por diversos nomes".

A filosofia hindu é representada por três princípios divinos: Brahma, Vishnu e Shiva. No cristianismo, podem ser comparados ao Pai, Filho e Espírito Santo; e, no Egito, a Hórus, Osíris e Ísis.

Os três princípios são sempre os mesmos na natureza, como a energia que está em tudo: há uma polaridade negativa, uma positiva e uma neutra, mas em regiões diferentes. Por isso, não deveriam existir os conflitos religiosos. Cada povo, em determinada época, codificou os ensinamentos divinos à sua maneira, de acordo com o clima, o meio ambiente e o esclarecimento consciencial.

Dentro da filosofia hindu, existem muitos deuses descritos na literatura sagrada, denominada Vedanta. Esse sistema filosófico foi criado há pelo menos 10 mil anos. Porém, até 3 mil anos atrás, os princípios védicos não eram escritos. De acordo com os antigos mestres da Índia, seria impossível traduzir com palavras os ensinamentos divinos. Então tudo era transmitido de mestre para discípulo, de geração em geração; as experiências precisavam ser sentidas e vivenciadas.

Há cerca de 3 mil anos, os ensinamentos foram compilados e, por meio de seres abençoados, como Swami Vivekananda e Paramahansa Yogananda, trazidos para o Ocidente, o que nos enriqueceu com lindas histórias e exemplos de conhecimento divino, como você verá nas páginas a seguir.

Brahma

• *A FONTE CRIADORA* •

Dentro do hinduísmo, Brahma é considerado o criador dos deuses, dos humanos e de todas as manifestações do Universo. Ele é conhecido como o incriado e teria surgido de um ovo dourado. É representado pela figura de um homem com quatro cabeças montado em um cisne ou pavão real. *Hamsa*, o cisne que serve de veículo para Brahma, representa a maturidade e a consciência espiritual, a liberdade e a soberania. O cisne também está associado à dualidade humana, pois tem a capacidade de flutuar na superfície das águas e ficar com parte de si submerso. Porém, quando sai das águas, pode voar alto e migrar para qualquer direção, acompanhando as estações e os ciclos da natureza. Essa ave transita nas esferas celestes e terrenas, capaz de dominar os elementos sem que eles a limitem.

Brahma normalmente é simbolizado com suas mãos levando os Vedas, uma flor de lótus, um japamala e uma vasilha para a água dos banhos de sacrifício. Em algumas ocasiões, aparece sentado numa posição de meditação, sobre uma flor de lótus que sai do umbigo de Vishnu.

Na Índia, existe um significado para Brahman e outro para Brahma. O primeiro é o "Todo", como o Tao de Lao-Tsé, o Pai, a Fonte e a Presença Primeira, Onipotente e Onisciente, de onde o Tudo se manifestou e para onde Tudo voltará. O segundo é uma manifestação desse Todo, uma parte emanada para que a materialização da existência seja possibilitada. Brahma é o aspecto da Criação Universal mencionado nos Vedas.

BRAHMA E A ORIGEM DO SISTEMA DE CASTAS

Toda a organização social da Índia foi baseada no Vedanta, inclusive o sistema de castas, tão polêmico e discutido até hoje. Ele consiste em dividir os hindus em classes sociais de acordo com a sua descendência e traz para a política a reencarnação.

Segundo algumas lendas indianas, da união de Brahma com Bakchase (uma mulher da raça de gigantes) originaram-se os Brahmanes e a casta de sacerdotes e doutores, destinada à continuidade dos conceitos religiosos. Do braço direito de Brahma, surgiu um homem chamado Kshatrya e, do braço esquerdo, uma mulher chamada Kshatryani. Da união dos dois, foi gerada a casta dos Kshatryas, os guerreiros hindus.

Da coxa direita de Brahma, teve origem um terceiro homem, chamado Vaishya, e, da coxa esquerda, uma mulher, Vaishyani. Assim nasceu a casta dos Vaishyas, os comerciantes e lavradores. Finalmente, do pé direito de Brahma, surgiu um quarto homem, Sudra, e, do pé esquerdo, uma mulher chamada Sudrani, para originar a quarta casta, dos Sudras, constituída por artistas, operários e toda a espécie de trabalhadores.

Uma lenda sobre Brahma e a criação do mundo

Diz a lenda que Brahma, no princípio de tudo, formou uma mulher de sua própria substância pura, chamada Saraswati. Após a materialização do princípio feminino, Brahma, ao contemplar a obra de sua criação, apaixonou-se por ela e passou a vê-la com desejo.

Saraswati, envergonhada, tentava esquivar-se dos olhos de seu criador. Porém, a cada movimento, uma nova cabeça de Brahma se materializava, tentando persegui-la. Ao surgir a quinta cabeça, ele assim falou: "Ó, meu amor, por favor, conceda-me seu carinho para que possamos nos unir e dar origem a todas as criaturas animadas, homens, deuses e demônios desse Universo". Ao ouvir as palavras de Brahma, Saraswati desceu do alto onde se refugiava, desfez-se de sua timidez e uniu-se a ele.

Logo após terminarem de preencher o Universo com todas as suas criações, eles se retiraram para um local secreto, onde viveram juntos por um tempo de cem anos divinos. Segundo as literaturas sagradas hindus, um dia cósmico é igual a 4,3 bilhões de anos, o que equivale a uma inspiração e expiração de Brahma, um ciclo respiratório de Deus, devido à Sua grandiosidade. A evolução da Terra já consumiu 3,1 bilhões de anos do dia cósmico em que estamos vivendo. Segundo o hinduísmo, o planeta Terra evoluirá de 1988 a 2028 mais do que evoluiu nos últimos 3,1 bilhões de anos.

VISHNU

• A FONTE MANTENEDORA •

Na literatura sagrada hindu, Vishnu é o Princípio Preservador do Mundo, a manifestação do amor puro. Normalmente está representado por um homem de pele azul-escura, com vestes amarelas, montado sobre uma águia divina. Em suas quatro mãos, leva uma clava de combate (*Gada*), uma concha (*Sankha*), uma arma em forma de disco luminoso (chacra) e uma flor de lótus enquanto faz o *Abhaya Mudra*, gesto que desfaz o temor. Muitas vezes aparece juntamente com sua esposa, Lakshmi, de pé, sentado ou deitado sobre a serpente Sesha, também chamada de Ananta – eternidade –, que simboliza o restante da energia que permanece sem utilização após a manifestação do Universo material e da conclusão da criação.

Nos primeiros estágios da manifestação cósmica, Vishnu dorme flutuando sobre as águas primordiais (um Mar de Leite), e assim serve de leito à serpente Sesha, que levanta suas sete cabeças em forma de um altar. Esse sono é o processo no qual as potencialidades desse deus vão amadurecendo pouco a pouco para que, após a criação feita por Brahma, possa despertar e cumprir sua função de Preservador do Universo.

Em cada ciclo da vida universal, quando as crises se estabelecem e há desequilíbrio nos princípios cármicos, Vishnu emana um avatar de si mesmo para que a ignorância e os seres demoníacos sejam dizimados do Universo, destruindo as forças negativas e restabelecendo a ordem. Fala a tradição que nove avatares de Vishnu foram enviados à Terra e que um décimo estaria sendo encaminhado nesta era em que vivemos. São eles:

1. **Matsya, o Peixe Primordial:** a função deste avatar foi salvar o progenitor da raça humana, Vaishvavarta Manu, do dilúvio que ameaçava cobrir toda a Terra.

2. **Kurma, a Tartaruga Cósmica:** coube a Kurma permitir que o deus Indra e os três mundos recobrassem seu vigor perdido, em função de uma maldição proferida por um sábio.

3. **Varaha, o Javali Flamejante:** a missão deste avatar foi levantar das águas a deusa Terra, Bhumi Devi, aprisionada e submersa por um poderoso demônio.

4. **Narasimha, o Homem Leão:** coube a Narasimha libertar o mundo da tirania do rei Hiranyakasipu.

5. **Vamana, o Anão Divino:** sua missão foi restabelecer o poder dos deuses e destruir a opressão.

6. **Parasurama, o Portador do Machado:** libertou a classe dos sacerdotes Brahmanes da tirania e opressão da casta guerreira, Kshatrya.

7. **Rama, o Nobre Guerreiro:** deu exemplos de elevadas virtudes e retidão de caráter a todos os seres. Representa a sabedoria e a reta justiça divina.

8. **Krishna, o Negro:** teve a incumbência de destruir demônios, orientar e direcionar os rumos de uma grande guerra, a batalha de Kurukshetra, referida no épico hindu *Bhagavad-Gita*, ocorrida entre duas importantes linhagens Aryas: os Pandavas e os Kauravas.

9. **Buda, O Mensageiro:** devia enganar os inimigos dos deuses e preparar os verdadeiros discípulos para o caminho de evolução espiritual.

10. **Kalki, O Homem Cavalo:** sua missão é destruir os demônios e restabelecer a Luz na era de trevas em que vivemos atualmente. Para os budistas, Kalki representa a esperada vinda do próximo Buda, o Senhor Maitreya.

Outros Nomes e Qualidades Atribuídos a Vishnu

Svayambhu – O que Existe por Si Mesmo

Yajne Swaha – O Senhor dos Sacrifícios

Janaddana – O que Recebe a Adoração de Todos os Seres

Mukunda – O Libertador de Almas

Narayana – A Fonte de Refúgio de Todos os Seres

Vishvamvara – O Senhor do Paraíso

Purushottama – O Espírito Supremo

SHIVA

• *A FONTE DESTRUIDORA DA ILUSÃO* •

É conhecido nas tradições hindus como o Senhor do Tríplice Tempo, cultuado em todos os lugares como o princípio universal de destruição de toda a ilusão da matéria para que a renovação seja possível. Dentro da arte hindu, Shiva pode aparecer com muitas representações e simbolismos distintos. Como Adynatha, o asceta e mestre de yoga, surge com quatro braços. As duas mãos superiores sustentam um pequeno tambor (*Damaru*) e um tridente (*Trishula*), símbolo do tríplice tempo; e com as outras duas faz, respectivamente, o gesto de doação (*Vara Mudra*) e o de segurança (*Abhaya Mudra*). No centro de sua testa, encontra-se um terceiro olho, que representa o sentido da eternidade. Segundo a tradição, esse olhar do terceiro olho reduz tudo a cinzas e destrói toda a ilusão da matéria (*Maya*).

Shiva usa sobre o seu corpo uma pele de tigre. Uma serpente serve de colar, outra de cordão sagrado e outras duas estão enroladas em seus braços, como braceletes. Seus cabelos estão emaranhados, em forma de tranças, e entre eles está a quinta cabeça de Brahma e a deusa Ganga. O veículo de Shiva é o touro branco (*Nandi*), símbolo de poder, força e fecundidade. O touro está ligado ao culto da Grande Mãe, ao culto agrário da fertilidade, e seu mugido está associado ao trovão e ao furacão.

Conta uma lenda que Shiva fez uma visita a 10 mil sábios com o objetivo de mostrar a eles a verdade. Entretanto, foi recebido com hostilidade. Ou seja, os sábios fizeram de tudo para destruí-lo, desde a invocação de tigres e serpentes até encontrar guerreiros que o matassem, mas Shiva se pôs a dançar, e sua dança era tão harmoniosa que eles passaram a contemplá-la.

Na tradição hindu, as 108 danças atribuídas a Shiva são chamadas de *Nadanta*. Nelas, Shiva cria e destrói o Universo, o que simboliza a atividade divina como fonte responsável pelo dinamismo do cosmo. Assim passa a ideia de criação, preservação, destruição do Universo e dissolução do véu da ignorância, até chegar à libertação da roda de renascimentos e mortes – o *Samsara*. Existe outra dança, chamada *Tandava*, na qual Shiva demonstra um bailado associado aos guerreiros e desperta energias destrutivas e renovadoras, em mais uma atuação para nos libertar do véu da ignorância.

Na representação de bailarino real, Shiva recebe o nome de Nataraja. Sua dança representa o jogo rítmico como fonte de todo o dinamismo existente no cosmo, com a finalidade de libertar os seres das armadilhas de *Maya*, que são a ilusão e a ignorância. Essa dança é realizada em *Chindam baram*, o centro do Universo, encontrado no coração de cada ser.

A Shiva também são atribuídos os princípios da juventude e da humildade, cujo símbolo é o Lingam, arquétipo do órgão sexual masculino, representação da fertilidade e ícone da criação e da destruição rítmicas do Universo. Ao lado do Lingam, encontra-se a Yoni, arquétipo do órgão sexual feminino, associado à porta para o mundo e à porta para a libertação do ciclo de renascimentos e mortes.

OUTROS NOMES E QUALIDADES ATRIBUÍDOS A SHIVA

ADYNATHA – O Primeiro Mestre e Criador do Yoga

PANCHAMANA – O de Cinco Rostos

RASKSWARA – O Regenerador

BHUTAMATHA – O Senhor dos Espíritos

VINADHARA – O Mestre da Arte e da Música

SHANKARA – O Renovador

MAHESHWARA – O Glorioso

BHUTESHWARA – O Senhor dos Duendes

MRITUNJAYA – O que Vence a Morte

SRIKANTA – O de Formoso Pescoço

GANGADHARA – O que leva o Rio Ganges em sua Cabeça

DIGAMBARA – O que Anda Nu

NILAKANTA – O Garganta Azul

UGRA – O Terrível

NISHICHARA – O que Ronda a Noite

GIRISHA – O Senhor das Colinas

GANESHA

• *PROSPERIDADE* • *REMOÇÃO DE OBSTÁCULOS* •

Ganesha, Ganesh ou Ganapati é uma divindade muito querida pelo povo indiano pois ama os seres humanos e destrói os obstáculos que impedem o desenvolvimento material e espiritual. Traz aos devotos a conquista de objetivos, metas e novos empreendimentos e é associado a todas as manifestações de prosperidade. Na Índia, costuma-se entregar nas mãos de Ganesha tudo o que é novo e está por começar, porque ele é o senhor do Bom Princípio.

A LENDA

As histórias sobre Ganesha são muitas e datam de 20 mil a 30 mil anos. Por isso, é compreensível que haja algumas distorções a respeito, pela idade das histórias. Porém vou me concentrar na essência e nas metáforas, que nos trazem grandes aprendizados.

Conta a lenda que Shiva, complemento divino de Parvati, era um disciplinado yogue e asceta que, de vez em quando, ausentava-se para meditar nas montanhas do Himalaia. Certa vez, ao sair de casa, disse à sua esposa: "Quando você se sentir muito sozinha e desejar a companhia de um filho, pense em mim e se concentre, que ele se fará".

Algum tempo depois da sua partida, Parvati se sentiu muito só. Então concentrou-se em Shiva e um lindo menino se materializou, ao qual chamou de Ganesha. Quando ele completou 12 anos, Parvati lhe pediu que vigiasse a porta do palácio onde moravam, no Monte Kailasa, e impedisse a entrada de intrusos.

Nesse dia, Shiva retornou de seu retiro espiritual e, ao chegar em casa, Ganesha o impediu de entrar, mencionando que eram ordens de sua mãe. Como não conhecia o filho, Shiva irritou-se com a petulância do menino e entrou na casa mesmo assim, dado que todos sabiam quem ele era e que o palácio lhe pertencia.

Ganesha tentou impedi-lo mais uma vez. Afinal, ele era corajoso, forte e muito destemido, pois havia herdado a qualidade divina de sua mãe: o dever. Mas os guerreiros de seu pai o seguraram e, tomado de ira, Shiva entrou. Ao encontrar Parvati, exigiu explicações. Delicadamente ela disse que Ganesha era seu filho e, consequentemente, filho de Shiva.

Ele, porém, só conseguia ver Ganesha como filho de Parvati, e o menino, que não era capaz de compreender sua origem, desconsiderava o pai completamente. O desentendimento entre os dois continuou por muito tempo, até que Ganesha tornou-se adulto. Para proteger o filho, a mãe, preocupada com os rumos da relação entre Shiva e Ganesha, invocou suas partes guerreiras, como se fossem energias inconscientes que habitavam em seu ser. Assim Parvati se desdobrou em Kali e Durga, esta última a representante da característica guerreira, manifestada sobre um tigre.

Ela destruiu exércitos inteiros de soldados de Shiva com suas flechas, sua força e sua magia. Já Kali correspondia à ferocidade do aspecto feminino para proteger sua cria. Furiosa, devorava todos à sua frente, de uma só vez. Parvati, Kali e Durga, juntas, estavam certas da vitória, porque se sentiam ligadas a Ganesha pela força do dever materno, do amor ao filho querido. Fariam de tudo para protegê-lo.

Assustado com a força feminina, Shiva não teve outra opção: invocou seus complementos, Vishnu e Brahma, tão poderosos quanto ele. Porém Ganesha continuou vencendo. Dominado pela ira e pelo orgulho, Shiva concebeu um plano para matá-lo. Num único golpe, ele partiu a cabeça do filho. Só que, nesse momento, em um pensamento relâmpago, lembrou que todas as criaturas do Universo são criadas por ele, e que, assim, Ganesha era seu filho, seu amado filho!

Chorando e cheio de arrependimento, sentindo-se culpado e envergonhado, Shiva pediu aos céus que o seu filho fosse ressuscitado. A doce Parvati, tomada de tristeza, deixou de alimentar energeticamente as criações de Shiva. Dessa maneira, toda a natureza murchou e a vida desapareceu da Terra. Os três princípios divinos, Brahma, Vishnu e Shiva, comovidos com a tristeza de Parvati, pediram perdão pelo ocorrido e ela disse que voltaria a ser feliz somente com seu filho vivo!

Shiva, então, pediu ajuda a Vishnu, para que trouxesse a cabeça da primeira criatura viva que encontrasse. Assim ele fez. Encontrou-se com um elefante e levou sua cabeça para Shiva, que, imediatamente, colocou-a sobre os ombros do garoto, ressuscitando Ganesha. Agora ele tinha um novo aspecto: corpo humano e cabeça de elefante. Dessa forma, Ganesha renasceu. Inteligente como antes, só que mais calmo, ponderado e com a sabedoria de um elefante, para júbilo de todos os deuses.

Essa lenda nos traz grandes aprendizados atuais:

- Um filho só deve ser concebido por amor e motivos superiores, divinos, e não para preencher um vazio, uma carência ou simplesmente para fazer companhia a alguém.
- É preciso vigiar-se constantemente.
- Até os seguidores espirituais mais dedicados, muitas vezes, se perdem na ira, no orgulho e na vaidade.
- Onde termina o amor começa o apego (materialismo desenfreado), capaz de destruir toda a vida na Terra.

- Todos nós temos uma força interna destrutiva que a qualquer momento pode ser desencadeada conforme o que pensamos e sentimos.
- Dentro das nossas famílias estão os nossos maiores aprendizados. É preciso ter paciência, tolerância e compreensão para que os laços cármicos sejam desenrolados e rompidos. Precisamos, também, ter cuidado para não continuar criando laços desnecessários e gerar um emaranhado cármico, vida após vida.
- Mesmo nas situações mais difíceis, surgem grandes aprendizados que fortalecem o nosso espírito.
- As forças masculina e feminina devem andar juntas, uma ao lado da outra, para que haja equilíbrio no Universo. Jamais deve haver disputa, mas, sim, a fusão dos princípios universais.

GANESHA, A DIVINDADE

Tudo em Ganesha tem um sentido, uma lição de vida. A grande cabeça de elefante é para pensarmos bastante; as orelhas grandes, para ouvirmos mais; os olhos pequenos lembram de nos concentrarmos; a boca pequena, de falarmos menos. Na mão direita, Ganesha traz um machado, que é para cortar todas as ligações e apegos; e, na mão esquerda, além de uma flor, ele segura uma corda, que serve para manter a pessoa próxima da sua meta. O atributo mais interessante, presente em todas as gravuras de Ganesha, é o rato, que representa o desejo e o ego. Você somente pode montá-lo se o controlar, senão ele causa destruição.

Muito querido e respeitado em toda a Índia, de norte a sul, em todos os templos existe uma imagem dele à porta guardando o recinto, como fazia quando criança, na casa de sua mãe. Ganesha está associado às crianças, à comunicação, à inteligência, à força intelectual e ao dever. Guia a humanidade e seus caminhos na vida, nos iluminando. É considerado o protetor e inspirador dos escritores. De acordo com a lenda, Ganesha, a pedido de Brahma, extraiu um pedaço do próprio dente e o cedeu ao sábio Vyasa para que ele pudesse escrever o épico O *Mahabharata*.

RAMA

• *JUSTIÇA* •

Dentro das tradições hindus, Mestre Rama foi um grande sábio, guerreiro e legislador que reencarnou como o sétimo avatar de Vishnu para restabelecer a justiça sobre a Terra, cerca de 4 mil anos a.C. Ele vivia em meio à natureza pesquisando o poder curativo das plantas. Em sua comunidade, durante alguns rituais, ocorria a prática de sacrifícios humanos. Como não concordava com isso, o jovem Rama lutou bravamente para convencer os sacerdotes a eliminarem essa ritualística. Quando o seu povo foi acometido por uma peste, Rama descobriu uma planta – o visco – que curou toda a população. Com essa descoberta, foi aclamado como ídolo popular, tornou-se conhecido e foi, mais tarde, nomeado chefe dos sacerdotes de seu povo.

Anos mais tarde, no século IV a.C., o sábio poeta Valmiki inspirou-se na história de Mestre Rama para dar vida ao personagem "Rama, o Príncipe", do épico *Ramayana*, um lindo poema que mostra a luta entre o bem e o mal. Diz a história que, na Índia Antiga, havia um nobre governante chamado Dasaratha, um grande rei amado como herói pelo seu povo. Seus filhos eram considerados parte de Vishnu, e Rama era um deles. Quando o príncipe Rama estava com 16 anos, os sábios e sacerdotes do reino sofreram uma invasão de demônios que perturbavam a ordem local. O rei, então, pediu aos filhos, Rama e Lakshmana – que tinham grande amizade e afinidade entre si e eram excelentes arqueiros –, que espantassem os demônios. Assim os irmãos partiram para a cidade de Mithila, na qual o problema acontecia. Ao chegarem lá, resolveram tudo com sucesso e foram aclamados pelo povo como heróis. Por esse feito, o rei Janaka concedeu a mão de sua filha, a princesa Sita, a Rama. Eles se casaram e viveram felizes por muitos anos.

Um tempo depois, o rei Dasaratha – já com mais idade – tinha o desejo de entregar o reinado a Rama. Mas sua esposa, a maldosa rainha Kaikeyi, usou de suas artimanhas e o convenceu a lhe pagar dois favores que haviam sido prometidos no passado: solicitou que Rama fosse exilado por catorze anos e que o seu filho, Bharata, assumisse o trono.

Então Rama, ao compreender a difícil situação de seu pai com sua madrasta, embrenhou-se na floresta com a esposa Sita e seu fiel irmão Lakshmana. Durante o período em que viveram na floresta, tudo corria bem até que, um dia, um ser maléfico chamado Ravana se disfarçou de monge e chegou até a casa de Sita e Rama para pedir comida. A princesa Sita prontamente lhe ofereceu um prato, mas foi enfeitiçada e sequestrada por Ravana. Quando tomou conhecimento disso, o príncipe Rama irritou-se por pensar que Sita havia fugido propositalmente com o malfeitor.

Mesmo assim, o nobre guerreiro imediatamente pediu ajuda a Lakshmana para que resgatassem a princesa. O abnegado irmão sugeriu que Rama solicitasse o auxílio de Hanuman, um deus-macaco que, no panteão hindu, representa o serviço devocional, totalmente dedicado às causas divinas. Hanuman convocou um enorme exército de macacos e, numa grande batalha, Ravana foi morto e Sita, resgatada.

Logo após o resgate, Rama recusou-se a aceitar Sita novamente como sua esposa, pois estava com seu orgulho ferido e desconfiava que a princesa teria cedido aos desejos de Ravana. Em profundo desespero, Sita se jogou em uma fogueira, pois preferia morrer a ser rejeitada por seu marido. Como ela era inocente, Agni, o deus do fogo, a retirou da fogueira e pediu a Rama que a aceitasse, e explicou a sua situação. O nobre príncipe então aceitou-a novamente como sua esposa.

Após catorze anos, Rama foi coroado rei e iniciou uma era de prosperidade, saúde e bem-aventurança para o seu povo. Ele, que é a personificação da sabedoria, da justiça e do conhecimento divino, associado ao amor, à paz e à gratidão na figura de Sita, venceu o mal, o ego negativo e o eu inferior, representado por Ravana.

A intenção aqui é trazer a essência dessa magnífica história, que está presente nos corações de todos os hindus. Entretanto, ela tem muitas nuances de interpretação e profundidade. Este resumo é para que você tenha conhecimento sobre a história de Rama e Sita e das incríveis representações do bem e do mal na literatura védica. Porém aconselho a leitura do livro O *Mahabharata*, que contém o *Ramayana* (história de Rama e Sita) e o O *Bhagavad-Gita* (história de Krishna). É uma obra linda, profunda, leve e simples, como Deus. Leia e encontre a sua verdade particular, pois ela só existe no seu coração.

Ensinamentos atribuídos ao Mestre Rama

A Mente – *"Quando sua mente for pura, sua felicidade será completa."*

O Apego – *"Devido à falsa imaginação, uma corda é confundida com uma cobra; assim também o 'Eu Supremo' é confundido com nossa realidade material, pela força de Maya (ilusão). Se pensarmos de forma profunda, o mundo material desaparece e somente Atman (Deus, 'o Todo') permanece. Enquanto te identificares com este corpo, sentir-te-ás miserável. A alma não é o corpo, os sentidos ou o ego. É por causa da ignorância que és afetado pelas ilusões mundanas."*

O Desejo – *"Vejo claramente que são raros os homens que não se abatem ao enfrentarem o perigo ou que não são vencidos pela ilusão, que não se orgulham quando alcançam seus fins egoístas e que não se perturbam com os olhares das mulheres. É raro encontrar homens assim. O conhecimento puro é aquele que mata todos os desejos e apegos. Todo trabalho baseado em 'segundas intenções' deve ser abandonado, pois ele só o amarraria ao Samsara (ciclo de reencarnações). Isso é prejudicial à obtenção do verdadeiro conhecimento."*

O Eu Sou – *"Não te alegres demais se tiveres uma fortuna, nem te entristeças demais se a perderes. Tua mente deve manter-se em equilíbrio. Eu, Rama, sou a vida de todas as almas, e tua mente deve fixar-se somente em mim."*

Os Relacionamentos – *"Não encontre defeitos nas outras pessoas. Controla tua mente, fala e corpo sem nunca te perturbares. Serve diariamente teu guru com devoção, depois de purificar teu corpo e tua mente. Não descuides, um único dia, das práticas de boas ações."*

A Meditação – *"O yogue alcança a união com o Todo quando alcança a sabedoria de sentir o coração cósmico pulsando em todas as criaturas."*

KRISHNA

• *MANIFESTAÇÃO DIVINA* • *ALEGRIA* •

Adorado na Índia como A Suprema Personalidade de Deus, Krishna se encontra, na religião hindu, no mesmo patamar em que está Jesus Cristo para os ocidentais. No magnífico épico O *Mahabharata*, há um poema chamado O *Bhagavad-Gita* que, traduzido do Sânscrito, significa “A Canção do Senhor”. Nele é apresentada a história do Senhor Krishna, que é a própria encarnação da Suprema Personalidade de Deus, vindo à Terra como o oitavo avatar de Vishnu.

Conta-nos a história que Krishna era um príncipe cujo nascimento havia sido anunciado em uma profecia. Ela dizia que um grande rei e avatar nasceria na cidade de Mathura, um lugar sagrado da Índia. Essa criança iluminada viria na família real e seria o herdeiro do trono.

Nessa época, o governante era o rei Kamsa, um homem tirano que mandou prender seu próprio pai para tomar-lhe o trono. Ele era o primo mais velho dos pais de Krishna e, segundo a tradição hindu, no dia do casamento deles, tinha que conduzir o casal até a nova casa. Após as comemorações, Kamsa ouviu uma voz, a qual dizia que o oitavo filho do casal seria a personificação do amor, mas que o levaria à morte e se tornaria o novo rei. Nesse momento, Kamsa decidiu matar a noiva, Devaki, mas o seu noivo, Vasudeva, lhe implorou que poupasse a vida dela. Receoso, Kamsa ordenou que os dois fossem presos e que todos os filhos nascidos da união do casal fossem mortos sem piedade.

Ao pensar que essa criança poderia vir de outra família do reino, Kamsa ordenou o sacrifício de todas as crianças com até 2 anos de idade. Quando Krishna nasceu, uma força invisível derrubou as paredes da prisão milagrosamente. Nessa ocasião, lá estava um casal: o pastor Nanda e sua esposa Yashoda. Os pais, aflitos, entregaram o recém-nascido ao casal, que se tornaram pais adotivos de Krishna.

Quando se tornou um jovem adulto, Krishna retornou a Mathura, enfrentou Kamsa, o destituiu do trono e nomeou seu pai biológico, Vasudeva, como rei. Em seguida, declarou-se príncipe da corte e, nesse período, iniciou sua amizade com Arjuna, o nobre príncipe arqueiro, e ainda com outros nobres, inclusive as famílias dos filhos de Pandu – Pândavas e Kauravas –, que mais tarde se enfrentariam na batalha de Kurukshetra, o tema central do épico *O Bhagavad-Gita*. Nessa batalha, Krishna posicionou-se a favor dos Pândavas e esteve sempre junto a Arjuna em sua carruagem, aconselhando-o sobre como deveria agir e mencionando a vontade de Deus: era de extrema importância para o equilíbrio cósmico que os Pândavas vencessem a batalha. Arjuna, como emissário divino, deveria cumprir sua missão, não importava o que precisasse fazer para isso acontecer. Com a vitória dos Pândavas, uma era de harmonia iniciou-se no reino.

Nas lendas, consta que Krishna casou-se com oito rainhas, entre elas a princesa Radharani, símbolo de beleza e perfeição feminina. Anos mais tarde, ele teria se recolhido para meditar embaixo de uma árvore quando um caçador o confundiu com um antílope e atingiu seu calcanhar com uma flecha. Mesmo com esse ferimento que o levou à morte, o Senhor dos Olhos de Lótus aceitou sua passagem com tranquilidade. Quando seus discípulos e todo o povo de Mathura foram recolher o corpo de Krishna, ele já havia desaparecido. Segundo os ensinamentos hindus, quando a matéria que envolve o espírito dos filhos primogênitos de Deus parte deste mundo, ela sobe aos céus juntamente com o espírito, para que se apresente aos olhos do Pai.

Muitos dos ensinamentos de Krishna reforçam sua afinidade filosófica com Jesus Cristo. A semelhança entre os princípios desses dois Mestres não deixa dúvida de que ambos são uma única e mesma manifestação de Deus na Terra. Alguns deles são:

- Aquele que não controla suas paixões não pode agir apropriadamente perante os outros.
- Os males infligidos aos outros nos seguem, tal como as sombras que seguem os nossos corpos.
- Os humildes são os amados de Deus.
- A virtude sustenta o Espírito, assim como os músculos sustentam o corpo.
- Quando um pobre bater à sua porta, atenda-o e procure fornecer o que ele precisa, porque os pobres são os escolhidos de Deus.
- Estenda a mão aos desafortunados.
- Não olhe a mulher com desejos impuros.
- Evite a inveja, a cobiça, a falsidade, a mentira, a traição, a impostura, a blasfêmia, a calúnia e os desejos sexuais.
- Sobre todas as coisas, cultive o amor ao próximo.
- Quando você morre, deixa para trás e para sempre a riqueza mundana da sua personalidade limitada, mas suas virtudes e seus vícios seguem com você.

BABAJI

• *IMORTALIDADE* •

Pela magnitude deste ser que possui como característica principal a humildade e a discrição, falar ou escrever sobre Mahavatar Babaji não é uma tarefa simples. O Grande Yogue vive como peregrino na região do Himalaia há vários séculos e pouquíssimas pessoas acessaram o seu conhecimento ou a sua companhia. Sua energia é reservada e discreta, o que torna difícil qualquer forma de apresentação. Com uma missão diferente da dos outros avatares, Mestre Babaji veio à Terra para ficar e tem reformado a filosofia da yoga desde o século III, sendo Sankara (788-820 d.C.) um de seus discípulos mais conhecidos.

O Mestre ficou aqui para auxiliar na lenta evolução da humanidade, por meio das mais avançadas técnicas da yoga. Entre as raras pessoas que conseguiram encontrá-lo pessoalmente, está o mestre Paramahansa Yogananda, um dos primeiros a apresentar Babaji ao Ocidente, no livro *Autobiografia de um Yogue*. Outros poucos mestres da yoga que vivem na Índia e na região do Himalaia experimentaram o privilégio de estar com o Mestre Babaji.

As lendas contam que ele sempre foi muitíssimo dedicado à sua realização espiritual e que praticava, desde criança, os mais árduos treinamentos da yoga, juntamente com os seus mestres Boganathar e Agastyar. Ainda adolescente, atingiu a perfeição e chegou ao estado de *Soruba Samadhi*, a ascensão à imortalidade física. Sua vibração é tão alta que o Mestre mantém a aparência de um jovem adolescente há 1.600 anos e não necessita de alimentação ou qualquer aparato externo para manter o seu corpo. Babaji vive nas montanhas com o seu seleto grupo de discípulos, enquanto emana sua energia ao planeta e nos conduz no caminho da espiritualidade.

Como todo avatar, Mestre Babaji consegue se comunicar em qualquer idioma e só aparece para alguém quando esse discípulo está pronto para receber suas orientações. Também manifesta o passado, o presente e o futuro e tem o conhecimento de toda a verdade do Universo; transcende tempo, espaço e direção e materializa o que for necessário para o cumprimento de sua missão. Conserva a mesma forma física há muitos séculos somente para nos mostrar que é possível transcender a morte quando despertamos do sono da ignorância ou véu de ilusões (*Maya*), que corresponde às manifestações da matéria.

De acordo com as tradições hindus, nascimento e morte só têm sentido no mundo da relatividade, uma vez que são manifestações de *Maya* (tudo o que é impermanente). Quando os grandes mestres retornam à Terra em novos corpos físicos, não estão sujeitos às leis e restrições do karma; eles vêm porque têm uma missão a cumprir. Eles são capazes de reviver seus corpos e aparecer aos habitantes do planeta ou materializar seus átomos da forma como desejarem. O próprio Yogananda referiu-se ao encontro que teve com o seu guru, Swami Sri Yukteswar, após a sua morte, e à forma como abraçou o seu corpo. O mestre disse a ele: "Este é um corpo de carne e osso. Embora eu o veja como etéreo, para a sua vista, é físico. Dos átomos cósmicos, criei um corpo inteiramente novo."

Mestre Babaji continua aparecendo, até hoje, para algumas pessoas, transmitindo mensagens de amor e sabedoria, principalmente na Índia, e é descrito da mesma maneira por todos aqueles que o veem.

Histórias sobre Babaji

Este Mestre teria morado um tempo na floresta de Kalichaur, quando visitava a vila próxima, Katgharia. Entre 1861 e 1924, suas aparições eram mais frequentes e, quando ele surgia, as notícias corriam e logo uma multidão se juntava à sua volta. As pessoas esqueciam seus problemas, dores e misérias e ficavam alegres pelo simples fato de estarem em sua presença. Espontaneamente organizavam atividades espirituais com canções sagradas, alimentavam os pobres ou acendiam um fogo sacrificial – *vajna*.

Numa dessas oportunidades, um inglês passava pelo local e observou aquela multidão em torno de Babaji. Ao olhar para o santo, sentiu uma paz e felicidade indescritíveis e resolveu descer de seu cavalo para vê-lo mais de perto. O guru olhou para o homem que, por um tempo, ficou como se estivesse hipnotizado. Mais tarde, o inglês perguntou para as pessoas quem era aquele ser e lhe disseram que era um santo com poderes sobrenaturais. Impressionado, resolveu homenagear Babaji e doou uma grande porção de terra onde os devotos construíram um templo e uma pequena casa.

Muitos anos depois, quando Babaji não era mais visto na região, Sri Mahendra Brahmacharia resolveu construir um grande *ashram* dedicado à memória do avatar. Essa construção foi concluída em 1958 e pessoas de vários pontos da Índia (e de outros países) reuniram-se para a inauguração. Quando o fogo ritual estava aceso e os devotos cantavam e comiam, uma luz divina manifestou-se repentinamente. Então uma forma celestial foi vista flutuando a alguns metros do chão: era Babaji. As pessoas começaram a dançar, em êxtase, até perderem a consciência.

Anos depois, a árvore na qual Babaji costumava se encostar deu origem a outras duas de espécies diferentes, que cresciam no mesmo tronco. Dizem que elas representam as três forças maiores do Universo: a luz, o amor e o poder, sendo veneradas com grande devoção. Algumas vezes, Babaji foi visto realizando tarefas simples, como qualquer trabalhador, tanto é que, em 1914, ele foi convocado para ajudar na construção de um quartel militar, em Ranibag. O ministro da Educação, na época, percebeu que um dos trabalhadores sorria para ele e não gostou da intimidade; logo, instruiu seu secretário a aplicar um castigo no rapaz por seu comportamento.

Quando Babaji foi informado da punição, disse que estava sorrindo porque o sino do templo de Badrinath havia caído e as pessoas tentavam, sem êxito, colocá-lo no lugar. O ministro ficou ainda mais irritado e jurou que o castigo seria muito severo se a sua história fosse uma mentira. Ao enviar um telegrama à distante Badrinath, recebeu a resposta de que o sino realmente havia caído e que tentavam colocá-lo de volta. O incidente teve um efeito tão intenso que o secretário mudou totalmente sua vida: abandonou o comportamento egoísta e se tornou um humilde devoto.

Paramahansa Yogananda auxiliou um artista a desenhar uma imagem de Babaji em posição de meditação. Desde então, muitas fotos e ilustrações surgiram, tiradas por diferentes pessoas em várias ocasiões, supostamente do misterioso guru. Para os devotos, no entanto, o que realmente importa é a missão do Mahavatar entre nós, na transmissão de mensagens importantes em momentos significativos da história, para ajudar a Terra a se tornar um lugar melhor. Além disso, seus devotos comentam que Babaji costuma atender a todos os pedidos daqueles que nele confiam, desde que estejam de acordo com o propósito divino.

Os Ensinamentos de Babaji

– "Quando a mente se volta para dentro, ela se torna o eu; quando ela se volta para fora, se torna o ego."

– "O primeiro e maior problema do ser humano é o ego negativo. Resolva esse problema e, consequentemente, todos os outros se resolverão."

– "Se quisermos ser livres, precisamos aprender a amar e a perdoar em todas as circunstâncias. Não devemos guardar ressentimento de ninguém. Quando alcançamos a realização, vemos todas as pessoas como manifestações de Deus. Trabalho e meditação andam juntos. Devemos nos esforçar física, psicológica e espiritualmente para chegarmos ao equilíbrio."

Paramahansa Yogananda

• *DEVOÇÃO* •

Yogananda é uma das almas mais encantadoras do século XX. Puro, angelical e extremamente dedicado, abdicou de sua vida na Índia e veio para a América introduzir os conceitos da Kriya Yoga no Ocidente. O seu livro *Autobiografia de um Yogue* é um clássico da literatura espiritual, uma obra iniciática que traz curas profundas a quem o lê. Quando o li pela primeira vez, muitas situações de bênçãos e prosperidade chegaram à minha vida. Acredito que quem quiser desenvolver um caminho de luz baseado no universalismo e na liberdade espiritual poderia experimentar essa leitura magnífica.

Mukunda Lal Gosh nasceu no dia 5 de janeiro de 1893, em Gorakhpur, no nordeste da Índia, perto das montanhas do Himalaia. De família pertencente à casta dos Kshatryas (guerreiros) e seguidor dos ensinamentos de Babaji por intermédio do guru Lahiri Mahasaya, Yogananda foi um grande yogue. Certa vez, o Mestre Mahasaya disse à mãe dele: "Teu filho será um grande yogue, tal qual uma locomotiva espiritual que conduzirá muitas almas à Iluminação".

Dentro de sua família, existia muita harmonia e amor. Sua mãe centrava a educação dos filhos nos ensinamentos de O *Mahabharata*, e

Yogananda, desde pequeno, tinha muito vivas suas lembranças de vidas passadas, no Himalaia, quando vivia junto aos sábios yogues. Por sentir que era predestinado ao serviço devocional, desde cedo praticou meditação com a intenção de receber as bênçãos da Mãe Divina.

Certa vez, aos 11 anos, na ocasião das festividades de casamento do seu irmão, Yogananda viu, de forma extrafísica, o falecimento da sua mãe, o que o deixou muito triste. A dor dessa perda o aproximou ainda mais das manifestações de Deus por meio da energia feminina. Numa outra ocasião, junto de Mahasaya, o grande yogue escutou a profecia de seu mentor, que disse: "Você fará uma viagem à América com o propósito de divulgar a Kriya Yoga no Ocidente". Disposto a enfrentar seus desafios e fazer tudo o que fosse necessário para o cumprimento da sua missão, às vezes abandonava a sua casa sem a permissão do pai e do irmão, a fim de ir visitar muitos santos hindus, com o propósito de aprender e desenvolver a sua espiritualidade.

Quando adolescente, convenceu seus colegas de aula a fugirem de trem até o Himalaia, para ficar frente a frente com alguns sábios que lá estavam. É uma narrativa muito engraçada em seu livro, que retrata um adolescente sagaz, um tanto atrapalhado e que faria qualquer coisa para cumprir seus objetivos. Ao saber das pretensões de Yogananda, seu irmão mais velho, Ananta, preocupado com os ataques de tigres famintos nas cavernas do Himalaia, o perseguiu e impediu de chegar ao seu destino. Talvez isso tenha servido de fermento para o seu caminho espiritual.

Enquanto muitos yogues contemplam a renúncia e a não ação como forma de frear a roda do karma, permanecendo uma vida inteira em meditação, Yogananda muito agiu para que nós, ocidentais, pudéssemos conhecer as maravilhas da Índia e do dharma. Em sua busca, o mestre conviveu com muitos seres iluminados da época e foi testemunha das mais incríveis manifestações, desde santos hindus que levitavam até os que manifestavam perfumes de flores com o poder da mente, ao usarem alquimia e meditação.

Anos mais tarde, muito determinado na sua busca pelo mestre pessoal, Mukunda e Sri Yukteswar se reconheceram mutuamente e, nessa ocasião, o guru exclamou: "Quantos anos esperei por você!". Desse momento em diante, iniciou-se a vida monástica de Yogananda no eremitério que ficava próximo a Calcutá. Lá viveu por dez anos, sem abandonar seus estudos, formando-se, mais tarde, em Artes, pela Universidade de Calcutá. Durante esse período, Yukteswar ajudou na lapidação de sua alma e do seu caráter para o trabalho que iria realizar no Ocidente.

Em 1914, foi iniciado na Ordem Monástica, com o privilégio de escolher o seu nome iniciático: Yogananda, que significa "beatitude" ou "dedicação pela união com Deus". Já em 1917, ele fundou uma escola para meninos, a Yogoda Satsanga Brahmacharya Vidyalaya, que unia modernos métodos educacionais com yoga e meditação, combinados com instruções e treinamentos para se viver uma vida feliz e em comunhão com o espírito. Anos mais tarde, Mahatma Gandhi manifestou seu profundo respeito pela escola e mostrou-se impressionado.

Em 1920, com 27 anos, o Swami recebeu um convite para viajar ao Ocidente, a fim de representar a Índia num congresso internacional de líderes religiosos, em Boston, nos Estados Unidos. Por não falar Inglês fluentemente, Yogananda foi consultar seu guru e ele respondeu: "Todas as portas estarão abertas para você; é agora ou nunca!".

Mesmo assim, ele se pôs a orar fervorosamente, pedindo um sinal do caminho a ser seguido. Então, nesse momento, alguém bateu à porta. Era Babaji, que disse: "Sim, sou eu, Babaji. Nosso Pai Celestial ouviu tuas preces e mandou dizer-te para seguir as ordens do teu guru e ir aos Estados Unidos. Não tenhas medo, pois serás protegido. Tu foste o escolhido para difundir a mensagem da Kriya Yoga no Ocidente. Há muito tempo encontrei teu guru, Yukteswar, e lhe disse então que te enviaria a ele, para receber treinamento".

Era o que precisava para embarcar. Ao chegar aos Estados Unidos, seu discurso foi tão brilhante que Yogananda acabou convidado para proferir uma série de palestras sobre "a ciência da religião", tema sobre o qual falou entusiasmando a todos os presentes. Alguns meses depois, fundou a Self-Realization Fellowship (Fraternidade da Autorrealização), com o objetivo de semear os conhecimentos da Kriya Yoga para todo o mundo. Essa instituição, sediada em Los Angeles, é a central espiritual e administrativa do trabalho de Yogananda até os dias de hoje.

Na década seguinte, seguiu palestrando nas maiores cidades por todo o país e chegou a lotar auditórios de três mil lugares, como o Carnegie Hall, em Nova Iorque, deixando muitas pessoas de fora uma hora antes do evento. Sua postura universalista enfatizava a unidade e comunhão entre todas as filosofias religiosas do mundo; também ensinava meios muito práticos para se obter um contato direto com Deus, sem "atravessadores". Aqueles que queriam aprofundar-se na espiritualidade eram iniciados por Yogananda na Kriya Yoga, uma ciência espiritual desenvolvida na Índia, há milênios, revivida na época moderna pela linhagem de mestres discípulos de Babaji, como Lahiri Mahasaya e Yukteswar, à qual Yogananda pertencia.

Entre seus seguidores, destacavam-se figuras de todas as áreas, inclusive pessoas muito importantes, como Luther Burbank, Amelita Galli-Curci, George Eastman, Edwin Markham e Leopold Stokowski. Em 1927, Yogananda foi recebido na Casa Branca pelo presidente dos Estados Unidos, Calvin Coolidge. Ele havia se interessado por seus feitos que, seguidamente, eram manchetes em jornais norte-americanos.

Aos 42 anos, em 1935, Yogananda partiu para uma viagem de dezoito meses pela Índia e pela Europa. Foi quando se reuniu com Teresa Neumann, que possuía em sua pele as chagas de Cristo, revividas todas as sextas-feiras, e com Mahatma Gandhi, que pediu para ser iniciado na Kriya Yoga e por quem desenvolveu grande amizade e respeito. Nesse mesmo ano, seu guru lhe concedeu o título espiritual mais elevado de toda a Índia: Paramahansa, cuja tradução literal é "Supremo Cisne".

Na Índia, o cisne é aquele que manifesta o estado maior de ligação com Deus, diretamente vinculado a Brahma. Com esse novo título, podemos traduzir Paramahansa Yogananda como "O Supremo Cisne que, através da Kriya Yoga, traz bem-aventurança ao mundo".

Após a viagem, o mestre retornou a Los Angeles para se recolher e diminuir suas atividades externas com palestras e seminários. Isso porque tinha um único objetivo: escrever seus livros que ficariam para a posteridade. O mais famoso deles – *Autobiografia de um Yogue* – foi publicado pela primeira vez em 1946 e, desde então, tornou-se um grande clássico da espiritualidade, traduzido para muitos idiomas.

Quando sentiu que sua missão estava para ser concluída, Yogananda passou a se preparar para seu *mahasamadhi*, que é a última vez em que o yogue se projeta para fora do corpo físico de forma consciente, ou seja, a passagem para o Plano Superior para atingir a Iluminação. Isso aconteceria em 7 de março de 1952. Num banquete em homenagem ao embaixador da Índia, depois de um inspirado discurso e após recitar o poema "Minha Índia", o mestre ergueu seus olhos para o ponto entre as sobrancelhas e abandonou o corpo, entrando em *mahasamadhi*. Uma hora antes, uma fotografia tinha sido feita. Conhecida como *The Last Smile*, pode ser encontrada facilmente nos livros e na internet.

Seu corpo foi velado durante um mês para que seus seguidores indianos pudessem participar das cerimônias de despedida. Vinte dias após sua morte, seus restos mortais permaneciam perfeitos, sem nenhum sinal de decomposição, e emanavam aroma de rosas, enquanto seu rosto mostrava um leve sorriso, revelando todo o poder da Kriya Yoga.

Em 1977, no aniversário de 25 anos de sua passagem, o governo indiano elaborou um lindo selo comemorativo em honra à história de Yogananda e sua devoção à espiritualidade. Juntamente com o selo, foi publicado um folheto que dizia o seguinte: "Os ideais do amor por Deus e de serviço à humanidade manifestaram-se plenamente na vida de Paramahansa Yogananda. Embora tenha passado a maior parte de sua vida fora da Índia, seu lugar é entre nossos grandes santos. Sua obra continua a crescer e a luzir cada vez mais, sempre com maior brilho, levando pessoas de todos os recantos para o caminho da peregrinação em busca do Espírito".

Palavras do Mestre Yogananda

"O homem está empenhado na busca eterna de um 'algo mais' que ele espera que lhe traga felicidade total e eterna. Para as almas individuais, que procuraram e encontraram Deus, essa busca terminou. Deus é esse 'algo mais'."

- "A Kriya é uma ciência antiga. Lahiri Mahasaya recebeu-a de seu grande guru, Babaji, que redescobriu e esclareceu a técnica depois das Idades das Trevas, época em que esteve perdida. Babaji batizou-a novamente, simplesmente de Kriya Yoga."

- "Disse Babaji a Lahiri Mahasaya: a Kriya Yoga que estou transmitindo ao mundo por seu intermédio nesse século XIX é a revivescência da mesma ciência que Krishna deu à Arjuna; e que mais tarde foi conhecida por Patânjali e por Cristo, e por São João, São Paulo e outros discípulos. Duas vezes, o Senhor Krishna, o maior profeta da Índia, refere-se à Kriya Yoga no *Baghavad-Gita*. Um dos versículos diz: 'Oferecendo o alento que se inala ao alento que se exala, e oferecendo o alento que se exala ao alento que se inala, o yogue neutraliza ambos os alentos; assim, libera o prana do coração e coloca a força vital sob controle'. A interpretação é a seguinte: o yogue detém a degeneração do corpo, garantindo um suprimento adicional de prana (energia vital) ao acalmar a ação dos pulmões e do coração; ele também detém as mutações do crescimento no corpo pelo controle de *apana* (corrente eliminadora). Deste modo, neutralizando o crescimento e a degeneração, o yogue aprende o controle da força vital."

- "Nos estados iniciais de comunhão com Deus (*sabikalpa samadhi*), a consciência do devoto funde-se com o Espírito Cósmico. A força vital é retirada do corpo, que parece morto ou imóvel e rígido. O yogue possui plena consciência de seu estado físico de animação suspensa. Todavia, à medida que progride para estados espirituais mais elevados (*nirbikalpa samadhi*), comunga com Deus sem a imobilidade física e o faz em sua consciência normal de vigília, até em meio a desgastantes deveres mundanos. Sri Yukteswar explicava que: 'Os antigos yogues descobriram que o segredo da consciência cósmica está intimamente ligado ao domínio da respiração. Esta é a contribuição ímpar e imortal da Índia ao tesouro do conhecimento mundial. A força vital que, normalmente, se dedica a manter a pulsação cardíaca, deve ser libertada para atividades superiores por meio de um método que acalme e detenha as demandas incessantes da respiração'. O Kriya Yoga é um instrumento que pode acelerar a evolução humana."

"O Kriya Yoga dirige mentalmente sua energia vital para cima e para baixo, em torno dos seis centros espinhais (plexos medular, cervical, dorsal, lombar, sacro e coccígeo), correspondentes aos doze signos astrais do Zodíaco – o Homem Cósmico Simbólico. Meio minuto de revolução da energia ao redor da sensível medula espinhal efetua progressos sutis na evolução do homem. O meio minuto de Kriya equivale a um ano de desenvolvimento espiritual natural."

"O sistema astral de um ser humano, com seis constelações internas (doze, por polaridade), girando em torno do sol do olho espiritual onisciente, está inter-relacionado com o sol físico e com os doze signos do Zodíaco. Todos os homens são assim afetados por um Universo externo e outro interno."

"Os antigos sábios hindus descobriram que o ambiente terreno e celeste do homem, numa série de ciclos de doze anos, impulsiona-o adiante em sua senda natural. As Escrituras asseveram que o homem requer um milhão de anos de evolução normal, sem doenças, para aperfeiçoar seu cérebro e atingir a consciência cósmica. Mil Kriyas, praticadas em oito horas e meia, dão ao yogue, em um dia, o equivalente a mil anos de evolução natural: 365 mil anos de evolução em um ano. Em três anos, o Kriya Yogi pode assim alcançar, por meio do esforço pessoal inteligente, o mesmo resultado que a natureza faz acontecer em um milhão de anos. Sem dúvida, o atalho da Kriya só pode ser trilhado por yogues profundamente desenvolvidos. Com a orientação de um guru, tais yogues preparam cuidadosamente seu corpo e cérebro para suportar a força gerada pela prática intensiva. O principiante em Kriya pratica esta técnica apenas de 14 a 24 vezes, duas vezes ao dia. Alguns yogues obtêm a emancipação em seis, 12, 24 ou 48 anos. Um yogue que morre antes de atingir a completa realização leva consigo o bom *karma* de seu esforço passado em Kriya: na vida seguinte, é impelido ao Objetivo Infinito."

RAMAKRISHNA

• UNIVERSALISMO • ÊXTASE DIVINO •

Sri Ramakrishna foi um dos grandes santos indianos que viveu no século XIX (de 1836 até 1886), a contemplar em êxtase a energia de Deus. Seus seguidores eram universalistas pois o Mestre assumiu uma postura firme contra os ideais rígidos e radicais das filosofias religiosas, já que acreditava que, para buscar nossa natureza divina, deveríamos estar apenas em sincronicidade com o Universo e viver com amor e harmonia.

Dos grandes avatares que nasceram na Índia, Sri Ramakrishna é um dos mais admirados pelo povo indiano, pela sabedoria e universalidade que sua mensagem propõe. Ele viveu 50 anos de inteira dedicação ao serviço espiritual, propondo uma era de paz e união entre os povos, culturas e religiões, e não a separação, como vemos até os dias de hoje. O Mestre dizia: "Muitos são os nomes de Deus e infinitas são as formas pelas quais podemos nos aproximar Dele. A forma e o nome que você escolher para adorá-Lo, através deles, você O encontrará".

Já aos 6 anos de idade, Ramakrishna experimentou o primeiro êxtase contemplativo diante da natureza, enquanto admirava um bando de pássaros voando no céu. Quando adulto, os estados de êxtase continuaram se manifestando, tanto é que o Mestre experimentava situações em que se conectava diretamente ao Espírito de Deus. Em diversos momentos, Ramakrishna revelou que, ao meditar, as portas e janelas dos templos desapareciam e ele se via mergulhado no oceano espiritual da criação.

As visões passaram a acontecer mais frequentemente e, certa vez, o Mestre parou de respirar e perdeu a consciência. Ele contou: "Não sei como passei aquele dia e o seguinte. Dentro de mim, movia-se um oceano de alegria indescritível e a presença da Mãe Divina". Os mergulhos conscienciais nesse oceano divino tornaram-se tão constantes que Ramakrishna chegou a pensar que estivesse enlouquecendo. O Mestre percorreu vários caminhos na companhia de diversos gurus para que pudesse atingir a absoluta realização de Deus em todos os aspectos. Sobre o seu caminho espiritual, o próprio Ramakrishna diz que rapidamente conseguiu libertar sua mente de qualquer aprisionamento material, com exceção de uma forma: a Mãe Divina, que lhe trazia êxtase absoluto. Porém seu professor, Totapuri, exigia que a mente fosse libertada, inclusive das formas, por mais divinas que se apresentassem. Ramakrishna conseguiu libertar sua mente completamente e atingir o estado absoluto após muitos exercícios, indo além: ao plano das coisas incondicionadas.

Seus êxtases eram, muitas vezes, incontrolados. Em algumas ocasiões, enquanto conversava com discípulos, o simples fato de pronunciar um dos nomes de Deus lançava-o ao estado de suprema bem-aventurança e ele começava a cantar e dançar como se não mais fizesse parte deste mundo – o que levou muitas pessoas a passarem a chamá-lo de "O Louco de Deus". Vários médicos chegaram a examiná-lo em estado de superconsciência e constataram que o seu coração e os seus pulmões paravam de funcionar completamente. Então um discípulo cantava um mantra em seu ouvido e o mestre reassumia sua consciência mundana. Em certas ocasiões, Ramakrishna tentou descrever o que sentia quando a energia *kundalini* subia através de cada um de seus chacras, mas suas descrições jamais ultrapassaram o chacra laríngeo. Quando a *kundalini* chegava ao centro de força entre as suas sobrancelhas, mergulhava na energia cósmica e ele não conseguia mais falar.

Ramakrishna era tão universalista que assim se referia a Deus: "Diferentes pessoas recorrem a Deus por diferentes nomes. Alguns usam Alá, outros Deus, outros Krishna, Shiva e Brahman. É como a água de um lago: alguns a bebem num local e a chamam de *jal*; outros, em outro lugar, chamam-na de *pani*; outros ainda, num terceiro local, chamam-na de água. Os hindus chamam de *jal*; os cristãos de água; e os muçulmanos de *pani*, mas é tudo uma mesma coisa".

Essa ideia de Ramakrishna advém da sua participação em diversas filosofias religiosas. O Mestre experimentava várias formas de chegar ao mesmo Deus e conseguiu realizar isso por meio do hinduísmo, islamismo, cristianismo, budismo e da religião sikh. Depois dessas experiências, voltou a seguir o hinduísmo, afirmando que, mesmo que tenhamos disponíveis vários caminhos diferentes, devemos escolher um para trilhar, sob o risco de não conseguirmos chegar a lugar algum. A mensagem que Ramakrishna nos deixa é a convivência harmoniosa entre todas as filosofias religiosas, pois cada ser humano encontra-se em um estágio evolutivo e possui livre-arbítrio para optar pelo caminho que mais lhe agrada para encontrar-se com Deus.

O grande iluminado tinha uma pequena sala no Templo Dakshineswar, nos subúrbios de Calcutá, e, devido à sua postura universalista, o local tornou-se uma espécie de "parlamento das religiões do planeta". Pessoas do mundo todo iam até lá para falar com ele e voltavam abismadas com o seu conhecimento, quando não totalmente modificadas quanto às concepções ou à falta de fé delas.

Curiosamente seu primeiro discípulo foi Sarada Devi (1853-1920), a mulher que lhe havia sido prometida em casamento desde a infância, conforme o costume indiano da época. Ela se juntou a ele após completar 18 anos, quando Ramakrishna já estava dedicado à busca espiritual, como monge. O principal discípulo de Ramakrishna foi Swami Vivekananda (1863-1902), considerado o porta-voz do Vedanta no mundo.

Sri Ramakrishna deixou o corpo em 15 de agosto de 1886 e seu trabalho e busca continuam inspirando seguidores até os dias de hoje.

Frases de Ramakrishna

- "Nasce em vão aquele que, tendo alcançado o nascimento humano, tão difícil de conseguir, não procura realizar Deus nessa mesma existência."

- "O essencial é amar a Deus como a mãe ama o filho, a mulher casta ama o marido e o homem mundano ama sua riqueza. Junte essas três forças de amor, essas três forças de atração, e ofereça o resultado a Deus. Então, você certamente O verá."

- "Não se pode realizar Deus quando há apego às coisas do mundo. Um fio não passa pelo buraco de uma agulha se uma única fibra, por minúscula que seja, oferece resistência."

- "Cumpra todos os seus deveres, mas mantenha a mente em Deus. Viva com todos – com a mulher e os filhos, com o pai e a mãe – e sirva-os. Trate-os com todo o amor, mas saiba, no âmago do seu ser, que eles não lhe pertencem."

- "Lembre-se de que o coração do devoto é a morada de Deus. Sem dúvida, Deus habita em todos os seres, mas Ele se manifesta especialmente no coração do devoto. O coração do devoto é a sala de visitas de Deus."

VIVEKANANDA

• *UNIDADE* •

Swami Vivekananda nasceu em 12 de janeiro de 1863, em Narendranath Dutta, na Índia. Foi monge, yogue e filósofo hindu. É considerado um dos mais célebres e influentes líderes espirituais do hinduísmo moderno, sobretudo da filosofia Vedanta, além de pioneiro em sua divulgação no Ocidente e inspirador do movimento do espiritualismo universalista.

De mente extremamente lógica e racional, antes de tornar-se discípulo de Paramhansa Ramakrishna, Vivekananda o pôs à prova por cinco anos, pois duvidava dos poderes do Mestre. Ele buscava Deus de forma sincera e queria encontrar um Deus verdadeiro, não aquele punitivo, do Ocidente, ou imerso em fanatismo, como no Oriente.

Um dia, Vivekananda perguntou à Ramakrishna se ele já havia visto Deus e o Mestre respondeu: "Sim, eu vi Deus. Eu O vejo como vejo você aqui; a diferença é que O vejo com mais nitidez. Podemos ver Deus; podemos falar com Ele. O problema todo, porém, é o que as pessoas querem com Deus. Elas derramam torrentes de lágrimas pelos seus cônjuges e filhos, pela riqueza e propriedade, mas quem chora por ter a visão de Deus? Se a pessoa chora sinceramente para ver Deus, ela seguramente O verá".

Nesse momento, Vivekananda ficou maravilhado, começou a abrir-se à sabedoria do Mestre Ramakrishna e passou a visitá-lo de vez em quando. Numa dessas visitas, tocou o corpo de seu mestre, que entrou em *samadhi* instantaneamente e experimentou uma enorme sensação de êxtase. Ramakrishna dizia que Vivekananda havia alcançado a perfeição antes mesmo de nascer e que o encontro deles na Terra já teria sido combinado muito tempo antes no Plano Astral Superior. Depois dessas experiências, Vivekananda fundou a Ordem Ramakrishna e a Organização Monástica Sri Ramakrishna Math. Vivekananda também era vinculado à escola brâmane Vedanta Advaitista. Tal corrente de pensamento tem os Vedas como textos sagrados e enxerga a unicidade no Criador e na Criação.

Ídolo da juventude hindu do início do século XX, consagrou-se como defensor da tolerância religiosa, analista das questões sociais de sua época, propagador da filosofia Vedanta, assim como dos quatro principais ramos da yoga: Karma Yoga, Bhakti Yoga, Jnana Yoga e Raja Yoga. Além disso, foi inovador no esforço de examinar pontos de convergência do pensamento ocidental e oriental sobre temas ligados à ética e à espiritualidade.

A partir de 1893, conquistou notoriedade na América do Norte, ao participar do Parlamento das Religiões – como representante do hinduísmo –, em Chicago, nos Estados Unidos. Ele proferiu um discurso marcado pela ausência de dogmas e pela apologia da coexistência fraterna entre religiões. Nesse momento, sacudiu o mundo com seus conceitos universalistas.

Suas obras e palestras se caracterizavam pelo exame aprofundado sobre a importância da postura fraterna e solidária em pensamentos, sentimentos e ações, assim como pela convicção de que não se deve apregoar a prevalência de uma religião sobre a outra, nem se servir do discurso religioso para justificar ou incentivar atos de fanatismo e prepotência. Para Vivekananda, a religião constitui instrumento de autoconhecimento e autossuperação e, para encontrar Deus, o ser humano deve ter discernimento e clareza consciencial diante de seus pensamentos, sentimentos e emoções.

ASSISTÊNCIA ANÔNIMA

No livro *Karma Yoga: a educação da vontade*, Vivekananda considera que os maiores benfeitores da humanidade vivem e morrem no anonimato e que os grandes avatares que conhecemos – Budas e Cristos – são expressões menores se comparados a esses heróis anônimos. Esse trecho de sua obra guarda ponto de convergência com o que mais de meio século depois defenderia Waldo Vieira em sua "teoria dos serenões", veiculada no âmbito da Conscienciologia e da Projeciologia, ao vislumbrar nos amparadores anônimos os seres mais evoluídos do cosmos.

Vivekananda fez sua passagem para o Plano Superior em 4 de julho de 1902. Algumas correntes filosóficas acreditam que ele esteja encarnado no Brasil, já em sua fase adulta, desenvolvendo trabalhos dentro da espiritualidade universalista. Acredito ter estado junto dessa pessoa que, inclusive fisicamente, mostra muitos traços de Vivekananda, com sabedoria e inteligência semelhantes às do Grande Mestre.

ENSINAMENTOS DE SWAMI VIVEKANANDA

"Nunca discuta sobre religião. Todas as discussões ou desavenças relacionadas à religião simplesmente mostram que a espiritualidade está ausente. Os debates religiosos se dão sempre sobre a superfície, nunca sobre a essência. As discussões só começam quando a pureza e a espiritualidade desaparecem, deixando a alma seca."

"Este é ponto essencial de toda devoção – ser puro e fazer o bem aos outros. Aquele que vê Shiva (Deus) no pobre, no fraco, no doente, adora Shiva realmente, mas é apenas incipiente a veneração daquele que vê Shiva só na estátua. Shiva fica mais satisfeito com quem ajuda e serve a um pobre vendo nele o próprio Shiva e sem pensar em sua casta, credo ou raça, do que com o homem que o vê somente na igreja ou nos templos."

"De que vale reconhecer em nossas orações que Deus é o Pai de todos nós, e, em nossa vida diária, não tratarmos cada homem como nosso irmão?"

PARTE 3

MESTRAS QUE MANIFESTAM A ENERGIA DA MÃE DIVINA

Muitos são os nomes da Grande Mãe: Maria, para os cristãos; Pacha Mama, para os incas; Kuan Yin, para os orientais; Avalokiteshvara, para os zen-budistas; e a Deusa, para os wiccas. Isso sem mencionar as "Nossas Senhoras" que, em suas aparições, têm dezenas de nomes diferentes, como Nossa Senhora de Fátima ou Nossa Senhora dos Navegantes.

O que a maioria de nós não percebe é que qualquer um desses nomes invoca a energia da Mãe, a polaridade yin universal, a energia criadora que dá colo e conforta. Que acalenta e alimenta. Que nos cerca com seus braços. Que nos provê alimento. Que nos ajuda e indica o caminho. Essa é a energia da Mãe Terra, nossa mãe natureza! É da Terra que extraímos nossa sobrevivência, nosso alimento e a energia que nos dá poder para enfrentar os desafios cotidianos. Essa Mãe é divina e piedosa, capaz de nos abrigar e confortar diante das maiores dificuldades.

Todos nós, filhos jovens e desatentos que só pensam em brincar, iludidos com os nossos afazeres, nem prestamos atenção naquela que nos abriga e sustenta. Muitas vezes, não dispomos de cinco minutos para contemplar a sua beleza e a sua força, agradecer e interagir com a sua divindade. No entanto, quando essa mãe nos impõe alguns limites com sua sabedoria, reclamamos. Esquecemos que, assim como a mãe possui delicadeza para nos conduzir e amar, ela também tem muita força para nos repreender. Esses limites nos são impostos por meio de cataclismas, enchentes, secas e outras respostas que a Mãe Terra tem enviado de tempos em tempos, chamando-nos a atenção quando somos muito agressivos. São sinais de doença e exaustão, de quem não aguenta tanta agressão e precisa de socorro imediato.

Se existe o aquecimento global, isso se deve ao nosso psiquismo denso, às nossas emoções desequilibradas que incendeiam o plexo solar (chacra localizado na região abdominal) e tornam nossas emoções incandescentes. Toda a raiva, medo, mágoa e tristeza que pairam pelo ar no planeta são capazes de derreter geleiras. Essas emoções desenfreadas nos tornam seres infantis, de alma principiante – diria até primitiva –, no sentido de nos levar ao consumismo, ao ter, ao poder, ao comprar desenfreado. Ainda: à geração excessiva de lixo; a comer mais do que o necessário; à devastação desenfreada dos recursos naturais; à mídia formadora de opinião que nos conduz ao conhecimento pronto. Não deveria existir um conhecimento pronto, enlatado, industrializado, determinista. Vale lembrar que não é porque saiu no jornal que a verdade ali está; não é porque o repórter falou na TV que algo é.

O que é unicamente verdadeiro e real são as certezas que residem no interior de cada um, e é justamente para medir o que é bom ou ruim, o que é certo e errado, o que é verdadeiro ou não, que fomos presenteados com dois mecanismos avançadíssimos: as emoções e a consciência. Elas são nossas bússolas internas para que possamos saber a direção correta; são o nosso norte. Porém é um pouco difícil escutar e ter discernimento num mundo tão barulhento. Um dia, esse elo e esse respeito pela energia feminina se perderam e nos tornamos escravos do nosso próprio ego, dos nossos desejos e do materialismo.

A tranquilidade, a quietude e o contato com a nossa grande Mãe Natureza nos trazem de volta ao eixo divino e à nossa luz interna, que é o nosso farol-guia nos dias mais difíceis. As mães humanas são como partículas da Grande Mãe. A maternidade é como um ritual iniciático na vida da mulher. Todo o período de gestação, de preparação do corpo, a mudança dos hormônios, as curiosidades e comemorações em relação a quem está por vir são como a Mãe Terra, que se preparou durante milhões de anos para receber a humanidade. Ela nos dá tudo aquilo de que precisamos, é bondosa e amável. Mas o que damos em troca? Agressão, devastação, desdém...

Durante os anos em que trabalhei como terapeuta, desenvolvi uma aptidão para o atendimento às crianças e suas mães, com quem trabalhava os conflitos nos relacionamentos e laços de vidas passadas. Os olhos das mães, ao chegarem ao consultório, eram sempre os mesmos: preocupação, aflição e muito, muito amor. A inquietação era sempre igual: será que foi culpa minha? Qual é a minha participação no problema do meu filho? Ele tem cura? O que posso mudar para que ele seja melhor?

Normalmente as crianças não têm problema algum, pois trazem consigo a personalidade congênita, com as inferioridades e emoções que precisam curar, além das tendências e principais nuances definidas. Muitos sentimentos, emoções e até doenças foram adquiridos em vidas passadas, e os pais, por não considerarem essa hipótese, sentem-se extremamente culpados por tudo o que ocorre com os filhos.

Porém, na maioria das vezes, os pais é quem têm problemas. Ao buscarem a perfeição, talvez por excesso de amor e cuidado, eles geram uma energia de preocupação e medo tão grande que a criança acaba captando. Nesse caso, normalmente existem dois caminhos: aquelas mais espertas se aproveitam dessas situações para conseguirem tudo o que querem, e as mais sábias e inocentes se compadecem dos pais ou ficam doentes. A conversa é quase sempre a mesma: não existem culpados ou vilões. Crianças são espíritos que vieram à Terra a fim de aprender. As situações vão acontecer, os pais estando presentes ou não.

Cada espírito precisa evoluir, cumprir seu karma e viver sua vida. Se uma criança tiver que torcer o pé ou pegar uma gripe, isso vai acontecer, mesmo se ela estiver bem protegida. Muitas vezes, o que observo é que, em vez de brincar com os filhos e aproveitar uma fase de afeto e aprendizado, a maioria dos pais se culpa – principalmente as mães – porque queriam ser melhores. Não entendem que é justamente essa energia de aflição, angústia e preocupação que traz a doença para o filho.

Que um filho deve ser amado e cuidado? Não há a menor dúvida! Quando se assume o compromisso de ser pai ou mãe, não é uma brincadeira de bonecas, mas o ensinamento de um espírito que Deus confiou aos seus cuidados. Porém isso deve ser leve, natural e divertido; não há como prever o que vai acontecer, pois o futuro depende de infinitas possibilidades e tudo é impermanente, cíclico. Faça o melhor que puder e com amor; aproveite os momentos junto ao seu filho sem se torturar, achando que podia ser melhor. Pergunte à criança se ela prefere brinquedos importados ou os pais mais presentes na sua vida. Você já sabe qual é a resposta, não é mesmo?

Se tem curiosidade em saber como tratar uma criança de forma sábia, aprenda com os povos nativos antigos ou com os indígenas. Tenho estudado esse assunto já há algum tempo e fico cada vez mais encantada com a maneira sábia e o respeito dado aos pequenos. Eles são deixados à vontade, na natureza, jamais escutam a palavra "não", nunca recebem conhecimento pronto, não são obrigados a nada e assim vão construindo seu caráter e desenvolvendo aptidões naturais que determinam a sua posição dentro da tribo. Isso tudo por meio da experimentação e da vivência de situações que são plenamente permitidas às crianças. Algumas têm aptidão para a função de guerreiro; outras, para a caça; outras, para xamã; e outras, para cacique.

É por isso que não concordo com determinismos nem dogmas, mas sou a favor da evolução tecnológica e defensora da evolução do espírito e do discernimento humano. Veja, estou sugerindo que você pense mais sobre a vida e encontre um ponto de equilíbrio em tudo isso. Deixaram você livre, desde criança, para que descobrisse naturalmente suas aptidões para ciências humanas, exatas, saúde ou direito? Ou seus pais diziam a você: “Não seja professor porque não dá dinheiro”, “Ser jogador de futebol é muito difícil...”, ou talvez “Ah, isso não, isso aí não é legal...”?

Então se hoje você tem um filho, pense no que está transferindo para ele. Se pretende ter, pense também. Lembre-se de que a maioria das nossas preocupações diz respeito àquilo que não podemos controlar. Se não podemos controlar, para que nos preocupar?

Deixo aqui uma sugestão: em vez de se preocupar tanto, aja com muito *prajna*, uma palavra do idioma sânscrito que significa “sabedoria para amar”. Amor verdadeiro é aquele que ensina, que prevê a evolução espiritual, que deixa a energia fluir, mesmo que isso traga consequências desagradáveis, já que nesses casos o aprendizado vem mais forte e jamais é esquecido. Muitas vezes, o crescimento só é possível pelo sofrimento e pela dor. Entender a dor e o momento evolutivo do outro, mesmo que seja de um filho, é a maior demonstração de carinho e amor puro.

As crianças da Nova Era

Os maiores aprendizados da minha vida foram obtidos na sala do consultório. É ali, olho no olho, frente a frente, que nós, terapeutas, conseguimos mergulhar no maravilhoso universo de cada ser humano. Cada espírito é um mundo de possibilidades, de situações magníficas, mistérios e surpresas.

É uma delícia poder participar dessa aventura que é a vida, partilhar das experiências de cada consultante, conhecer e aprender.

No consultório, fui presenteada com amizades especiais, principalmente por parte das crianças. No olhar doce e compassivo e no espírito evoluído de cada uma, descobri respostas para muitos questionamentos. Havia uma menina de 10 anos, em especial, que sempre vinha se consultar porque toda a família dela estava em tratamento – e, claro, ela não podia ficar de fora, já que a mãe acreditava que todos deviam se tratar. Era a caçula, muito estável emocionalmente e com olhos que me lembravam os monges tibetanos de outrora. Espírito antiquíssimo, elevado, altivo. Expressão curiosa e desafiadora, que me testava já nas primeiras consultas. Na verdade, nem podia chamar de consultas, pois parecíamos velhas amigas falando sobre a evolução espiritual da humanidade. Assuntos como vidas passadas, reencarnação e escrituras hindus já não eram novidade. Ela sabia, sentia com o coração. Para ela, eram uma verdade!

Entre suas principais inquietações sobre o mundo e a vida, uma não saía da sua cabeça. Então, certo dia, ela me questionou: "Será que os professores vão dar aula de forma mecânica porque não gostam do que fazem? Será que eles vão trabalhar somente por dinheiro? Por que eles parecem uns robôs? E quando fazemos perguntas que os desafiam, por que reagem com tanta violência? Será que nos detestam tanto assim? Se não estão felizes dando aula, por que não procuram outro trabalho? Será que eles ainda não encontraram a missão da alma?".

Essas eram as dúvidas que intrigavam aquela jovem mente, numa tarde de quarta-feira, em meu consultório. Essa conversa surgiu porque ela, interessadíssima no budismo e em outras filosofias da Antiguidade, esperava ansiosamente por essa aula dentro da matéria de ensino religioso em sua escola. Quando o dia chegou, o professor relatou que Buda (Sidarta Gautama) chegou a meditar por trinta dias seguidos, alimentando-se das gotas de orvalho que caíam das árvores e das larvas que estavam ao seu redor. Com essa explanação, ela imediatamente perguntou ao professor: "Então por que Buda era gordo? Por que ele aparece assim em alguns lugares e imagens? Como alguém que não come ou bebe por trinta dias pode ser gordo?". O professor se perdeu, não soube responder. Assim, ela mesma me disse, com suas palavras, que estava triste com a falta de profundidade do professor, por ele não saber responder algo tão simples. É como se estivesse dando aula de forma mecânica, pedindo apenas para decorar textos e palavras vazias para passar de ano de forma superficial. A menina revelou que não estudava somente para passar de ano e sim porque gostava de pensar!

Em um momento desses, o professor, por vezes, responde com violência ou agressividade pois se sente desafiado por alguém bem menor e mais frágil, mas que raciocina com uma cabeça bem diferente daquelas educadas em uma época repressiva e militar, em que tínhamos que, obrigatoriamente, concordar com tudo de cabeça baixa. Os professores eram autoridades severas e punitivas, como o exército ou como o Deus judaico-cristão que conhecemos tão bem aqui no Ocidente. Inclusive eu me lembro de meus pais dizendo: "Obedeça à professora, comporte-se na aula. Se você não se comportar, Deus vai te castigar". Uma criança pequena entende que é obrigada a concordar com tudo para não ser castigada.

Felizmente, as coisas mudaram! O ensino tradicional não desperta mais o interesse das crianças. Esquemas engessados e retrógrados não podem mais fazer parte da educação das crianças por uma simples questão: tudo evolui e o ensino precisa evoluir junto.

É dentro das escolas que está o futuro da humanidade e é lá que devem ser desenvolvidos trabalhos integrativos, que unam mente, corpo, emoção e espírito. Assim como existe a educação física, deveria existir a educação espiritual, de forma universalista e holística, profunda e abrangente, para proporcionar às crianças uma compreensão sobre sua energia, a anatomia sutil, e mostrar que pensamentos, sentimentos e emoções densos levam ao desequilíbrio e, em seguida, à doença. Sonho com um tempo em que as aulas aqui do plano terreno sejam parecidas com as do Astral Superior, onde os espíritos jovens aprendem os assuntos que realmente são essenciais: aqueles que tratam da evolução da essência. Obviamente que o conhecimento científico é de extrema importância, mas nunca sozinho, e sim equilibrado com o conhecimento espiritual, porque conhecimento sozinho não gera sabedoria. A sabedoria vem do espírito e da profundidade. Temas profundos não cabem em mentes bloqueadas!

É notável um movimento de professores e pais em busca da espiritualização, tanto é que nos cursos de terapias vibracionais, Reiki, radiestesia, cromoterapia, yoga, etc. o número de interessados vem aumentando cada vez mais. Porém é algo que se move ainda muito devagar, em comparação à necessidade que o mundo apresenta. Precisamos multiplicar os pontos de luz em nosso planeta.

Em alguns momentos, vejo pais e professores desesperados e despreparados para sanar tantos questionamentos de filhos e alunos. Outro dia, uma menina mencionou comigo que achava sua religião meio “infantil”. Ela havia passado por uma iniciação em sua prática religiosa, mas sentia que faltava algo. Tudo aquilo que ela aprendera em dois anos pareceu pouco para seu espírito. Ela precisava de mais! Logo, comentou comigo: “Dizem que é pecado seguir duas filosofias ao mesmo tempo, mas sinto vontade de ler outras coisas, experimentar”. Então eu disse a ela: “Viva a experiência!”.

O próprio Allan Kardec menciona, em *O Livro dos Espíritos*, que um espírito jamais evolui sem experienciar. O experimento é necessário para que tenhamos parâmetros para decidir, e ninguém pode ser considerado pecador por ter achado uma filosofia infantil e ir em busca de outra que alimente e satisfaça seu espírito.

Nossas crianças não estão à frente. Nós é que ficamos para trás! As crianças sempre trazem as perguntas mais incríveis e encantadoras porque, para elas, todos os sonhos são possíveis e não existem limites. Elas amam o Reiki. Amam a energia. Amam as terapias vibracionais. Amam os Mestres e seres de luz, mas detestam os dogmas. Detestam tudo o que as aprisione, que tome delas aquilo que mais valorizam: a liberdade. As crianças da Nova Era não concordam com as religiões, mas contemplam a religiosidade com a espiritualidade e a simplicidade de Deus.

Peço todos os dias em minhas orações para que eu seja exatamente como elas: que minha religião seja meu coração, que meu Deus seja o voo da borboleta, que meu dogma seja o amor, que minha ascensão se dê pela alegria e pela pureza, que minha arma seja a compaixão, que meu anjo seja o meu melhor amigo e que minha paz seja um estado de consciência tão forte e inabalável quanto meus sonhos!

Kuan Yin

• Misericórdia • Compaixão •

Existem muitas lendas a respeito de Kuan Yin, todas com grandes lições compassivas e misericordiosas. De acordo com escrituras sagradas encontradas no Oriente, acredita-se que a Mestra Kuan Yin tenha vivido, aproximadamente, no ano 700 a.C., no norte da China. Para compartilhar com você, selecionei as duas histórias mais próximas da verdade que reside em meu coração.

Diz a lenda que o pai de Kuan Yin, o imperador Miao Chuang, desejava muito ter um filho homem para sucedê-lo no trono de uma província no Oriente. Porém devido ao seu karma e à tirania de sua alma, que apreciava as guerras e a morte de milhares de pessoas, seu pedido foi negado e sua esposa, Pao-Yin, deu à luz três filhas, das quais Kuan Yin era a mais jovem. Antes de Kuan Yin nascer, sua mãe sonhou que havia engolido a lua. No dia do nascimento dela, a terra estremeceu e um agradável perfume de flores celestes foi liberado no ar de todo o reino. A menina nasceu com o corpo envolto em nuvens multicoloridas, o que, no Oriente, significa que era um ser de alma pura e límpida. Com a chegada de mais uma menina, o rei se enfureceu. Ele já entrava na meia-idade e sentia que se aproximava o fim de sua dinastia, sem que houvesse um filho homem para sucedê-lo. Então seu ministro, Chao Chên, sugeriu que o imperador casasse suas filhas e nomeasse um dos genros como seu substituto.

Um dia, quando brincava no jardim com suas irmãs, Kuan Yin disse o seguinte: "Riquezas e glórias são como a chuva na primavera ou como o orvalho pela manhã. Duram apenas pouco tempo e logo passam. Reis e imperadores pensam em desfrutar até o final da boa fortuna que os coloca em um nível separado dos demais seres humanos, mas a enfermidade os faz descansar em seus caixões e tudo se acaba. Onde estão agora todas as poderosas dinastias que estabeleceram a lei do mundo? Em relação a mim, desejo nada mais do que um retiro pacífico em uma montanha isolada, na tentativa de atingir a perfeição. Se algum dia conseguir alcançar um grau elevado de bondade, então, carregada nas nuvens do céu, viajarei por todo o Universo, passando do Oriente ao Ocidente em um piscar de olhos. Resgatarei meu pai e minha mãe e os levarei ao céu, salvarei os miseráveis e aflitos da Terra, converterei os espíritos que praticam o mal e os farei praticar o bem. Essa é a minha única ambição".

Mas seu pai a mantinha sob a mais rígida vigilância, pois desde cedo ela demonstrava uma rara habilidade de ver o mundo muito além dos muros do palácio. De vez em quando, observava de sua janela o alto de uma colina, onde havia um mosteiro, e ali ficava imaginando as atividades dos monges. Como sabia que sua família não concordaria com sua visita àquele lugar, ela fugiu e conseguiu entrar no templo e no grande santuário. Ao perceber o sumiço de Kuan Yin, seu pai enviou todos os soldados da guarda imperial para que procurassem a filha, mas não tiveram sucesso. Quando soube que ela estava no mosteiro, Miao Chuang, furioso, deu ordens para que eles incendiassem o templo e queimassem todos os que ali estivessem.

Ao amanhecer, o imperador, triste pelo destino de sua filha, teve diante de si a materialização de Kuan Yin, que lhe disse: "Papai, embora o senhor não tenha tido piedade de uma menina inocente que, por pouco, não foi violentada, não posso deixar de me entristecer por você. Por isso, vim tentar consolá-lo. Saiba que o céu, às vezes, aparentemente tão impiedoso como o senhor, comoveu-se com o meu imerecido sofrimento. Quando as chamas avançavam, fui envolvida num arco-íris e levada por sobre as nuvens até a morada dos deuses e dos imortais. Ali como compensação por meu fardo cruel, vi-me promovida à condição de deusa. Minha missão será confortar os aflitos e socorrer as pessoas em perigo, tarefa para a qual me sinto particularmente qualificada, tendo há pouco experimentado as profundezas do medo e da dor. Hei de ser conhecida como Kuan Yin – aquela que ouve os prantos do mundo".

Na segunda lenda, temos elementos um pouco diferentes. Nela o imperador conseguira casar suas duas filhas mais velhas, com exceção de Kuan Yin, que rejeitou o casamento e disse ao seu pai: "É um crime eu não cumprir com os desejos de meu pai. Porém tens de me perdoar se minhas ideias são diferentes das suas". Seu pai então lhe pediu: "Conte-me quais são as suas ideias". Ela revelou: "Não desejo casar-me. Desejo atingir a perfeição e a budicidade. Prometo não ser ingrata com o senhor".

Kuan Yin expressou seu desejo de se tornar monja e auxiliar na cura de todos os males da humanidade, desde enfermidades até sentimentos densos, como luxúria, raiva, mágoas e tristezas. O pai, furioso pelo fato de a filha tê-lo desafiado, ordenou que a guarda imperial a expulsasse do palácio. Ali ela começou sua vida de eremita. Estava contente por ter a natureza ao seu redor e por estar trilhando o caminho da autodescoberta sem precisar cumprir todo o roteiro de formalidades de uma vida de princesa.

Kuan Yin chegou ao templo Ju Chou, na região de Lung-shu Hsien, conhecido como o Convento do Pássaro Branco. Ao descobrir o paradeiro da filha, o pai ordenou à direção do convento que lhe desse as mais árduas tarefas para que ela desistisse do seu propósito. Kuan Yin aceitou todas elas com alegria, colocando-se aos pés do Buda e dizendo: "Grande Buda, cheio de bondade e misericórdia, sua humilde serva deseja abandonar o mundo. Conceda-me não ceder às tentações que me serão enviadas para que minha fé seja testada".

Assim prometeu observar as regras do mosteiro e obedecer a todas. Comovido com a retidão de caráter de Kuan Yin, o mundo espiritual enviou a ela o Espírito da Estrela Polar, que designou um tigre para lhe trazer madeira, um dragão marinho para lhe levar água, os pássaros para lhe oferecerem legumes e os espíritos do céu para lhe ajudarem nas tarefas do mosteiro. Desse modo, ela pôde se dedicar sem perturbações à busca da perfeição.

Seu pai, muito bravo pela determinação da filha diante de seu propósito espiritual, ordenou aos soldados que incendiassem o mosteiro e matassem todos que lá estivessem. Nesse instante, Kuan Yin ajoelhou-se e, retirando um grampo de bambu dos seus cabelos, perfurou o céu de sua boca e cuspiu sangue para cima. Imediatamente enormes nuvens se formaram sobre o convento e uma forte chuva apagou o incêndio que havia começado. As monjas se ajoelharam diante de Kuan Yin, em agradecimento pelo milagre.

Após isso, o imperador ordenou que sua filha fosse trazida ao palácio para ser decapitada. Nem com o pedido de sua esposa, que lhe implorava, ele desistiu, pois estava cego de ódio e ira. Mesmo diante dessa tarefa árdua, Kuan Yin demonstrava paz e alegria por cumprir seus deveres como Bodhisattva, ou seja, aquele que segue o caminho de Buda e é candidato à Iluminação. Na hora da cerimônia de decapitação, o céu tornou-se negro e uma enorme escuridão caiu sobre a Terra. Quando o soldado posicionou a espada para o golpe derradeiro, ela se partiu em dois pedaços ao entrar em contato com uma grande luz que envolvia a garganta de Kuan Yin. O pai, ainda mais furioso, ordenou as mais terríveis formas de morte; porém todas fracassaram.

Kuan Yin, já cansada de tanto sofrimento e de testemunhar a decadência espiritual do pai, permitiu que os soldados a estrangulassem com um cordão de seda. Na hora de sua morte, o plano espiritual pôs em sua boca uma pílula extrafísica para impedir a decomposição de seu corpo. Nesse momento, um grande tigre saltou no local, dispersou os soldados e colocou-a nas costas, já morta, e desapareceu na floresta.

Ela foi levada para as regiões infernais e os seres que ali habitavam aceitaram suas orações para que pudessem se libertar e evoluir. Em seguida, esses seres se iluminaram e o lugar se transformou em um maravilhoso jardim de luz, um paraíso de alegria, decorado com flores de lótus.

Depois dessas orações, a alma de Kuan Yin voltou a habitar seu corpo e, com a orientação do Buda Amitabha, foi morar em um convento situado no mar durante os nove anos seguintes para elevar-se ao máximo de perfeição.

As leis do karma foram cumpridas e o imperador, que ainda viveria por 20 anos, foi acometido por todo o tipo de úlceras, febres e doenças graves. Os problemas de saúde pioravam e, mesmo tendo se consultado com todos os médicos e curandeiros da região, cada vez mais o seu estado piorava.

Ao saber do fato, Kuan Yin disfarçou-se de sacerdote-médico e foi até o palácio para auxiliar na cura daquele que lhe dispensou tanto ódio. Ao chegar até o imperador, examinou-o cuidadosamente, com muito amor, e disse que o remédio seria difícil de encontrar, pois precisaria da ajuda de alguém que se dispusesse a doar uma mão e um olho para que uma pomada fosse feita. Miao Chuang gritou indignado, dizendo que o sacerdote estava louco e que ninguém seria capaz de fazer isso por ele. O sacerdote respondeu que esse seria o único remédio eficaz para a sua cura. Ele também disse que conhecia uma pessoa de coração puro capaz de fazer tal sacrifício e revelou onde essa pessoa estaria naquele momento.

Em seguida, o imperador enviou dois ministros ao mosteiro onde estava Kuan Yin. Ela deu ordem para que sua mão e seu olho fossem cortados e levados a ele em uma bandeja. Com a chegada dos ministros ao palácio, a rainha chorou muito emocionada ao reconhecer a mão de sua filha. Ao lado do pai, Kuan Yin, materializada como sacerdote, falou que a pomada seria suficiente para curar somente um lado do corpo. Para curar o outro lado, precisariam da outra mão e do outro olho. Da mesma maneira, Kuan Yin doou sua outra mão e seu outro olho, dispondo-se a fazer qualquer coisa necessária para curar quem quer que fosse, sem se importar com o sacrifício, mesmo para o seu pior inimigo.

Miao Chuang, já curado, concedeu um título de nobreza ao sacerdote que lhe trouxe a cura e perguntou aos seus ministros como era a mulher que tinha se sacrificado por ele. Eles responderam que ela era idêntica à sua filha. Então o imperador e todos os seus familiares partiram para o mosteiro. Quando lá chegaram, ele se ajoelhou no chão e reverenciou a natureza, o céu, a terra, o sol e a lua. Estava muito arrependido e sentia-se péssimo por todas as suas maldades, e desejava profundamente a redenção da sua alma. Nesse momento, Kuan Yin apareceu em plena forma, perfeita, com suas mãos e seus olhos. Todos choraram de alegria. Miao Chuang renunciou ao seu trono e, nesse momento, Kuan Yin recebeu o título de Misericordiosa e Compassiva, Salvadora dos Aflitos, Milagrosa e Protetora Auxiliadora dos Mortais, tornando-se Kuan Yin – a Deusa da Misericórdia e da Compaixão.

Desde então, ela é considerada a protetora das mulheres, dos marinheiros, dos comerciantes, dos artesãos e daqueles que se encontram sob perseguição criminal, e é invocada, particularmente, por aqueles que desejam ter filhos. Amada como a figura da Mãe e mediadora divina que está muito próxima dos negócios diários de seus devotos, o papel de Kuan Yin como madona budista tem sido comparado ao de Maria, a mãe de Jesus, no Ocidente.

Mensagens de Kuan Yin

As seguintes lições são atribuídas à própria Kuan Yin e foram extraídas do livro Kuan Yin – A Deusa dos Milagres, de Angela Marcondes Jabor. Aprecie:

– "A humanidade tem uma vida muito agitada e quase não para a fim de olhar realmente para o que a cerca. Diariamente, muitas coisas passam ante vossos olhos sem que presteis a devida atenção. Por acaso, reparastes no irmão que se sentou hoje ao vosso lado? Reparastes se ele ou ela estava triste ou alegre, se era carente de amor ou de compreensão?

Conheceis realmente vossos vizinhos que, por anos a fio, habitam do outro lado das paredes de vosso lar? Quantas pessoas realmente conheceis a fundo e quantas podeis considerar amigos de verdade?

O ser humano tende a se isolar, a fim de não ter que mostrar abertamente seus defeitos e fraquezas; nesse intuito, afasta-se dos demais, porque dando-lhes oportunidade para que se desnudem, deverá ele fazer. E isso ele teme. Seu orgulho é ainda muito grande.

Por outro lado, a pessoa isolando-se cria maiores problemas para si, pois não dá nem recebe amor, que é o tempero da vida e, sem ele, nada em sua existência pode funcionar perfeitamente. Além disso, criando um mundo solitário, também acaba desenvolvendo o egocentrismo e o egoísmo; e toda vez que alguém mais comunicativo e fraterno se aproximar, ela fugirá, para proteger dos olhos e do coração alheios à sua enorme insegurança.

Há muitos seres assim, incapazes de manifestar amor e compreensão. Deveis tratá-los com tolerância e compaixão oferecendo-lhes amor abundante, para que se habituem ao sentimento pelo qual, na verdade, tanto anseiam.

Conheceis alguém assim? Então, sabeis o que fazer; só resta que tomeis a iniciativa de fazê-lo.

Que a misericórdia por vossos irmãos vos guie naquilo que decidirdes realizar.

Eu Sou sempre na Luz."

– "(...) As crianças são como os pássaros: delicadas e gentis; enquanto não sabem voar, ficam à espera de alguém que as ensine. Vós as recebeis em vossos jardins, por vontade de Deus Pai-Mãe, mas, muitas vezes, não lhes dais a devida atenção.

Muitos irmãos se importam mais com a posse do jardim do que com o bem-estar daqueles que ali habitam. Alguns pagam a outros para que cuidem dos seus filhos, mas não se preocupam em escolher alguém realmente qualificado, capaz de lhes proporcionar boas bases educacionais e afetivas.

Vossos pequeninos dependem de vós e necessitam de vosso amor e dedicação, a fim de que um dia possam abrir as asas corretamente e voar até o infinito, rumo à Consciência Cósmica.

Tendes o dever de ensinar-lhes – por meio do amor, da tolerância e da paciência – qual o melhor caminho e como voar nele.

Aprendei a voar cada vez mais alto, elevando-vos bem acima das massas. Nesse voo, levai convosco vossos irmãozinhos que vos foram entregues em confiança.

Que a misericórdia e a compaixão por esses pequeninos vos façam meditar sobre o verdadeiro Caminho.

Eu Sou sempre convosco."

Madre Teresa de Calcutá

• Cura • Manifestação da Paz •

Agnes Gonxha Bojaxhiu nasceu em 26 de agosto de 1910, na cidade de Skoplje, na Albânia. Irmã mais nova de Ágata e de Lázaro, filha de Nicolau e de Rosa. A sua família pertencia à minoria albanesa que vivia no sul da antiga Iugoslávia. Pouco se sabe da sua infância, adolescência e juventude porque a madre preferia não falar de si. Foi educada numa escola estatal da atual Croácia durante os tristes anos da Primeira Guerra Mundial. Tinha uma voz muito bonita e logo se converteu na solista do coro da igreja da sua aldeia; chegou até a dirigi-lo, lá pelos anos 1920. Ingressou na Congregação Mariana, onde aperfeiçoou a formação cristã, ao mesmo tempo em que tomava conhecimento da vida da Igreja e abria o coração às necessidades do mundo. Particular impressão lhe faziam as cartas que os missionários jesuítas da Índia escreviam, que eram comentadas em grupo. A miséria material e espiritual de tanta gente tocava o seu coração.

Em 1928, aos 18 anos, surgiu nela o pensamento da consagração total a Deus na vida religiosa. Obteve então o consentimento dos pais e, por indicação do sacerdote que a orientava, entrou para a Casa Mãe das Irmãs de

Nossa Senhora de Loreto, em Rathfarnham, perto de Dublin, na Irlanda, no dia 29 de setembro de 1928.

O seu sonho era ir à Índia para desenvolver o trabalho missionário junto aos pobres. Por isso, após algum tempo de estada na Irlanda, Agnes partiu para o país que desejava, em 24 de maio de 1931. O ideal que brilhara pela primeira vez na sua vida, aos 12 anos, começava a se concretizar. Foi enviada para Darjeeling, cidade indiana onde as Irmãs de Loreto possuíam um colégio onde ela fez o noviciado. Ainda, em 1931, assumiu a profissão religiosa, emitiu os votos temporários de pobreza, castidade e obediência e tomou o nome de Teresa. Houve uma intenção na escolha desse nome, como ela própria explicou: a de se parecer com Teresa de Jesus, não com a grande santa espanhola, mas com a humilde carmelita de Lisieux, que ensinou aos homens do nosso tempo o caminho da infância espiritual.

De Darjeeling, Irmã Teresa seguiu para Calcutá. Como já havia frequentado uma carreira docente, passou a ensinar Geografia no Colégio de Santa Maria, da Congregação de Nossa Senhora do Loreto. Mais tarde, foi nomeada diretora. Irmã Teresa gostava de ensinar e as alunas a estimavam porque era uma excelente professora, sempre dedicada e atenta a todos os problemas.

Havia muito humanismo nas suas palavras e atitudes. Embora cercada de meninas, filhas das melhores famílias de Calcutá, impressionava-se com o que via quando saía à rua: favelas com cheiros nauseabundos, crianças, mulheres e velhos famintos. O dia 10 de setembro de 1946 ficou marcado na história das Missionárias da Caridade e, obviamente, no livro da vida de Madre Teresa, como o "dia da inspiração". Numa viagem de trem ao noviciado do Himalaia, recebeu uma claríssima iluminação interior: dedicar sua vida aos mais pobres dos pobres. Ela o relatou assim:

"Em 1946, ia de Calcutá a Darjeeling, de trem, para fazer o meu retiro. Nunca é fácil dormir nos trens, mas tentar fazê-lo num trem da Índia é impossível: tudo range, há um penetrante odor de sujidade pelo amontoamento de homens e animais, todo um detrito de humanidade, cestos, galinhas cacarejando... Naquele trem, aos meus 36 anos, percebi no meu interior uma chamada para que renunciasse a tudo e seguisse Cristo nos subúrbios, a fim de servi-lo entre os mais pobres dos pobres. Compreendi que Deus desejava isso de mim..."

Irmã Teresa pensava nos pobres de Calcutá que, todas noites, morriam pelas ruas e, na manhã seguinte, eram lançados para o carro da limpeza, como se fossem lixo. Não! Ela não conseguia se habituar a esse terrível espetáculo de pessoas esqueléticas morrendo de fome ou pedindo esmola pelas ruas. A longa e dolorosa meditação que fizera terminou com uma pergunta muito concreta: "O que poderei fazer por esses infelizes?".

Foi então que a angústia da sua alma cresceu. Amava a Congregação, gostava de ensinar... Quase nada poderia fazer dentro dos regulamentos a que amorosamente se sujeitara e que cumprira com toda a fidelidade. Mas Deus não pediria mais? Não seria talvez necessário ir ter com as superioras e com as autoridades eclesiásticas, expor frontalmente o problema, pedir autorização para fazer a experiência de se colocar totalmente a serviço dos mais pobres? Foi assim, com todas essas interrogações, que Irmã Teresa viveu o seu retiro daquele ano. Na oração e na meditação daqueles dias, mais se confirmou que a aspiração que brotava do fundo da sua alma não era um capricho, mas uma manifestação da vontade de Deus.

Ao regressar a Calcutá, foi conversar com o arcebispo Monsenhor Fernando Périer, a quem expôs o seu plano. Ele a ouviu atentamente e, no fim, calmo e frio, disse um não absoluto, sem deixar hipóteses para qualquer dúvida. Irmã Teresa aceitou humildemente a recusa. Mais tarde, ela comentou: "Não podia ter sido outra a sua resposta. Um bispo não pode autorizar a primeira religiosa que se lhe apresenta com projetos raros sob pretexto de que essa pareça ser a vontade de Deus".

Voltou às lides diárias que cumpria cada vez com maior dedicação e entusiasmo. O carinho das alunas, demonstrado de tantas maneiras, e a amizade das companheiras não a fizeram esquecer a imagem horrorosa dos doentes e famintos que morriam pelas ruas de Calcutá. Por vezes, um questionamento surgia em sua mente: não será tudo isso uma tentação do demônio?

Um ano depois, foi conversar novamente com o arcebispo. Levava nos lábios o mesmo pedido e, no coração, a mesma disposição para aceitar, com humildade e alegria, a resposta, qualquer que ela fosse. Monsenhor Périer escutou, mais uma vez, as razões da Irmã Teresa. A sua simplicidade, o seu fervor e a sua persistência o convenceram de que estava perante uma manifestação da vontade de Deus. Dessa vez mais afável, aconselhou: "Peça, primeiro, autorização à Madre Superiora".

Irmã Teresa escreveu prontamente uma carta, na qual expôs o seu plano. A superiora viu, nessas linhas, a expressão da vontade de Deus. O que aquela religiosa pedia era algo muito sério e exigente. Por isso, respondeu a ela: "Se essa é a vontade de Deus, autorizo-te de todo o coração. De qualquer maneira, lembra-te sempre da amizade que todas nós te consagramos. Se algum dia, por qualquer razão, quiseres voltar para o meio de nós, fica sabendo que te receberemos com amor de irmãs".

Monsenhor Périer pediu autorização a Roma para Irmã Teresa deixar as Irmãs de Loreto "para viver só, fora do claustro, tendo Deus como único protetor e guia, no meio dos mais pobres de Calcutá". A resposta de Pio XII chegou no dia 12 de abril de 1948. Nela o papa concedia a desejada autorização, mas sublinhava que, embora deixasse a congregação de Nossa Senhora de Loreto, Irmã Teresa continuava religiosa, sob obediência ao arcebispo de Calcutá.

Só em 8 de agosto de 1948, ela deixou o Colégio de Santa Maria. Custo imenso: a ela, às companheiras, às alunas. Depois dirigiu-se para Patna para fazer um breve curso de enfermagem, que julgava de imensa utilidade para a sua atividade futura. Ao abandonar o hábito da Congregação de Loreto, Irmã Teresa comprou um sari (traje tradicional das indianas) branco, debruado de azul, e colocou no ombro uma pequena cruz, transformando essa roupa em seu novo hábito: o vestido típico de uma modesta mulher indiana.

Em 21 de dezembro de 1948, obteve a nacionalidade indiana, data em que reuniu um grupo de cinco crianças, num bairro imundo, para começar a dar aula. Com o tempo, a turma foi aumentando; dez dias depois, eram cerca de 50. Além de ensinar o alfabeto, a religiosa dava lições de higiene e de moral. Depois ia de abrigo em abrigo levando mais do que donativos: palavras amigas e as mãos sempre prestativas para qualquer trabalho. Não foi preciso muito tempo para que todos a conhecessem. Quando passava, crianças famintas e sujas, deficientes, enfermos de toda espécie gritavam por ela, com os olhos inundados de esperança: "Madre Teresa! Madre Teresa!".

No entanto, o início foi duro. Ela sentiu a angústia terrível da solidão. "Um dia, depois de dar voltas e mais voltas à procura de uma casa, porque era preciso encontrar um teto para acolher os abandonados, pus-me a caminho para achá-lo. Caminhei e caminhei, ininterruptamente, até que já não pude mais. Então compreendi até que ponto de esgotamento têm que chegar os verdadeiros pobres, sempre em busca de um pouco de alimento, de remédio, de tudo".

Há fatos curiosos na vida de Madre Teresa em que podemos ver um sinal da aprovação de Deus à sua obra. Ela mesma conta: "Era a minha primeira volta pelas ruas de Calcutá, depois de ter recebido autorização para o meu novo trabalho com os pobres. A certa altura, aproximou-se de mim um sacerdote pedindo-me um donativo para uma coleta que estava a realizar-se a favor da boa imprensa. Tinha saído de casa com cinco rúpias (moeda indiana). Já tinha dado quatro aos pobres. Entreguei-lhe a única rúpia que me restava. Ao entardecer, o mesmo sacerdote veio ao meu encontro com um envelope. Disse-me que lhe tinha sido dado por um senhor desconhecido que ouvira falar dos meus projetos e queria me ajudar. No envelope, havia 50 rúpias. Naquele momento, tive a sensação de que Deus começava a abençoar a minha obra e que nunca me abandonaria".

Outra bênção de Deus refere-se às vocações que começaram a surgir, precisamente entre as antigas alunas de Madre Teresa. A primeira foi Shubashini Das. Era uma linda jovem, dotada de bastante inteligência, filha de uma boa família. Disse ela à ex-professora: "Madre Teresa, se me aceitar, estou disposta a ficar com a senhora e colocar a minha vida a serviço dos pobres". Ela ouviu como resposta: "Minha filha, pense melhor, reze mais e, daqui a algum tempo, venha falar novamente comigo".

Era quase o mesmo conselho que Monsenhor Périer lhe tinha dado tempos atrás. A jovem foi, pensou, rezou e, no dia 19 de março de 1949, dia de São José, foi aceita na nova congregação que começava a surgir, escolhendo para a vida religiosa o nome de batismo da sua antiga professora: Agnes. A esta, outras se seguiram, sem qualquer propaganda. Apenas atraídas pelo testemunho daquelas que se chamariam, mais tarde, Missionárias da Caridade.

Madre Teresa conta assim sobre o início da congregação: "Uma a uma, a partir de 1949, vi chegar jovens que tinham sido minhas alunas. Vinham com o desejo de dar tudo a Deus e tinham pressa em fazê-lo. Despojavam-se, com íntima satisfação, dos seus saris luxuosos para revestir-se do nosso humilde sari de algodão. Vinham sabendo que se tratava de algo difícil. Quando uma filha das velhas castas se coloca ao serviço dos párias, trata-se de uma revolução. A maior. A mais difícil de todas: a revolução do amor! Uma vida mais regular começou então para a nossa pequena comunidade. Abrimos escolas enquanto continuávamos a visita aos bairros pobres. As vocações afluíam e a nossa casa tornou-se muito pequena".

Ainda em 1949, Madre Teresa começou a escrever as constituições das Missionárias da Caridade, nome que deu à sua congregação. O primeiro trabalho com os doentes e moribundos recolhidos na rua era lavar o seu rosto e o seu corpo. A maior parte nem sequer conhecia sabão e a espuma causava medo a eles. Se as Irmãs não vissem naqueles infelizes o rosto de Cristo, o trabalho seria impossível:

"Nós queremos que eles saibam que há pessoas que os amam verdadeiramente. Aqui eles encontram a sua dignidade de homens e morrem num silêncio impressionante... Deus ama o silêncio. Os pobres não merecem só que os sirvamos, merecem também a alegria, e as Irmãs oferecem-na em abundância. O próprio espírito da nossa congregação é de abandono total, de amor confiante e de alegria... É a nossa regra para procurarmos fazer alguma coisa de belo por Deus!"

A lista dos bens das Irmãs era pequena: um prato esmaltado e coberto, dois saris baratíssimos, um jogo de roupa íntima grosseira, um par de sandálias, um pedaço de sabão, um travesseiro e um colchão extremamente finos, um par de lençóis e, para completar, um balde metálico com o respectivo número. Assim, com o colchão enrolado debaixo do braço e as restantes coisas colocadas no balde, a Irmã que viajava levava todos os seus pertences consigo. Ao menor sinal, elas já estariam preparadas para seguir viagem: "Com um pouco de treino, consigo estar pronta para partir em trinta minutos", dizia a Madre.

A congregação de Madre Teresa foi aprovada pela Santa Sé e, em agosto de 1952, abriu o lar infantil Sishi Bavan – Casa da Esperança, ao qual dedicava as suas melhores energias físicas e espirituais. A partir dessa data, a sua congregação começou a se expandir de maneira irresistível pela Índia e por todo o mundo. A obra de Madre Teresa cresceu rapidamente. Não trazia esquemas pré-fabricados; o ritmo e as iniciativas eram marcados pelo inesperado de cada dia.

Ainda em 1952, percorria as ruas, como de costume, prestando ajuda aos mais necessitados. De repente, parou diante de um espetáculo horripilante: uma mulher agonizava no meio de escombros, roída por ratos e formigas. Madre Teresa aproximou-se e ouviu um queixume em voz muito tênue: "E dizer que foi o meu próprio filho que me jogou aqui!".

Recolheu a mulher e a levou para o hospital mais próximo. Quando viram aquele semicadáver, responderam a Madre Teresa: "Aqui não há lugar para esses casos! Não podemos aceitar essa mulher!". Então ela respondeu: "Pois eu não sairei daqui enquanto vós não a receberdes". A mulher entrou, mas morreu pouco depois.

De regresso a casa, Madre Teresa pensou na sorte dos moribundos que, todos os dias, morriam pelas ruas de Calcutá sem ninguém para prestar assistência. A imprensa tinha abordado esse problema precisamente naqueles dias. Ela aproveitou a oportunidade e disse à autoridade: "Deem-me um local que eu me encarrego de tratar dos moribundos". Deram-lhe duas grandes salas de um edifício contíguo ao templo da deusa Kali, denominado Casa do Peregrino, porque servia de dormitório aos peregrinos. Ela mudou o nome para Casa do Moribundo.

Os hindus não simpatizaram com a doação de um espaço sagrado hindu a uma mulher católica. Consideraram uma profanação. Resolveram, por isso, encarregar uma pessoa para espionar todos os movimentos da religiosa e, no momento oportuno, desfazer-se dela. Ao ter conhecimento desse plano, Madre Teresa apresentou-se ao chefe e disse a ele: "Se querem me matar, matem-me agora mesmo, mas não façam mal aos meus pobres moribundos".

Ele ficou surpreendido com a atitude valorosa da religiosa, que veio confirmar as boas informações já dadas pelo espião: "Observei com todo o cuidado a ação daquela mulher, e a minha impressão foi a de que, ao olhar para ela, me pareceu ver a própria deusa Kali em ação. Não façais, portanto, mal a essa mulher".

Pouco a pouco, os hindus tornaram-se seus amigos. Para isso, contribuiu muito um fato que a própria Madre Teresa contou: "Um desses hindus contraiu tuberculose. Nenhum hospital o teria recebido. Nós fizemos todo o possível para curá-lo. Os seus companheiros vinham vê-lo. A princípio, ele blasfemava contra Deus, levado pelo desespero da sua doença. Da nossa parte, não poupávamos esforços para sermos agradáveis e minorar suas dores. Pouco a pouco, a sua atitude foi mudando. Chegou até a pedir a bênção antes da morte, que foi muito serena. Os seus companheiros não conseguiam explicar o que tinha acontecido. Depois disso, os sacerdotes da deusa Kali nunca deixaram de nos demonstrar a sua amizade e até nos dar a sua colaboração, em muitos casos".

No dia 26 de julho de 1965, fundou a sua primeira casa na América Latina, na Venezuela, na Arquidiocese de Barquisimeto. Em 1967, abriu outra no próprio coração da cristandade, em Roma, por desejo expresso de Paulo VI. Mais adiante, João Paulo II deu de presente a ela uma casa dentro do próprio Vaticano.

A partir de 22 de agosto de 1968, a congregação estendeu-se por mais lugares: Ceilão, Itália, Austrália, Bangladesh, Ilhas Maurícias, Peru, Canadá, entre outros. Em 8 de dezembro de 1970, as Missionárias da Caridade abriram a sua primeira casa em Londres e fixaram o noviciado para a Europa e a América.

Em 1973, ela inaugurou uma casa em Gaza, na Palestina, para atender aos refugiados, e celebrou a primeira Assembleia Internacional dos Colaboradores das Missionárias da Caridade, instituição cujos estatutos tinham sido aprovados em 1969. Centenas de milhares de pessoas de todo o mundo se reuniram: 50 mil leigos, aos quais era preciso acrescentar todos os doentes e todos os que sofriam e ofereciam a sua dor pelas intenções de Madre Teresa.

Em 15 de junho de 1976, em Nova York – que, para a Madre, era o lugar mais necessitado de oração –, fundou o ramo contemplativo das Missionárias da Caridade. Em dezembro de 1976, inaugurou centros de assistência no México e na Guatemala. Em 17 de outubro de 1979, Madre Teresa recebeu o Prêmio Nobel da Paz. Ainda nesse mesmo ano, João Paulo II a recebeu em audiência privada e ela se converteu na melhor "embaixadora" do papa em todas as nações, fóruns e assembleias do planeta, sem nunca ter estudado diplomacia.

Em 28 de junho de 1980, Skoplje, sua cidade natal, a nomeou como Cidadã Ilustre. Muitas universidades conferiram a ela o título *Honoris Causa*. Ainda em 1980, recebeu a Ordem *Distinguished Public Service Award*, nos Estados Unidos.

Em 1981, inaugurou, em Berlim Oriental, a primeira das suas fundações em países submetidos ao marxismo. Anos mais tarde, foi recebida por Mikhail Gorbachov e abriu uma casa na Rússia. O mesmo aconteceu em Cuba.

Em 1983, já em Roma, sofreu o primeiro grave ataque do coração. Tinha 73 anos. Foi muito bem atendida, e o médico lhe disse: "A senhora tem coração para mais trinta anos". Tomou isso ao pé da letra, já que nem febre alta a fazia descansar. Tanto é que, dois anos depois, em setembro de 1985, foi reeleita Superiora das Missionárias da Caridade pelo Capítulo Geral da Congregação. Só outra Irmã, Josepha Michael, viu o seu nome escrito em um dos votos: o que fora depositado na urna eleitoral pela Madre Teresa – os outros 66 foram unânimes.

No mesmo ano, recebeu do presidente Reagan, na Casa Branca, a Medalha Presidencial da Liberdade, a mais alta condecoração dos Estados Unidos. Participou de sínodos, como o de 1986, dos atos do Ano Mariano, de 1987, e do Ano Santo da Redenção, bem como das viagens papais. Em agosto do mesmo ano, na União Soviética, foi condecorada com a Medalha de Ouro do Comitê Soviético da Paz. Pouco depois, visitou a China e a Coreia.

Em agosto de 1989, realizou um dos seus sonhos: abrir uma casa na sua Albânia natal. Apesar de ser um dos países mais pobres, injustos e atrasados do planeta, até há pouco tempo se orgulhava de ser o local mais ateu do mundo, o único em cuja Constituição figurava, paradoxalmente, o ateísmo como "religião do Estado".

Em setembro de 1989, sofreu o seu segundo ataque de coração e correu sério risco de morte, mas recuperou-se e retomou o seu incrível trabalho com mais ardor e vigor do que antes, apesar do marca-passo. Em 1990, pediu a João Paulo II para ser substituída no seu cargo, mas voltou a ser reeleita por outros seis anos, até 1996. O papa tornou a confirmá-la como Superiora das Missionárias da Caridade.

Em 5 de setembro de 1997, aos 87 anos, depois de sofrer uma última parada cardíaca, foi a vez de ela se encontrar, definitivamente, com o Dono e Senhor da sua alma. Uma fila de quilômetros formou-se, durante dias a fio, diante da igreja de São Tomé, em Calcutá, onde o seu corpo era velado. O mesmo veículo que, em 1948, transportara o corpo de Mahatma Gandhi foi utilizado para realizar o cortejo fúnebre da Mãe dos Pobres.

Ao todo, Madre Teresa de Calcutá recebeu 124 reconhecimentos e prêmios de diversas nações. Em 19 de outubro de 2003, o papa João Paulo II a proclamou "Beata". Nesse dia, no ano dedicado ao Rosário, a Igreja também celebrou o 25º aniversário de pontificado do Santo Padre e a Jornada Missionária Mundial. O chamado dirigido por Jesus a Madre Teresa, em 1946 – "Venha, seja a minha Luz" –, ressoou novamente na Praça São Pedro e todos foram convidados a irradiar a luz de Cristo nas trevas da pobreza e da dor humana.

O milagre para a beatificação de Madre Teresa

Para que alguém seja nomeado beato na Igreja Católica, é necessário que um milagre seja comprovado. Como se não bastasse tudo o que a Madre havia feito... Diante de muitos relatos de bênçãos recebidas por Madre Teresa e enviados ao Vaticano, o milagre escolhido foi a cura milagrosa de Monika Besra, uma mulher indiana de 30 anos, casada e com filhos, que tinha um abscesso no abdômen.

Os médicos pensavam que a moça era muito fraca para enfrentar uma cirurgia. Enquanto isso, a situação piorava com o passar das horas. Algumas Missionárias da Caridade que a assistiam começaram a rezar e colocaram sobre a barriga dela uma "medalha milagrosa" que esteve em contato com o corpo de Madre Teresa antes de ela ser sepultada. À noite, a doente acordou e percebeu que o abscesso tinha desaparecido sem nenhuma intervenção cirúrgica. As visitas médicas seguintes verificaram que a mulher tinha voltado a ter uma saúde normal.

No Jubileu da Misericórdia, em 4 de setembro de 2016, o Papa Francisco proclamou a canonização de Madre Teresa de Calcutá, tornando-a santa. Esse importante evento ocorreu após a Igreja Católica ter aprovado, de forma unânime, o reconhecimento da cura extraordinária do brasileiro Marcílio Haddad Andrino, que estava em coma devido a abscessos no cérebro e hidrocefalia em 2008. Marcílio, embora tenha mantido um perfil discreto e evitado entrevistas, participou da cerimônia de canonização. Portanto, atualmente, podemos também referir-nos a Madre Teresa de Calcutá como Santa Teresa de Calcutá.

LINDO ENSINAMENTO DE MADRE TERESA

"Muitas vezes, as pessoas são egocêntricas, ilógicas e insensatas. Perdoe-as assim mesmo.

Se você é gentil, as pessoas podem acusá-lo de egoísta, interesseiro. Seja gentil assim mesmo.

Se você é um vencedor, terá alguns falsos amigos e alguns inimigos verdadeiros. Vença assim mesmo.

Se você é honesto e franco, as pessoas podem enganá-lo. Seja honesto assim mesmo.

O que você levou anos para construir, alguém pode destruir de uma hora para outra. Construa assim mesmo.

Se você tem paz e é feliz, as pessoas podem sentir inveja. Seja feliz assim mesmo.

Dê ao mundo o melhor de você, mas isso pode nunca ser o bastante. Dê o melhor de você assim mesmo.

Veja você que, no final das contas,
é entre você e Deus.

Nunca foi entre você e as outras pessoas!"

Maria

• RESIGNAÇÃO • SUBMISSÃO ESPIRITUAL •

O nome Maria significa "Senhora da Luz". Muitos são os mistérios que envolvem a mulher que concebeu o menino Jesus. Maria é a única mulher citada em dois livros sagrados: a Bíblia e o Alcorão. Dotada de uma personalidade tranquila, serena e muito corajosa, a Senhora da Luz é um dos maiores símbolos da energia feminina em nosso planeta. Nos últimos dois séculos de nossa era, as aparições de Nossa Senhora têm se tornado muito frequentes, numa tentativa de trazer paz, luz e compaixão aos corações humanos.

Maria nasceu em Jerusalém, ou Nazaré, no dia 8 de setembro do ano 15 a.C., sob o signo de Virgem, num sábado. Nessa data, a Igreja Católica festeja seu aniversário. Seu pai era São Joaquim, descendente de Davi, e sua mãe, Sant'Ana, descendente do sacerdote Aarão. Aos três anos, Maria foi apresentada no Templo de Jerusalém e ali permaneceu até os 12 anos no serviço do Senhor, quando então teria morrido seu pai. Durante esse retiro espiritual, ela preparou-se espiritualmente para conceber Jesus Cristo.

Com a morte do pai, Maria foi para Nazaré, onde São José morava.

Três anos depois, eles se casaram. Nas escrituras judaicas, consta que São Joaquim era irmão de São José, o que caracteriza um costume comum entre os judeus daquela época: um caso de endogamia, o matrimônio exclusivo entre os membros de um grupo específico de uma tribo ou um povo (casta, nobreza ou outra camada), exigido por lei.

O papel que Maria ocupa na Bíblia é mais discreto, se comparado ao da tradição católica. Os dados biográficos derivados dos Evangelhos dizem que era uma jovem donzela virgem quando concebeu Jesus – o Cristo. Era uma mulher verdadeiramente devota e corajosa, que jamais duvidou de seu leme interior. Seguiu estritamente as instruções do Arcanjo Gabriel e demonstrou uma fé inabalável. O Evangelho de João menciona que, antes de Jesus morrer na cruz, Maria foi confiada aos cuidados desse apóstolo. A Igreja Católica viu que nela estava representada toda a humanidade, filha da Nova Era.

Foi dezenove vezes citada no Novo Testamento, entre elas: "A virgem engravidará e dará à luz um filho. (...) mas José não teve relações com ela, enquanto ela não deu à luz um filho, e ele lhe pôs o nome de Jesus" (Mateus 1:23-25). Em outra passagem (Lucas 1:26-35), ela conversa com o Arcanjo Gabriel, que lhe diz: "Você ficará grávida e dará à luz um filho, e lhe porá o nome de Jesus. (...) será chamado Filho do Altíssimo". Ela então pergunta: "Como acontecerá isso, se não conheço homem?". E o Arcanjo lhe responde: "O Espírito Santo virá sobre você, e o poder do Altíssimo a cobrirá com a sua sombra. Assim, aquele que nascer será chamado santo, Filho de Deus".

A morte de Maria

Não há registros históricos do momento da morte de Maria. Diz uma tradição cristã que ela teria "adormecido". Por isso, a Igreja fala sobre a "Dormição da Virgem Maria" (expressão com a qual, particularmente, não simpatizo), no ano 42 d.C., e seu corpo teria sido depositado no Getsêmani.

Desde os primeiros séculos, usava-se a expressão "dormitação", do Latim *dormitare*, em vez de "morte". Alguns teólogos, e mesmo os santos da

Igreja Católica, por devoção, sustentam que Maria não teria morrido, mas "dormido" e, assim, sido levada aos céus. Outra corrente, diversamente, sustenta que ela não teria tido esse privilégio, uma vez que o próprio Jesus passou pela morte.

Na liturgia bizantina, a festa da dormição ocorre no dia 31 de agosto: é a Dormição da Santíssima Senhora Mãe de Deus – *Kóimesis*, em Grego, e *Uspénie*, em língua eslava eclesiástica, termos que se referem ao ato de dormir. A partir de 1º de agosto, na Igreja Oriental e Bizantina, de ortodoxos e greco-católicos, inicia-se a preparação para a celebração. O dia 15 de agosto foi estabelecido pelo imperador Maurício (582-602), do Império Romano do Oriente, mantendo, assim, uma antiga tradição. No Ocidente, foi introduzida pelo papa Sérgio I.

Entretanto, do ponto de vista oficial, o magistério da Igreja Católica nunca se pronunciou sobre esse assunto, o que coloca o tema na livre devoção dos fiéis. Reservou-se ao dogma apenas a Assunção em si. Contudo, sobre a dormição de Maria, o papa João Paulo II assim se manifestou: "O Novo Testamento não dá nenhuma informação sobre as circunstâncias da morte de Maria. Este silêncio induz supor que se produziu normalmente, sem nenhum fato digno de menção. Se não tivesse sido assim, como teria podido passar despercebida essa notícia a seus contemporâneos sem que chegasse, de alguma maneira, até nós?".

No que diz respeito ao motivo da morte de Maria, não parecem fundadas as opiniões que querem excluir as causas naturais. Mais importante é investigar a atitude espiritual da Virgem no momento de deixar este mundo. A esse propósito, São Francisco de Sales considera que a morte de Maria se produziu como efeito de um ímpeto de amor. Fala de uma morte "no amor, por causa do amor e por amor" e, por isso, chega a afirmar que a Mãe de Deus morreu de amor por seu filho Jesus (*Tratado do Amor de Deus*, Liv. 7, cc. XIII-XIV). Ainda assim, qualquer que tenha sido o fato orgânico ou biológico causador, do ponto de vista físico, de sua morte, pode-se dizer que o trânsito desta vida para a outra foi para Maria um amadurecimento da graça na glória.

DOGMAS

Segundo a Igreja Católica, Maria está associada aos seguintes dogmas de fé (os quais as Igrejas Ortodoxas, em sua maioria, também aceitam):

- **MATERNIDADE DIVINA** – Proclamado pelo Concílio de Éfeso, em 431, como sendo a "Mãe de Deus" – em Grego, *Theotokos*, e, em Latim, *Mater Dei*. O mesmo Concílio proclamou que se alguém não confessa que o Emmanuel é verdadeiramente Deus, e que por isso a Santíssima Virgem é Mãe de Deus, já que engendrou segundo a carne o Verbo de Deus encarnado, será anátema (expulso da Igreja). Segundo São Tomás de Aquino, a Santíssima Virgem, por ser Mãe de Deus, possui uma dignidade de certo modo infinita, derivada do bem infinito que é Deus.

- **VIRGINDADE PERPÉTUA** – Virgem antes, durante e depois do parto.

- **SANTIDADE ABSOLUTA** – Cheia de graça – *gratia plena* – por toda a sua existência.

- **IMACULADA CONCEIÇÃO** – Concebida sem a mancha do pecado original. O papa Pio IX, na Bula Ineffabilis Deus, fez a definição oficial do dogma da Imaculada Conceição, no dia 8 de dezembro de 1854.

- **ASSUNÇÃO AOS CÉUS** – Refere-se à elevação de Maria, em corpo e alma, ao céu. Esse dogma foi proclamado pelo papa Pio XII, em 1º de novembro de 1950, na *Encíclica Munificentissimus Deus*.

Títulos de Nossa Senhora

A profunda devoção dos católicos por todo o mundo encobriu Maria de títulos, que já totalizam mais de mil. Entre eles, Nossa Senhora de Nazaré, Nossa Senhora da Conceição Aparecida, Nossa Senhora da Conceição, Nossa Senhora do Rosário, Nossa Senhora de Guadalupe, Nossa Senhora de Lourdes, Nossa Senhora do Perpétuo Socorro, Nossa Senhora do Carmo e Nossa Senhora de Fátima.

Na Ladainha de Nossa Senhora, estão enumerados 50 títulos com que os católicos a homenageiam numa tradição milenar. O mais recente deles – *Regina Familiae*, Rainha das Famílias – foi mandado acrescentar pelo papa João Paulo II, que já havia antes adicionado ao Rosário o de *Regina Pacis*, Rainha da Paz.

• *Padroeira do Brasil* •

Nossa Senhora Aparecida, ou Nossa Senhora da Imaculada Conceição Aparecida, é considerada a Padroeira do Brasil. O seu santuário localiza-se em Aparecida do Norte, no estado de São Paulo, e a sua festa é comemorada, anualmente, no dia 12 de outubro.

No Brasil, na revolução de 1930, o culto à Nossa Senhora da Conceição Aparecida foi proclamado oficialmente na presença de autoridades eclesiásticas e do então presidente Getúlio Vargas, momento em que ela recebeu o título de “Rainha e Padroeira do Brasil”. Para incentivar a devoção à Virgem, na década de 1950, foi inaugurada a Rádio Aparecida. Em 1999, foi instituída a Campanha dos Devotos e, no dia 8 de setembro de 2005, inaugurou-se a TV Aparecida.

• *Padroeira de Portugal* •

Nas cortes de Lisboa, em 25 de março de 1646, declarou El-Rei D. João IV que tomava a Virgem Nossa Senhora da Conceição por padroeira do Reino de Portugal, prometendo, em seu nome e no de seus sucessores, o tributo anual de 50 cruzados de ouro. Ordenou ainda que os estudantes na Universidade de Coimbra, antes de tomarem algum grau, jurassem defender a Imaculada Conceição da Mãe de Deus.

D. João IV não foi o primeiro monarca português a colocar o reino sob a proteção da Virgem Maria. Ele apenas tornou permanente uma devoção à qual os reis portugueses recorriam em momentos críticos para o reino. D. João I, por exemplo, já tinha deixado nas portas da capital uma inscrição que louvava a Virgem e mandado construir o Convento da Batalha, na vila de Batalha. Seu companheiro, D. Nuno Álvares Pereira, foi o responsável por erguer o Convento do Carmo, em Lisboa.

Representação nas Artes

A devoção e o culto à Virgem Maria têm sido expressos nas artes, em especial na arte sacra e na arte religiosa, desde os tempos dos primeiros padres da Igreja até os dias modernos. Debruçaram-se sobre o tema os grandes mestres do Renascentismo e do Barroco. No Barroco mineiro, as obras de Aleijadinho – tanto os afrescos como as esculturas – contam também com notáveis representações da Virgem.

No Protestantismo

Para os protestantes, Maria é vista como uma mulher de alto mérito respeitoso, por ter tido uma vida exemplar, segundo os propósitos de Deus. Porém, mesmo cheia da Graça, era uma mulher comum, escolhida entre outras para dar à luz o Messias. Não se acredita que Maria seja a Mãe de Deus no sentido estrito do termo, pois a natureza divina de Cristo é anterior à existência de Maria. Pelo fato de ter sido criada por Deus, era uma mulher limitada às condições humanas, sem nada de diferente em sua essência.

Pelo ponto de vista dos protestantes, não cabe discutir se Maria teve ou não relacionamentos sexuais com seu esposo, José. Crê-se somente que ela não as teve antes do nascimento de Cristo, para que seja afirmável que Jesus é o Filho de Deus, não proveniente de homens ou mulheres quaisquer que sejam. O pensamento protestante não acredita que Maria tenha sido levada aos céus, como Cristo, e não crê que ela intermedeia o relacionamento do homem com Deus. Isso acontece porque, para os protestantes, apenas o que a Bíblia declara é norma de fé e doutrina, e não existe ali qualquer referência a uma possível mediação de Maria entre Deus e os homens. Nas igrejas protestantes, Maria é vista como exemplo de fé e vida cristã.

MARIAS MODERNAS

Quando pensamos em Maria, normalmente temos a ideia de uma mulher tranquila, compassiva, resignada e fiel aos princípios divinos. Alguém de aparência frágil, mas com uma força interior capaz de mover o Universo, a qual se manifesta pelo poder fundamental da mulher: a maternidade.

Maria foi preparada, desde criança, para conceber o Mestre que marcaria profundamente a história por meio dos seus ensinamentos. No templo de Jerusalém, ela estudou e se aprimorou espiritualmente para a chegada do Espírito Santo em seu ventre. Capacitou-se para ser mãe, para conceber o avatar.

Imaginemos a sabedoria desta mulher ao educar e preparar o Menino Jesus. Mesmo com suas aptidões divinas e naturais, na sua infância, ele precisou receber as instruções e repreensões de forma muito clara e sem erros, para tornar-se quem foi: um grande rei.

Todas as mulheres nascem com a divindade de Maria. Porém o medo, a falta de autoestima e os fatores cármicos, somados à maneira como são educadas, escondem a divindade existente em cada uma delas. Ao longo dos séculos, elas foram perdendo a referência do que é ser uma mulher de verdade e esqueceram o papel da energia yin: alimentar a fé, a compaixão e as virtudes existentes no planeta Terra.

Convenceram as mulheres de que a intuição não existe, porque não pode ser comprovada cientificamente. Então como Maria acreditou na Anunciação do Arcanjo Gabriel? Como ela sabia que não se tratava de alucinação? Porque tinha fé. Desde criança, Maria sentia-se especial, com uma grande missão em sua vida. Com sua autoestima elevada, a Santa Mãe acreditava no seu potencial, que era trazer ao mundo o Filho de Deus.

E você, que lê agora estas palavras e também é mulher, sente-se assim?

Maria vigiava constantemente o seu coração para manter a pureza da sua alma.

Como está seu coração? A sua mente? Quais os sentimentos que os habitam?

Imagine quantas anunciações os anjos já deram de presente às mulheres que, por estarem imersas em sentimentos densos, como raiva, angústia, medo e tristeza, não conseguiram percebê-las.

Será que pela intuição conseguiremos abandonar o lar, como fizeram Maria e José partindo para o Egito, ou estamos muito apegados para fazer as mudanças necessárias?

Será que uma manjedoura basta ou serão necessários castelos para satisfazer as nossas necessidades arrogantes?

Será que um manto é o suficiente ou precisaremos de roupas da moda para sermos felizes?

Compreenderíamos o processo de crucificação do nosso filho como um degrau necessário em nossa evolução? Ou acreditaríamos que uma grande desgraça caiu sobre nossos ombros e ficaríamos nos lamentando?

Quantas vezes as pessoas se vitimizam diante de coisas bem menores do que um processo de crucificação...

Pense nas reclamações diárias, nas futilidades, nos venenos produzidos, todos os dias, pela sua mente que, aos poucos, mina (e até destrói) a "Maria" existente dentro de você.

É importante pensar e vigiar-se para agir e mudar, transformando esses venenos em antídotos, como o amor, a fé, a compaixão, a criatividade, o riso, a felicidade e a alegria do sorriso feminino, que é capaz de sanar os males da humanidade.

Reflita e (re)encontre a Sabedoria de Maria que nasceu com você.

MARIA MADALENA

• TESOURO ÍNTIMO •

Maria Madalena (ou Miryan de Magdala) é descrita no Novo Testamento como uma das discípulas mais devotas de Jesus Cristo, considerada santa pelas Igrejas Católica, Ortodoxa e Anglicana e celebrada no dia 22 de julho. O nome de Maria Madalena a descreve como natural de Magdala, cidade localizada na costa ocidental do mar da Galileia. De acordo com o Novo Testamento, Jesus Cristo expulsou sete demônios de Maria Madalena, argumento suficiente para que ela acreditasse que ele realmente era o Messias (Lucas 8:2; 11:26; Marcos 16:9).

Madalena esteve presente na crucificação e no funeral de Cristo, juntamente com Maria, mãe de Jesus, e outras mulheres (Mateus 27:56; Marcos 15:40; Lucas 23:49; João 19.25; Mateus 27:61; Marcos 15:47; Lucas 23:55). No sábado após a crucificação, saiu do Calvário rumo a Jerusalém com outros crentes para poder comprar certos perfumes a fim de preparar o corpo de Cristo da forma como era o costume funerário. Permaneceu na cidade durante todo o sábado e, no dia seguinte, muito cedo de manhã, quando ainda estava escuro, foi ao sepulcro, achou-o vazio e recebeu, de um anjo, a notícia de que Cristo havia ressuscitado e que ela devia informar tal fato aos apóstolos (Mateus 28:1-10; Marcos 16:1-5,10,11; Lucas 24:1-10; João 20:1-2; compare com João 20:11-18). Entretanto, nada mais se sabe sobre ela a partir da leitura dos Evangelhos canônicos (os únicos aceitos no cristianismo).

Em Lucas 8:2, ela foi mencionada, pela primeira vez, como "Maria, chamada Madalena, da qual saíram sete demônios". Não há qualquer fundamento para considerá-la a "prostituta arrependida" de seus pecados e que pediu perdão a Cristo. Esse episódio é frequentemente identificado no relato de Lucas (7:36-50), ainda que não esteja referido o nome da mulher em causa.

Alguns escritores contemporâneos, principalmente Henry Lincoln, Michael Baigent e Richard Leigh, autores do livro *O Sangue de Cristo e o Santo Graal* (1982), e Dan Brown, no romance *O Código Da Vinci* (2003), narram Maria Madalena como uma apóstola, mulher de Cristo, que inclusive teve filhos com ele. Nessas narrações, tais fatos teriam sido escondidos por revisionistas cristãos, que alteraram, assim, os Evangelhos.

Esses escritores basearam suas afirmações nos Evangelhos canônicos e nos livros apócrifos (escrituras sagradas de autoria desconhecida) do Novo Testamento, além dos escritos gnósticos (textos com revelações consideradas heresias pela Igreja). Segundo os evangelhos aceitos pela Igreja Católica, Jesus Cristo, o suposto filho de Deus, não veio à Terra para se casar com uma humana e muito menos ter filhos. Portanto, para os preceitos dessa Igreja, Maria Madalena não foi – e nem poderia ter sido – a esposa de Jesus Cristo.

Tornou-se muito célebre com a divulgação do livro de Dan Brown, *O Código Da Vinci*, o argumento de que, na tela *A Última Ceia*, de Leonardo da Vinci, o personagem que está à direita de Jesus, com traços femininos, seria Maria Madalena e não o apóstolo João, como outros defendem. O fato de Jesus não envergar nenhum cálice – o Graal – poderia levar a interpretações como a de que Maria Madalena seria, de fato, o "cálice sagrado" onde repousa o "sangue de Cristo", ou seja, que ela estaria grávida de Jesus Cristo.

Alguns teólogos consideram inaceitável a história narrada no romance de Dan Brown. Eles argumentam que Leonardo da Vinci se inspirou no Evangelho de João (21:20), em que se fala do discípulo amado – que seria o próprio apóstolo João –, e não propriamente nas passagens referentes à instituição da Última Ceia.

O Evangelho de Maria Madalena, um texto gnóstico, traz uma nova interpretação sobre a identidade de Miryam de Magdala. Segundo esse evangelho, ela teria sido uma discípula de suma importância à qual Jesus teria confidenciado informações que não passou aos outros, sendo, por isso, questionada por São Pedro e Santo André. Ela surge ali como confidente de Jesus, alguém, portanto, mais próximo a ele do que os demais.

A corajosa Maria Madalena

O Evangelho de Maria Madalena fala da liberdade de um ser espiritualizado: o poder de atravessar mundos e conhecer outras dimensões. Imagine alguém falando aos apóstolos sobre projeção astral (saídas do corpo, viagens astrais) há mais de 2 mil anos, se ainda hoje muitos acham que isso é algo impossível de acontecer.

Os apóstolos rejeitaram as ideias de Maria Madalena por acreditarem que Jesus não lhe revelaria segredos que não teria dito a eles, simplesmente pelo fato de ela ser uma mulher. Eles questionavam-se o tempo inteiro sobre o porquê de Jesus ter confiado a ela os segredos ocultos que transcendem a matéria.

Maria Madalena conseguiu comprovar que, em uma única vida, podemos evoluir muito, desde que estejamos dispostos e dedicados. Sua inteligência e sabedoria eram tão enigmáticas que Jesus dividia com ela suas aspirações mais íntimas.

Existem teorias que trazem a ideia de que, um tempo após a crucificação de Jesus, Maria Madalena havia saído de Jerusalém em um barco no mar da Galileia rumo a Gália (hoje França), carregando em seu ventre um bebê, filho de Jesus. Essa teoria parte da investigação de diversos historiadores que acreditam que o Santo Graal (cuja tradução é "Sangue Real") seria o útero de Maria Madalena, o qual guardava o herdeiro de Jesus. Essas pesquisas sugerem que Jesus era carente da companhia de pessoas sábias e esclarecidas que pudessem compartilhar de todas as verdades do Universo, até pelo nível de consciência da época. Portanto torna-se provável que houvesse um escolhido – nesse caso, Maria Madalena – para que as verdades espirituais fossem transmitidas ao longo dos séculos, conservando no Santo Graal de Maria o DNA de Cristo e mantendo-o de geração a geração, até os dias atuais aqui na Terra.

Hoje os moradores da costa francesa não têm a menor dúvida de que ela chegou naquele lugar no século I. Inclusive há comprovações históricas no interior de Provença, em Saint Bon, onde frades dominicanos guardam a tumba de Maria Madalena. A Igreja Católica não concorda com a ideia da gravidez, mas defende a sua ida até Marselha, uma cidade próspera para a época, importante porto por onde circulavam as riquezas da França. Maria Madalena teria seguido para lá a fim de ensinar o Evangelho aos habitantes, que estariam perdidos em vícios e ausência de espiritualidade.

Algumas pessoas a protegeram nessa viagem. Também se acredita que daí surgiram os primeiros templários (nessa época, chamados Ordem do Priorado de Sião), os cavaleiros que, após muito tempo, começariam a proteger os peregrinos em suas viagens à Terra Santa com a cobrança de taxas para a manutenção da Ordem dos Cavaleiros do Templo de Salomão, em Jerusalém – Os Templários. Era uma Ordem próspera que perdurou durante muitos séculos, em defesa de todos aqueles que contratavam sua proteção. Os cavaleiros eram extremamente religiosos e faziam votos específicos ao entrarem para a Ordem, como, por exemplo, a doação de todos os seus bens materiais, que ficavam sob domínio da Sociedade Templária. Isso os tornava muito ricos e fortes, visto que, numa época obscura de guerra, ignorância e disputa pelo poder, nada mais havia a se fazer além de associar-se a grupos e sociedades com interesses afins.

Quando Maria Madalena chegou ao sul da França, acredita-se que tenha sido recebida por um povo descendente dos celtas e druidas, que a manteve em segurança nas cavernas da região. Alguns escolhidos por ela para aprender seus ensinamentos seriam integrantes das antigas sociedades de gnosticismo. A gnose tem como ideia central os ensinamentos ocultos e esotéricos de Jesus e Maria Madalena, os quais deveriam ser mantidos em segredo até que a humanidade estivesse pronta para recebê-los. Tanto é que o Evangelho de Miryan de Magdala, ou Maria Madalena, teria sido guardado até o século passado, quando foi descoberto no Mar Morto.

Um dos pilares do gnosticismo revela que o nosso Universo foi criado por forças maléficas e que o mundo onde habitamos é um lugar involuído; ainda, que só podemos nos libertar quando estamos em conexão com o Deus verdadeiro. A gnose defende a ideia de que o fato de estarmos presos a um corpo físico já é uma comprovação do mal: a falta de liberdade de irmos aonde quisermos, ou seja, a qualquer lugar do Universo. Uma das ideias mais semelhantes entre a gnose e o Evangelho de Maria Madalena é a de que os homens estão divididos em três tipos: os materiais/emocionais, os psíquicos e os espirituais. Somente estes últimos estariam prontos para conhecer a verdade, já que para se tornarem espirituais teriam que transcender a matéria, a emoção, a psique e o espírito.

Os gnósticos acreditavam que, ao conhecer o verdadeiro Deus, qualquer prática ritualística torna-se desnecessária. Essa aspiração trouxe uma ameaça para a Igreja Católica, o que pode ter resultado em perseguições e ameaças aos gnósticos durante muito tempo, a ponto de, ao longo dos séculos, as comunidades terem desaparecido ou se ocultado no mistério das sociedades secretas. Sabe-se que atualmente os mandeus, comunidade que vive ao sul do Iraque, perpetua a herança de Maria Madalena com a maior discrição.

O Evangelho de Maria Madalena é de uma delicadeza incrível e fala basicamente sobre liberdade espiritual, universalismo, projeciologia, princípios herméticos e conscienciologia. O maior legado dela foi exercer livremente seu papel, num mundo tão dominado pela brutalidade daquela época, no qual as mulheres jamais poderiam exercer um papel de sacerdotisa ou mencionarem sua sabedoria intelectual. O papel da mulher era simplesmente curvar-se e aceitar as imposições da sociedade da época. De forma sábia e discreta, Maria Madalena foi fundamental na construção da liberdade feminina dos dias de hoje.

Trechos do Evangelho de Maria Madalena

– "O apego à matéria gera uma paixão contra a natureza. É então que nasce a perturbação em todo o corpo; é por isso que eu vos digo: estejais em harmonia... Se sois desregrados, inspirai-vos em representações de vossa verdadeira natureza. Que aquele que tem ouvidos para ouvir, ouça."

– "Após ter dito aquilo, o Bem-aventurado saudou-os a todos, dizendo: Paz a vós – que minha Paz seja gerada e se complete em vós! Velai para que ninguém vos engane dizendo: Ei-lo aqui. Ei-lo lá. Porque é em vosso interior que está o Filho do Homem; ide a Ele: aqueles que o procuram o encontram. Em marcha! Anunciai o Evangelho do Reino."

– "Pedro disse: 'O Salvador realmente falou com uma mulher sem nosso conhecimento? Devemos nos voltar e escutar essa mulher? Ele a preferiu a nós?'. E Levi respondeu: 'Pedro, você sempre foi precipitado. Agora te vejo lutando contra a mulher como a um adversário. Se o Salvador a tornou digna, quem és tu para rejeitá-la? Certamente o Salvador a conhece muito bem. Foi por isso que a amou mais que ama a nós."

LAKSHMI

• *FORTUNA* • *BELEZA* • *SORTE* •

Dentro das tradições hindus, Lakshmi é considerada a deusa do amor, da beleza, da sorte, da prosperidade e do sucesso. É a esposa do deus Vishnu e, por isso, é eterna e onipresente, ligada à preservação universal. Na Índia, as manifestações da energia feminina são muito importantes, pois delas provém a energia que alimenta as criações dos deuses Brahma, Vishnu e Shiva.

A lenda sobre a origem de Lakshmi diz que, numa era difícil, os deuses e devas (espíritos sagrados da natureza) que habitavam o mundo estavam com seus poderes comprometidos, devido aos feitiços dos demônios. Então um dos deuses foi conversar com Vishnu para encontrar uma solução. Ele os aconselhou a buscar o *amrita*, um elixir que recuperaria sua força, poderes e juventude. Para consegui-lo, os devas teriam que agitar o oceano e, para isso, precisariam contar com a ajuda da serpente Vasuki, que seria utilizada como cabo, e da montanha Mandara, usada como eixo rotativo. Diante da grandeza dos elementos envolvidos, essa seria uma tarefa muito difícil a ser cumprida. Então Vishnu assumiu a forma do avatar Kurma – A Tartaruga Cósmica, que apoiou em suas costas a montanha, conseguindo agitar o oceano e produzir o *amrita*. Da agitação do mar, surgiram catorze presentes para a humanidade:

1. **Surabhi** – A vaca divina
2. **Varuni** – A deusa do vinho
3. **Parijaat** – A árvore celestial
4. **Rambha** – A dançarina celestial
5. **Chandra** – A meia-lua que Shiva pegou para enfeitar sua cabeça
6. **Vish** – O veneno consumido por Shiva
7. **Kastubha** – A pedra preciosa reivindicada por Vishnu
8. **Airawat** – O elefante com asas
9. **Uchchaisravas** – O cavalo branco
10. **Panchjanya** – A concha de Vishnu
11. **Saranga** – O arco de Vishnu
12. **Kaumodaki** – A clava (*gada*) de Vishnu
13. **Dhanvantri** – O deus médico, que segurava um jarro de medicamentos e *amrita* – o elixir
14. **Lakshmi** – A deusa da fortuna, da beleza e da sorte, esposa de Vishnu

Nesse momento, Vishnu a carregou do oceano até o céu e, cada vez que ele desce à Terra como um avatar, é acompanhado por um avatar de Lakshmi.

As representações de Lakshmi

Lakshmi é frequentemente representada como uma jovem morena de cabelos compridos, vestindo um sari vermelho com dourado e usando colares, braceletes e pingentes de pedras preciosas. Em sua cabeça, há uma coroa (mitra) que representa o Monte Meru – a Morada dos Deuses –, circundada por um aro de luz que simboliza a luz solar.

Na maioria das representações, a deusa aparece com quatro braços: os dois posteriores carregam flores de lótus (conhecimento desenvolvido) e os anteriores mostram suas mãos doadoras de pepitas de ouro, símbolos da fortuna que entrega aos homens. As quatro mãos significam as finalidades da vida humana: *dharma* (atos de justiça e dever), *karma* (experiências materiais), *artha* (riqueza) e *moksha* (libertação espiritual final). As mãos da frente simbolizam a atividade do mundo físico; as de trás, as atividades espirituais que conduzem à perfeição.

O assento de lótus, sobre o qual a deusa geralmente está posicionada, sugere que devemos apreciar a riqueza, mas não a ponto de nos tornarmos obsessivos por ela. Nossa vida deve ser semelhante à flor de lótus, que, quando mostrada em vários estágios de florescimento, representa os mundos e os seres nas diversas etapas de evolução. A flor de lótus sustentada pela mão direita posterior nos dá a ideia de que devemos executar todos os nossos deveres de acordo com o *dharma*, ou seja, as ações tomadas para o benefício de todos os seres. Isso nos conduzirá ao *moksha*, a libertação espiritual final, simbolizado por um lótus na mão esquerda posterior.

As moedas de ouro que caem na terra da mão anterior de Lakshmi ilustram o seu poder de doar riqueza e prosperidade para os seus devotos. A companhia dos dois elefantes simboliza o nome e a fama, associados à riqueza temporal. A ideia é de que o devoto que obtiver a graça da riqueza não a alcance tão somente para adquirir nome e fama ou para satisfazer seu próprio desejo material, mas sim para compartilhar com o outro, a fim de também propiciar-lhe felicidade.

As trombas dos elefantes que sustentam guirlandas das quais jorram água representam as águas do sagrado rio Ganges, ou também o *amrita*, obtido pelo "batimento ou agitamento" do oceano de leite do qual Lakshmi surgiu esplendorosa, com uma beleza sem par.

O Festival de Luzes de Lakshmi

O Festival de Luzes de Lakshmi (ou Diwalli) é comemorado em 25 de outubro e tem duração de uma semana. Na noite de abertura desse festival, as esposas hindus dançam para seus maridos. Lanternas de óleo são acesas por toda parte e pratos típicos são servidos. Esse é o Natal hindu, um período de boa sorte e prosperidade. Um dos costumes associados ao Diwalli é o jogo, especialmente ao norte da Índia. Comenta-se que, nesse dia, a deusa Parvati jogou os dados com o seu marido Shiva, declarando que quem jogasse na noite de Diwalli prosperaria durante todo o ano seguinte. Até os dias de hoje, os hindus conservam a tradição do jogo de cartas.

A comemoração é de grande importância para a comunidade dos negócios. As casas e os locais de trabalho se renovam e são decorados. As entradas ficam enfeitadas com lindos desenhos para receber a deusa da riqueza e da prosperidade. Para indicar sua tão esperada chegada, se desenham por toda a casa pequenas pegadas com farinha de arroz. As lamparinas e velas devem ser mantidas acesas por toda a noite. Já as mulheres compram algo de ouro ou de prata, ou algum utensílio novo para ser usado nessa noite. Ao entardecer, quando se acendem as velas e lâmpadas de azeite, Lakshmi é venerada com canções de devoção e oferendas de doces tradicionais.

Lakshmi representa a prosperidade mundana. É a abundância e riqueza, em particular nos aspectos domésticos. Ela é a deusa da fartura no lar, muito popular entre empresários e comerciantes, os quais a adoram todos os dias antes de abrirem seus negócios. Em Nova Delhi, há o famoso templo de Lakshmi-Narayan, construído por um milionário hindu em agradecimento à riqueza que já conseguiu.

Mas, segundo os grandes sábios, se não existir pureza interior, não poderemos desfrutar do dom de Lakshmi: o tesouro espiritual da iluminação. Por isso, são usadas muitas lanternas em suas festas, pois só a luz divina dissipa a obscuridade da ignorância e só a luz ilumina o caminho até a autorrealização, a maior fortuna que podemos aspirar: a paz interior ou shanti.

ÍSIS

• UNIÃO DOS OPOSTOS •

Assim como no cristianismo existem os três princípios divinos reverenciados como Pai, Filho e Espírito Santo, no Egito Antigo a divindade sustentava-se em três pilares: a deusa Ísis, o seu marido Osíris e o filho Hórus. As antigas lendas egípcias referenciam Ísis como uma rainha poderosa, filha do deus da Terra, Geb, e da deusa do Céu, Nut. Como filha do Céu e da Terra, Ísis tem a atribuição de unir os dois mundos como intermediária, tornando-se a Deusa-Mãe do Egito, representante, também, do amor, do poder e da magia.

Conta a lenda que Ísis governou sabiamente o Alto e o Baixo Egito ao lado de Osíris e introduziu o trabalho, diversas atividades festivas e rituais no reino, como o conceito do casamento, por exemplo. Enquanto Ísis permanecia no Egito, Osíris viajava pelo mundo difundindo os costumes da civilização egípcia.

Certa vez, o irmão de Osíris, Set, organizou um banquete para o qual todos foram convidados. Porém o jantar era uma cilada, uma vez que Set tinha a intenção de assassinar o rei Osíris e tomar o seu lugar. Na festa, Set fez a seguinte brincadeira: ele havia encomendado um lindo sarcófago, incrustado de pedras preciosas, e prometeu dar de presente a quem coubesse nele. Osíris foi experimentar e, nesse momento, Set e seus comparsas pregaram a tampa do caixão, tornando Osíris escravo da morte.

Quando Ísis percebeu o ocorrido, pôs-se a chorar e de suas lágrimas surgiu o rio Nilo, que em sua forte correnteza levou embora o sarcófago de Osíris até o mar. Após o incidente, inconsolável, Ísis decidiu peregrinar pelo mundo até encontrar a urna com o corpo de seu amado, que havia se perdido no oceano.

Segundo a lenda, o sarcófago chegou a uma praia na costa do Líbano e entrelaçou-se a uma árvore, que cresceu exuberante, com grande beleza. Tanto é que o rei pediu que a árvore fosse cortada e levada até o palácio para ser utilizada como pilar. Enquanto isso, Ísis continuava a procurar o cadáver de seu marido e, ao ouvir as histórias sobre a árvore, decidiu ir em busca da verdade.

Ao chegar a seu destino, sua beleza causou tanto impacto nas pessoas da região que logo Ísis foi levada até o rei e a rainha para que a conhecessem. Os monarcas ficaram tão enfeitiçados com a sua bela aparência que a convidaram para morar no palácio e tomar conta do pequeno príncipe, um bebê recém-nascido. Muito apegada à criança, Ísis decidiu conceder a ela a imortalidade, por meio de um ritual de invocação do fogo. Durante o ritual, ela assumiu a forma de uma andorinha, a qual cantava suas lamentações. Encantada pela melodia, a rainha foi até os aposentos do bebê, onde se deparou com o ritual hediondo, o que a fez expulsar Ísis do palácio. Porém, antes de partir, a deusa levou consigo o sarcófago com os restos mortais do marido e retornou ao Egito, escondendo a urna no delta do rio Nilo.

O irmão de Osíris descobriu onde a urna se encontrava e, mais uma vez, apoderou-se dela; depois partiu o corpo do rei em catorze pedaços e jogou-os no rio Nilo novamente. Desesperada, Ísis, com a ajuda de sua irmã Néftis, conseguiu recuperar todas as partes do corpo de Osíris para, então, concretizar seu sonho: trazê-lo de volta do mundo dos mortos. Então Ísis e Néftis organizaram uma vigília fúnebre, na qual suspirou ao cadáver do marido: "Sou eu, sua amada. Não te afastes de mim, clamo por ti! Não ouves a minha voz! Venho ao teu encontro e de ti nada me separará!".

Durante muitas horas, Ísis e Néftis – com os corpos purificados, inteiramente depilados, com perucas perfumadas e boca purificada por natrão (carbono de soda) – pronunciaram encantamentos numa câmara funerária impregnada por incenso. Ísis invocou todas as divindades egípcias para que a alma de seu amado conseguisse retornar do além. Todos os seus esforços foram em vão. Até que a rainha assumiu a forma de um falcão, cujo esvoaçar restituiu a vida de Osíris, ressuscitando-o.

Em seguida, Ísis uniu-se a Osíris e manteve-o vivo graças à magia por tempo suficiente para que conseguisse engravidar. Alguns pesquisadores afirmam que, nesse momento, nasceu a dança do ventre, o encantamento mágico que Ísis teria utilizado para ressuscitar e seduzir Osíris. Depois ela ajudou a embalsamá-lo e prepará-lo para a vida após a morte, e daí surgiram os rituais egípcios de enterro.

Ísis, portanto, encontrava-se grávida e concebeu Hórus, filho da vida e da morte, a quem protegeria até que ele se encontrasse capaz de enfrentar o seu tio Set, para restituir o trono que era seu por direito. Quando Hórus nasceu, ela o manteve em segredo até a idade adulta para que pudesse buscar vingança em uma longa batalha que seria o fim de Set.

A magia de Ísis evoluiu ainda mais quando Rá lhe concedeu um pouco de seu poder. A deusa também é frequentemente representada como uma mulher com asas de falcão, amamentando seu filho Hórus. Quando retratada em forma de serpente, se ergue na frente do rei para destruir os inimigos da Luz. Ainda, existe a simbologia de Ísis sob a forma da estrela Sótis, que anuncia e desencadeia as cheias do Nilo.

O que podemos aprender com a história de Ísis

Como em todas as lendas, existe um sentido metafórico que pode ser trazido e comparado com o nosso comportamento. O quanto sofremos pela dor da perda quando somos apegados a alguém? O quanto acreditamos que as pessoas nos pertencem? Por mais que o nosso amor pelos entes queridos seja grande, existem algumas imposições da natureza e limites da matéria que precisam ser respeitados. Nessa lenda, temos como exemplo a morte, que é uma lei da vida – o encerramento de um ciclo natural para que outro ciclo recomece, e não importa se foi uma morte acidental, injusta (quem somos nós para julgar se foi ou não injusta?) ou por doença.

Quantos de nós já fizemos um papel semelhante ao de Ísis, nos torturando em cemitérios, em Dias de Finados, rezando, sofrendo, chorando e nos lamentando por algo que não pode ser mudado? Toda essa ritualística de pensamentos nocivos é como veneno para o nosso sistema imunológico, pois, além de causar perturbação ao espírito da pessoa que já partiu deste mundo e densificar o psiquismo do planeta, gera uma camada densa de emoções obscuras, o que atrapalha a evolução espiritual de todos os seres humanos e do planeta Terra.

É evidente que a morte causa dor e sofrimento e não ficamos felizes quando alguém se vai. Mas isso ocorre mais por uma questão cultural do que pela morte em si. Naturalmente acreditamos que exista algo após, seja outra vida ou outra dimensão livre de forma. Porém a nossa cultura individualista e baseada no apego, na dor, no medo e no sofrimento faz com que sintamos falta do ente querido, pois gostaríamos de tê-lo por perto para desfrutar de sua companhia, ou seja, para o nosso prazer pessoal. Esse comportamento é tremendamente egoísta porque estamos focados somente em nós. Muitas vezes, nem pensamos se o ser que partiu estava com consciência elevada para que fosse acolhido nos planos superiores. Ou nem nos atentamos em fazer uma oração para que o seu espírito se liberte do corpo físico. Ao contrário, ficamos por horas, meses e anos pensando na falta que esse ser nos faz.

Já se adianta a hora de começar essa mudança. Meditemos sobre esses aspectos, para que possamos iluminar nossas mentes e nossos corações e então a verdadeira Ísis surgirá dentro de nós, com a manifestação da magia do amor divino, que transcende a matéria e ilumina o espírito.

PARTE 4

MESTRES DE OUTROS MUNDOS E ARCANJOS

HÁ MAIS COISAS ENTRE O céu e a terra do que pode imaginar nossa vã filosofia", disse o poeta e dramaturgo William Shakespeare, em sua passagem pelo planeta entre o final do século XVI e início do XVII. De lá para cá, muitas dessas "coisas" permanecem sob o véu de Maya – o véu da ilusão –, e, para a maioria das pessoas, não há comprovações da existência de anjos, muito menos de extraterrestres. Mas algumas pessoas têm olhos para ver muito além do que se imagina.

Eu sou uma delas, ao ter tido a oportunidade de me encontrar com seres de outros planetas durante uma regressão terapêutica em que me vi numa nave, conversando com um irmão arcturiano. Também existem diversos médiuns pelo planeta que já canalizaram mensagens desses verdadeiros mestres de orbes mais avançados, os quais têm como missão ajudar a Terra em seu processo evolutivo.

Vale lembrar que o próprio mestre Jesus nos deixou a seguinte mensagem: "Na casa de meu Pai, há muitas moradas" (João, 14:2). Há interpretações diversas para essa frase, mas a que faz mais sentido para mim é de que essas "muitas moradas" seriam os outros planetas habitados pelo Universo.

Anjos também fazem parte desse mundo que nossos olhos não veem, mas nossos corações enxergam. Para muita gente, não passam de alegorias religiosas ou seres retratados em obras de arte renascentistas. Mas eles existem, sim, e contam com uma hierarquia mais engenhosa do que muitos podem imaginar, divididos em esferas e categorias. Serafins, querubins e arcanjos, por exemplo, são seres etéricos que ajudam os seres humanos em suas mais diversas necessidades. São, portanto, mestres em nossas vidas, que nos guiam e orientam.

Como se vê, não estamos sós. Além dos irmãos de outros planetas e da hierarquia angélica, contamos com outros protetores, como o comandante Ashtar Sheran – que de sua nave faz de tudo para ajudar e expandir a consciência dos terráqueos – e mais dois seres evoluidíssimos que assumem a função de Cristo Planetário e Logos Planetário.

Mas o que eles fazem exatamente? Nesta parte, você vai entender melhor tudo isso. Leia os capítulos a seguir para começar a retirar o seu véu e enxergar o quanto somos privilegiados por termos tantos mestres nos amparando.

Arcturus

• *ELEVAÇÃO DO PADRÃO VIBRACIONAL* •

Arcturus é a estrela maior da constelação de Boöttes, que fica a aproximadamente 36 anos-luz do planeta Terra. Nessa estrela de quinta dimensão, vivem os arcturianos, seres extremamente evoluídos que desenvolvem suas missões na vibração do amor universal.

Alguns colegas e eu ouvimos falar nos seres arcturianos alguns anos atrás, em um seminário com o querido mestre Nelson Theston, que hoje já é falecido e por quem sempre tive muito respeito e admiração. Imediatamente tive afinidade com o nome "Arcturus" e, mesmo com poucas informações a respeito da civilização arcturiana, já na meditação senti uma enorme ligação com a energia verde dos processos de cura por eles realizados.

Fiquei intrigada e me pus a pesquisar sobre esses seres maravilhosos que de tão longe nos abençoam com a sua luz divina. O melhor material que encontrei foi o livro *Mistérios Ocultos – ETs, Antigas Escolas de Mistério e Ascensão*, do Dr. Joshua David Stone, o qual inclusive recomendo a todos aqueles que gostam de uma boa leitura, sempre com temas novos, encantadores e incrivelmente bem embasados!

A seguir, algumas informações sobre os irmãos arcturianos:

- Eles consideram o amor o elemento fundamental para a sobrevivência, seja na Terra, em Arcturus ou em qualquer lugar do Universo.
- Trabalham em comunhão com os Mestres Ascensionados, a quem eles chamam de "Fraternidade de Todos".
- Esses seres abençoados viajam em suas naves estelares, as mais avançadas do Universo, e auxiliam na proteção energética do planeta Terra.
- Os arcturianos são esbeltos, de pequena estatura física e muito parecidos entre si, o que os deixa muito felizes, porque assim não existem competições quanto à beleza.
- São seres amáveis e bem-humorados, de pele azul-esverdeada, olhos grandes e amendoados, e possuem três dedos.
- Têm uma incrível capacidade telepática, capazes de mover objetos com a mente.
- Vivem, em média, de 350 a 400 anos terrestres.
- As doenças inexistem no planeta Arcturus, pois foram eliminadas há muitos séculos.
- As profissões são determinadas pela frequência vibratória de cada um.
- Os arcturianos recebem permissão para gerar seus filhos de acordo com a cor de sua aura. A reprodução se dá de forma energética, sem um ato físico, e somente se o pai e a mãe estiverem em absoluta condição elevada. Dessa maneira, o clone se faz.
- Em Arcturus, é uma grande honra ser escolhido para procriar. É sinônimo de alma elevada.
- Os arcturianos desenvolvem muito bem a consciência de grupo porque compreendem que a queda energética de um afetará todos os demais. Cada um é guardião do seu irmão e está sempre pronto para ajudá-lo, e cada um cresce no ritmo que lhe é confortável.

- ✦ Em Arcturus, não existem lagos, rios ou mares. Isso faz com que nossos irmãos arcturianos fiquem encantados com a nossa água, principalmente com a utilização que damos a ela para diversão e recreação. Lá também existe uma espécie de "luz líquida", a forma básica de energia deles.
- ✦ Os arcturianos se alimentam de energia. Dormem uma vez por semana, somente para que suas almas viajem e se conectem a reinos mais elevados da consciência.
- ✦ As bases arcturianas na Terra se encontram, muitas vezes, dentro de montanhas. Nossos irmãos arcturianos podem se materializar de forma física e etérica. A matéria física não apresenta obstáculos a eles.
- ✦ Muitas almas são levadas até suas naves à noite, onde são trabalhadas e ajudadas, embora os arcturianos não invadam o livre-arbítrio de qualquer pessoa.
- ✦ Os arcturianos se comunicam conosco por meio de telepatia, sonhos e projeções astrais.
- ✦ Orações e pedidos podem ser feitos aos arcturianos para que suas bênçãos venham acelerar nosso processo evolutivo aqui na Terra.

Experiência pessoal com o Senhor de Arcturus

Depois de várias pesquisas em livros e sites, os arcturianos passaram a fazer parte da minha vida. Nas orações, comecei a invocar a Divina Presença do Senhor de Arcturus e dos seres arcturianos, principalmente durante as terapias em consultório. Ainda intrigados, tanto eu quanto meus colegas começamos a pedir o auxílio desses seres de luz durante os tratamentos de Reiki, terapias de regressão e processos curativos, e, num momento crítico de nossas vidas, recebemos muita ajuda desses amigos repletos de amor!

Um tempo passou e um colega, também terapeuta, mencionou que gostaria de fazer uma terapia de regressão pois estava se sentindo estranho e acreditava que isso pudesse ser influência de uma sintonia de vidas passadas. Eu gostava muito de atendê-lo porque, após as consultas, sempre recebemos muitos "presentes" e informações dos Mestres. Nessas ocasiões inclusive surgem inspirações para livros e textos.

Após a regressão terapêutica, num processo meditativo muito real, nós dois juntos acessamos com a mente um cenário extrafísico onde havia muitas pessoas trabalhando, até mesmo os seres arcturianos. Esse lugar ficava na escuridão do Universo, como se fosse uma nave. Era como se tivéssemos nos teletransportado para lá, onde existia uma enorme abóboda envidraçada que permitia enxergar estrelas, meteoros e a vastidão do Universo de Deus. Entre as pessoas presentes, havia uma mesa de reuniões com alguns Mestres Ascensionados que conversavam de forma muito divertida, como se estivessem contando histórias engraçadas e lembrando coisas boas. Existia muita alegria por lá, além de um amor e paz profundos.

Nesse momento, reconheci alguns professores aqui da Terra e alguns colegas escritores que lá estavam recebendo informações e inspiração para novos livros. De repente, surgiu um enorme ser, com aparência de formiga e uma risada amorosa que emanava uma luz verde compassiva. Naquele instante, meu coração sentiu que esse Mestre era o Senhor de Arcturus. Seu olhar era tão doce que, até hoje, me emociono só de lembrar. Ele veio muito feliz nos receber e disse: "Amados! Sejam bem-vindos ao Centro de Controle do Psiquismo Terrestre". Ele sorria muito.

Nós nem sabíamos o que fazer, tal era a grandeza de tudo! Então esse ser iluminado começou a nos mostrar um enorme painel no qual, com mecanismos muito evoluídos, todos os dias o psiquismo do planeta Terra era medido e transmutado. Esse ser iluminado mostrou-se em formato de uma formiga e nos disse que não importava quem ele era, mas sim o trabalho espiritual. O Mestre parecia ser extremamente importante no contexto, como um ancião daquele local, que inclusive aconselhava os Mestres Ascensionados que lá estavam. Ele nos mostrou inúmeras coisas, mas o que realmente importa é o que ele mencionou sobre algumas atitudes nossas (seres humanos) enquanto olhava o painel:

"Amados! Vocês não sabem rezar. Em vez de as orações ajudarem no psiquismo da Terra, elas acabam atrapalhando, porque muitas pessoas pensam que rezar é se lamentar. A lamentação destrói a energia do planeta, enquanto a verdadeira oração eleva a energia de quem reza e a do planeta inteiro. Existe uma rede de orações no planeta e vocês devem se conectar a ela antes de rezar para quem está mal. É preciso entrar na rede para se fortalecer. Assim a oração ganha mais força e, quando direcionada para quem precisa, pode resolver as piores situações, até aquilo que vocês julgam impossível. Mas para ter mérito espiritual de se conectar à rede, é necessário eliminar totalmente qualquer forma de crítica e reclamação por pelo menos dez dias terrenos. Ao eliminar a crítica, vocês conseguirão entrar na rede e, assim, emanando orações ao planeta, podem nos ajudar a transmutar o psiquismo nefasto que destrói a Terra. Se vocês conseguissem reunir diariamente um estádio de futebol inteiro conectando-se à Rede Planetária de Orações, poderiam reverter completamente a situação precária em que a Terra se encontra. Porém de nada adianta rezar com o coração cheio de crítica. Primeiro é preciso vencer essa barreira".

Tudo isso era transmitido de maneira doce, alegre, sempre com um sorriso que emanava uma névoa verde amorosa. O Mestre também nos falou sobre vegetarianismo, mecanismos de obsessão, como chips e implantes extrafísicos, e autoignorância.

Quando saímos desse lindo estado meditativo, meu colega e eu nos abraçamos, emocionados e agradecidos por tudo o que havia acontecido. Um tempo depois, uma aluna da Luz da Serra me enviou um e-mail no qual dizia que, havia já uma semana, estava acordando às três horas da manhã pontualmente e precisava de ajuda, pois não sabia o que estava acontecendo com ela e não queria recorrer às medicações alopáticas para dormir. Então sugeri algumas plantas que pudessem ajudá-la, mas fiquei intrigada com aquele assunto. No dia seguinte, foram cinco e-mails com o mesmo tema. Na semana seguinte, dezenas de e-mails de alunos de várias partes do mundo, os quais referiam estar acordando às três horas da manhã em ponto e, por não conseguirem dormir, punham-se a rezar até pegar no sono. Na época, aproveitei para enviar um único e-mail:

"Queridos amigos, alunos e colaboradores da Luz da Serra,

Muitos de vocês (de vários países diferentes) têm enviado e-mails questionando os motivos de estarem acordando, pontualmente, às três horas da manhã e perdendo o sono sem nenhum motivo, sentindo-se angustiados e inquietos.

Como temos recebido muitos e-mails de toda parte, resolvemos escrever para todos pois o número de pessoas está aumentando muito e, de repente, alguém se sente constrangido em perguntar ou nem se deu conta de que o fato de acordar durante a noite pode ser um fator energético.

Conforme informações que recebemos, o padrão psíquico do planeta Terra está cada vez mais complicado e denso devido à grande quantidade de emoções, sentimentos e pensamentos negativos que nós, seres humanos, disparamos a cada instante.

Os seres de luz do astral superior têm como meta amanhecer o dia com esse padrão psíquico transmutado e leve, e, para isso, precisam contar com a ajuda de pessoas especiais que estejam dispostas a auxiliar nesse processo de transmutação (pessoas espiritualizadas, que oram, reikianos etc.).

Então, quando você acordar de madrugada, faça uma meditação bem simples e imagine o planeta Terra envolvido em luz violeta ou verde. Deseje profundamente, com todo o seu coração, que uma nova consciência de luz seja despertada no coração de todos os seres que aqui vivem e visualize todos em harmonia (inclusive você, sua família, seus amigos). Visualize vários países do mundo com as pessoas sorrindo, felizes e em paz. As crianças normalmente se imaginam abraçando o planeta.

Segundo informações do Plano Astral Superior, se umas 50 mil pessoas simultaneamente fizerem esse processo meditativo, muitas coisas podem mudar.

Nós, da egrégora da Luz da Serra, já somamos 30 mil!

Você não precisa acordar de madrugada para fazer. Provavelmente, ao fazer a sua parte antes de dormir, não precisará meditar no meio da noite, e é muito importante que você esteja atento ao seu padrão psíquico. Vigie seus pensamentos, sentimentos, emoções...

Se você conhecer alguém que esteja passando por isso, envie este e-mail e peça a ajuda dessa pessoa.

É muito importante!

Abraço de Luz a Todos! Namastê."

Acordar todos às três da manhã foi a maneira que o mundo espiritual encontrou para fazer com que deixássemos de lado nossas preocupações mundanas para que pudéssemos dedicar um pouco da nossa atenção ao psiquismo que está destruindo o planeta. Do contrário, a única forma de transmutar essa energia densa que produzimos seria pelas catarses da Mãe Terra, como enchentes, inundações, tsunamis e terremotos, para que as descargas elétricas necessárias fossem feitas. Assim ocorreriam os desbloqueios das massas de energia densa por nós criadas.

O aquecimento global está vinculado aos poluentes, ao desmatamento e ao consumo desenfreado de carne e outros produtos, mas também está associado ao aumento das nossas emoções inferiores, responsável por nos levar ao desequilíbrio, à crítica, à reclamação, à insatisfação, aos desejos e, em seguida, ao psiquismo denso. Precisamos ajudar os Mestres na limpeza diária da energia terrestre, ou melhor, na prevenção, para que chegue o dia, quem sabe, em que só teremos pensamentos bons e essa transmutação diária se torne desnecessária.

Você pode, por direito e livre-arbítrio, contestar o que foi escrito nesta obra. Tudo bem! Mas só peço uma coisa: invoque a presença dos arcturianos e sua vida não será mais a mesma. Ela irá modificar-se completamente e se tornará abençoada, próspera e feliz! Faça o teste!

EDIÇÃO COMEMORATIVA DE 15 ANOS

GRANDES MESTRES DA HUMANIDADE

LIÇÕES DE AMOR PARA A NOVA ERA

Hermes Trismegistos

Jesus, o Cristo

Buda

Ramatís

São Francisco de Assis

LAO TSE

Confúcio

Cacique Pena Branca

Leonardo da Vinci

MELQUISEDEQUE

Os Maias

BRAHMA

VISHNU

Shiva

GANESHA

Rama

KRISHNA

BABAJI

Paramahansa Yogananda

RAMAKRISHNA

VIVEKANANDA

KUAN YIN

Madre Teresa de Calcutá

KUAN YIN

Madre Teresa de Calcutá

MARIA

Maria Madalena

LAKSHMI

Ísis

ARCTURUS

A Hierarquia Angélica

Ashtar Sheran

Maitreya

SANAT KUMARA

Mestre El Morya Khan

Mestre Lanto

Mestra Rowena

Mestre Seraphis Bey

Mestre Hilarion

Mestra Nada

Mestre Saint-Germain

HELENA PETROVNA BLAVATSKY

Alice Bailey

Allan Kardec

Chico Xavier

O 14° Dalai-Lama

CHAGDUD TULKU RINPOCHE

GANDHI

Kuthumi Lal Singh

MIKAO USUI

Sathya Sai Baba

A Hierarquia Angélica

• *MENSAGEIROS DE DEUS* •

Atualmente existem milhares de crenças religiosas em todo o planeta que divergem em vários pontos de vista. A forma de ver Deus, o comportamento e as ações humanas são diversos, até porque os sistemas de crenças foram estruturados por seres humanos, com falhas de caráter e sentimentos confusos, a quem falta clareza espiritual suficiente para disseminar a verdade divina. Porém há um assunto com o qual a maioria das religiões concorda sem muitas discussões: a existência dos anjos.

A palavra "anjo" tem origem no Latim *ângelus* e significa "celestial"; em Grego, *àngelos* traz a ideia de "mensageiro". Presentes na vida humana desde os primórdios, os anjos são seres puramente espirituais com a missão de cumprir os desígnios do Criador.

Alguns pesquisadores acreditam que os anjos trabalham unicamente pela obra espiritual, cumprindo as crdens vindas da hierarquia celeste, sem possuírem livre-arbítrio como os seres humanos. Por serem manifestações de luz do próprio Criador, não podem exercer uma vontade separada de sua fonte de origem pois atuam unidos pelas causas divinas.

Segundo o critério mais tradicional, são nove os coros ou ordens angélicas: serafins, querubins, tronos, dominações, potestades, virtudes, principados, arcanjos e anjos, distribuídos em três esferas:

1ª Esfera

É formada pelos Santos Anjos que estão em íntimo contato com o Criador. Dedicam-se a amar, adorar e glorificar a Deus numa constante e permanente frequência, em grau bem mais elevado que os outros coros.

Os Santos Anjos da primeira esfera são:

Serafins – O nome *seraph* deriva do Hebreu e significa "queimar completamente". Segundo o conceito hebraico, o serafim não é apenas um ser que "queima", mas "que se consome" no amor ao Sumo Bem, o nosso Deus Altíssimo. De acordo com *The Urantia Book*, existem os serafins cósmicos e os celestes. Os celestes são os anjos que cercam o trono de Deus, subdivididos em: serafins de época, do progresso, guardiões religiosos, da vida nacional, das raças, do futuro, da iluminação, da saúde, do lar, da indústria, da diversão e da pregação sobre-humana. Os serafins cósmicos seriam os responsáveis pela ordem do Universo e são divididos em: serafim supremo, superior, supervisor, administrador, ajudantes planetários, pregadores de transição e do futuro.

Querubins – São considerados guardas e mensageiros dos Mistérios Divinos, com a missão especial de transmitir Sabedoria. No início da criação, foram colocados pelo Criador para guardar o caminho da Árvore da Vida. Na Bíblia, o nome dos querubins é o mais citado: aparece cerca de 80 vezes nos diversos livros. Os querubins também são os seres misteriosos que Ezequiel descreve na visão que teve no momento de sua vocação (Ez 10,12).

Tronos – Acolhem em si a Grandeza do Criador, transmitindo-a aos Santos Anjos de graus inferiores. São chamados *Sedes Dei* (Sede de Deus). Em síntese, os tronos são aqueles Santos Anjos que apresentam aos coros inferiores o esplendor da Divina Onipotência.

2ª Esfera

São os Santos Anjos que dirigem os Planos da Eterna Sabedoria, comunicam-se com os anjos da terceira hierarquia e vigiam o comportamento da humanidade. Eles são responsáveis pelos acontecimentos no Universo. Essa hierarquia é formada pelos seguintes coros de anjos:

Dominações – São aqueles da alta nobreza celeste. Para caracterizá-los com ênfase, São Gregório escreveu: "Algumas fileiras do exército angélico chamam-se 'dominações' porque os restantes lhe são submissos, ou seja, lhe são obedientes. São enviados por Deus a missões mais relevantes e ainda são incluídos entre os Santos Anjos que exercem a função de Ministros de Deus".

Potestades – É o coro angélico formado pelos Santos Anjos que transmitem aquilo que deve ser feito e cuidam, de modo especial, da forma como as coisas devem acontecer. Também são os condutores da ordem sagrada. Pelo fato de transmitirem o poder que recebem de Deus, são espíritos de alta concentração e alcançam um grau elevado de contemplação ao Criador.

Virtudes – As atribuições dos Santos Anjos deste coro referem-se ao auxílio no sentido de que as coisas sejam realizadas de modo impecável, removendo os obstáculos que querem interferir no perfeito cumprimento das ordens do Criador. São considerados Anjos fortes e exemplares. Quem sofre de fraquezas físicas ou espirituais deve invocar, por meio de orações, o auxílio e a proteção de um Santo Anjo do coro das virtudes.

3ª Esfera

É formada pelos anjos que executam as ordens do Altíssimo. Eles estão mais próximos de nós e conhecem a fundo a natureza de cada pessoa que devem assistir, a fim de poderem cumprir com exatidão a vontade divina: insinuando, avisando ou socorrendo, conforme o caso. Essa hierarquia é formada por:

Principados – São anjos enviados a príncipes, reis, presidentes e órgãos, como a ONU, pois atuam na formação de ideais coletivos. Na Bíblia, no Livro de Daniel, são também apresentados como protetores de povos (Daniel 10,13). São os anjos que levam as instruções e os avisos divinos ao conhecimento das nações que lhe são confiadas. Porém, quando elas se desviam do caminho divino, os principados se transformam em executores das leis do karma, de forma a reconduzir seus habitantes de volta a Deus, muitas vezes, pelo caminho da dor.

Anjos – Recebem as ordens das hierarquias superiores e as executam. Outro aspecto que precisa ser considerado é o fato de que os anjos, guardadas as devidas proporções, estão mais perto da humanidade e, por assim dizer, convivem conosco e prestam um serviço silencioso, mas de valor inestimável a cada pessoa. A seguir, um trecho do Livro do Êxodo (23: 20-22), da Bíblia: "Eis que envio um anjo diante de ti, para que te guarde pelo caminho e te conduza ao lugar que tenho preparado para ti. Respeita a sua presença e observa a sua voz, e não lhe sejas rebelde, porque não perdoará a vossa transgressão, pois nele está o Meu Nome, mas se escutares fielmente a sua voz e fizeres o que te disser, então serei inimigo dos teus inimigos e adversário dos teus adversários".

Arcanjos: categoria especial

Os arcanjos fazem parte de uma categoria angelical muito especial. Eles são considerados protetores e estão acima dos anjos na hierarquia divina, como se exercessem uma espécie de "chefia" sobre eles. Isso não significa que sejam mais importantes do que outros seres divinos, mas que possuem grandes poderes.

Os arcanjos têm a função de cuidar de vários aspectos da vida humana e principalmente trabalhar para o bem de todos. Fazem isso, por exemplo, iluminando o pensamento de governantes, cientistas, médicos e pessoas ligadas à área da saúde. Eles também são os responsáveis pela transmissão das mensagens divinas.

A seguir, algumas informações sobre os arcanjos mais conhecidos:

• *Arcanjo Gabriel* •

O nome Gabriel possui origem hebraica (*Gabar-el*) e frequentemente é traduzido como "Força de Deus" ou "Homem vigoroso de Deus". É o arcanjo associado à esperança, à anunciação, à revelação e comumente relacionado a uma trombeta – é a Voz de Deus, o transmissor das notícias divinas, citado diversas vezes na Bíblia. Ao Arcanjo Gabriel foi confiada a nobre missão de anunciar a vinda de Jesus Cristo. Segundo o profeta: "Apareceu Gabriel da parte de Deus e me falou: dentro de 70 semanas de anos (ou seja, 490 anos) aparecerá o Santo dos Santos" (Daniel 9).

Por isso, é muito venerado desde a Antiguidade. O termo de apresentação quando apareceu a Zacarias para anunciar que ia ter por filho João Batista foi: "Eu sou Gabriel, o que está na presença de Deus" (Lucas 1, 19). São Lucas (1, 26-32) disse: "Foi enviado por Deus o anjo Gabriel a uma cidade da Galileia, a uma virgem chamada Maria, e chegando junto a ela, disse-lhe: 'Salve Maria, cheia de graça, o Senhor está contigo'. Ela ficou confusa, mas disse-lhe o anjo: 'Não tenhas medo, Maria, porque estais na graça do Senhor. Conceberás um filho a quem porás o nome de Jesus. Ele será filho do Altíssimo e seu Reino não terá fim'".

Segundo a tradição, o Arcanjo Gabriel é o mensageiro de Deus das Boas Novas, que auxilia a dar bom rumo e direção à nossa vida e nos proporciona compreensão e sabedoria; é a ele que recorrem os que necessitam desses dons. Pela religião islâmica, foi ao Arcanjo Gabriel que se atribuiu a revelação do Alcorão para o profeta Maomé. Gabriel está vinculado à chama da Ascensão e à libertação do karma da humanidade.

• *Arcanjo Miguel* •

São Miguel Arcanjo, cujo nome significa "o que é um com Deus", é considerado o chefe dos exércitos celestiais e o padroeiro da Igreja Católica. É o arcanjo que está associado à justiça e seu nome é citado três vezes na Bíblia Sagrada:

- No capítulo 12 do Livro de Daniel: "Ao final dos tempos aparecerá Miguel, o grande Príncipe que defende os filhos do povo de Deus. E, então, os mortos ressuscitarão. Os que fizeram o bem, para a Vida Eterna, e os que fizeram o mal, para o horror eterno".
- No capítulo 12 do Livro do Apocalipse: "Houve uma grande batalha no céu. Miguel e seus anjos lutaram contra Satanás e suas legiões, que foram derrotados, e não houve lugar para eles no céu. Foi precipitada a antiga serpente, o diabo, o sedutor do mundo. Ai da terra e do mar, porque o demônio desceu a vós com grande ira, sabendo que lhe resta pouco tempo".
- Na carta de São Judas, lê-se: "O Arcanjo Miguel, quando enfrentou o diabo, disse: 'Que o Senhor o condene'". Por isso, São Miguel é mostrado atacando o dragão infernal.

Várias pessoas têm devoção pelo Arcanjo Miguel, especialmente para lhe pedir proteção contra as ciladas das energias densas. Esse arcanjo pode ser invocado em situações de perigo ou quando precisamos de proteção. Porém observam-se diversos devotos dele direcionando todas as coisas aos cuidados de Miguel, inclusive futilidades. Fica aqui a dica de utilizar o discernimento em todos os casos, até mesmo ao invocar a presença dos arcanjos. Miguel está associado à chama de fé, justiça, poder, coragem e força de vontade.

• *Arcanjo Rafael* •

Rafael significa "Deus te cura". Esse arcanjo tem como principal característica ajudar na cura dos doentes e, por isso, é o guardião da saúde. Ele age principalmente nas instituições sociais, nos hospitais e até mesmo em casas que precisem de ajuda.

Além de influenciar na saúde física dos seres humanos, esse arcanjo também atua sobre a saúde do espírito, ou seja, está sempre procurando confortar as pessoas nas horas de desespero e acalmar seus sofrimentos interiores. Também, é responsável pelos talentos criativos e guardião deles.

Na Bíblia Sagrada, Rafael é citado no Livro de Tobias, que faz parte do Antigo Testamento. Foi o arcanjo enviado por Deus para curar a cegueira de Tobias e acompanhá-lo numa longa e perigosa viagem para conseguir uma esposa. Ele está associado à chama da cura pela verdade.

Rafael, Miguel e Gabriel simbolizam a fidelidade, o poder e a glória dos anjos. Faça uma oração bem-intencionada invocando a presença dos arcanjos em sua vida, seu lar, seu trabalho, seus relacionamentos, sua prosperidade, nosso planeta e em todas as ocasiões.

A melhor oração é aquela que brota do coração. Não se preocupe em decorar preces prontas. Os anjos reconhecem a vibração e a luz, portanto é a partir da nossa energia que a oração é identificada.

A grande missão dos anjos é o auxílio em nosso desenvolvimento espiritual, e basta que que eles sejam invocados. Como respeitam as leis do Universo e jamais interferem no nosso livre-arbítrio, só se aproximarão se assim desejarmos, por meio do nosso amor. É só chamá-los!

Ashtar Sheran

• *MENSAGEIROS DE DEUS* •

Segundo pesquisadores do esoterismo, Ashtar Sheran é um ser etérico que comanda uma patrulha de naves estelares que circulam a Terra, protegendo-a de ataques de seres negativos de outras galáxias. O Grande Comandante, como também é conhecido, já estabeleceu muitos contatos com diversas pessoas em muitas partes do mundo. As descrições são idênticas: um rapaz com altura superior a dois metros, louro, com porte de anjo e uma energia muito sutil e iluminada, o que faz muitos pesquisadores acreditarem que ele não possui um corpo físico, somente etérico.

A primeira pessoa a obter contato com o comandante Ashtar foi George van Tassel, em 18 de julho de 1952. George recebeu uma mensagem telepática de uma mente espacial chamada Portia, a qual avisava que seu chefe estaria entrando em nosso Sistema Solar pela primeira vez. Aqui transcrevo algumas partes da primeira mensagem:

> *"Saudações, seres de Shan (Terra). Eu os saúdo no amor e na paz. Minha identidade é Ashtar, comandante do setor Quadra, Estação de Patrulha Scare... O propósito desta organização é, em certo sentido, salvar a humanidade de si própria.*

Há alguns anos, físicos nucleares penetraram o Livro do Conhecimento. Eles descobriram como explodir o átomo. Por mais abomináveis que os resultados tenham sido, pois essa força foi usada para a destruição, não se compara com o que pode ainda ser... Estamos preocupados, entretanto, com sua tentativa de explodir o elemento hidrogênio.

Quando explodirem o átomo de hidrogênio, eles extinguirão a vida neste planeta. Estão trabalhando com uma fórmula que não compreendem. Não estamos preocupados com o desejo do homem de continuar a guerra neste planeta Shan. Estamos preocupados com sua determinação deliberada de extinguir a humanidade e transformar este planeta em cinzas."

Esta mensagem ainda é muito atual.

Algumas pessoas duvidam da existência do Comando Ashtar, do comandante e da patrulha estelar em torno da Terra. Porém acredito que essa mensagem seja verdadeira, não importa se foi canalizada do Grande Comandante ou de um Mestre Ascensionado. Pode até ter vindo do inconsciente de George van Tassel. O mais importante é a essência dela: se os seres humanos continuarem se comportando de forma infantil e fazendo experiências grotescas com armas nucleares, não só o planeta Terra correrá riscos, mas todos os planetas do Sistema Solar – os quais o Universo levou milhões de anos para construir – podem ficar em desequilíbrio.

Da década de 1950 para cá, muitas outras mensagens do comandante Ashtar já chegaram, por canais mais e menos confiáveis. Acredito que a primeira mensagem é a que deve ficar mais impressa como pedido de ajuda e alerta desses seres que nos abençoam com sua presença.

Segundo alguns pesquisadores, o Comando Ashtar é a divisão aérea da Grande Fraternidade Branca que trabalha junto aos Mestres Ascensionados, protegendo a humanidade e promovendo uma maior expansão de nossa consciência espiritual. O comandante é associado ao Arcanjo Miguel e, juntamente com os arcturianos, promove a proteção de nosso planeta contra a invasão de seres de energia densa.

As canalizações de mensagens de Ashtar são tão comuns para algumas pessoas que elas sabem com detalhes o que ocorre nas suas naves – segundo os canalizadores, são milhares orbitando ao nosso redor. A seguir, uma das canalizações que descreve uma nave-mãe:

> *"As naves do Comando Ashtar, ou cidades do espaço, usualmente têm doze níveis. O primeiro é o da entrada e saída da tripulação. O segundo é um vasto almoxarifado de suprimentos para todos os outros níveis da nave. O terceiro é um zoológico, com animais de muitos mundos. O quarto é usado para pesquisa agrícola, terra de cultivo, hortas e pomares. O quinto é o centro de moradia dos técnicos e de outras pessoas que trabalham nos quatro primeiros níveis. O sexto é o de recreação, com vastos parques e paisagens. O sétimo é o complexo médico. O oitavo é o da moradia para os evacuados, em caso de necessidade. O nono é o conjunto universitário, completo, com bibliotecas, salas de sabedoria, salas de concertos e áreas para outras atividades culturais. O décimo é onde os dignatários em visita se acomodam. O décimo-primeiro é o quartel-general e a grande cúpula do Salão de Encontros. O último nível é referido como o domo. É o centro de controle piloto e a plataforma de observação dos oficiais. Visitantes têm a permissão de observar, com hora marcada e em grupos. Descendo, através do centro da nave, há um eixo circular que nada mais é do que um reator de força para toda a embarcação. Ashtar descreveu uma nave-mãe particular chamada Shan Chea como sendo a maior das cidades em órbita que circula no Sistema Solar. Aparentemente, é a nave onde o comandante Ashtar vive a maior parte do tempo."*

O RESGATE

Na década de 1950, de acordo com previsões e profecias da época, a vida da Terra seria exterminada na virada do último século, ou seja, no ano 2000. Então muitas pessoas ficaram aguardando um resgate em massa que seria efetuado pelas naves do Comando Ashtar.

Como todas as profecias, essa existiu para trazer uma mensagem de alerta e consciência. Portanto nenhuma catástrofe nuclear aconteceu no ano 2000 e, por consequência, nenhum resgate.

Isso gerou muita discussão porque alguns fanáticos estavam tão convictos de que a profecia iria ocorrer que, acredito, prefeririam que o mundo tivesse acabado para não passarem pela vergonha e desilusão de mudar de ideia quanto ao "Grande Resgate". Imagine o que essas pessoas ouviram de seus familiares e amigos que discordavam de suas ideias.

Por isso, o radicalismo não é saudável. Gera muito desconforto. Nós, seres humanos, somos muito orgulhosos e temos muito a aprender. A verdade é relativa e depende do ponto de vista e da observação de cada um.

O Comando Ashtar pode ser sentido em nossos corações e é bom poder agradecer a esses seres maravilhosos por nos protegerem, mas sem radicalismos e sem querer convencer ninguém de nada. Todos os processos evolutivos devem ocorrer de forma natural.

A melhor nave para evoluirmos e resgatarmos nossa essência é a nossa Merkabah[8], nosso próprio veículo de luz, que transporta nossa alma imortal. Ela leva o espírito, a mente e o corpo para acessar e experimentar outros planos de realidade ou de potenciais de vida mais elevados. Podemos classificá-la como um veículo interdimensional. Os antigos cabalistas conheciam-na como "a carruagem de Deus", uma referência ao veículo de luz ao qual o ser humano tem acesso, capaz de transportar o espírito (e, em estágios mais avançados, até o corpo físico) para outras dimensões.

Com a ativação da Merkabah, as pessoas passam a aprender mais sobre si mesmas e a conectar-se com seu Eu Superior. Assim, com a Merkabah ativada, começamos a vivenciar níveis de consciência mais elevados. É uma

[8] A palavra *Merkabah* é composta por três palavras menores: 1. MER refere-se a um tipo muito especial de luz – um campo de luz induzido (ou eletromagnético) cuja descoberta remonta ao antigo Egito, durante a Décima-Oitava Dinastia, com o estabelecimento de novas orientações da religião voltada ao culto do Deus Único. "Mer" era vista como campos de luz rotatórios girando em sentidos opostos no mesmo espaço. Esses campos são gerados por técnicas específicas. 2. KA diz respeito ao espírito individual. 3. BAH relaciona-se à interpretação espiritual de uma determinada realidade particular. Na humana terrestre, "Bah" está normalmente associado ao corpo físico, à alma ou à realidade física. Em espíritos que não têm corpos, "Bah" refere-se aos conceitos ou às interpretações da realidade nos reinos específicos em que vivem.

ferramenta que ajuda os seres humanos a expressarem todo o seu potencial. Trata-se de um campo de energia cristalina que alinha simultaneamente o corpo, a mente e o espírito. Esse campo estende-se em torno do corpo humano a distâncias variadas e pode chegar a aproximadamente quinze metros, girando com uma rapidez às vezes maior que a velocidade da luz.

Na maioria das pessoas, esse campo funciona muito lentamente ou então se encontra inteiramente parado devido à falta de uso. A Merkabah completamente ativada assemelha-se à estrutura de uma galáxia ou a um OVNI. Com o amor divino e o uso de certas técnicas, podemos reativar esse campo vital de luz em torno de nossos corpos. Sem amor incondicional, a Merkabah é apenas uma máquina que não chega a permitir que o espírito criador retorne para casa e alcance altos níveis de consciência.

Pelos estudos dos ensinamentos sagrados de Lemúria, Atlântida e Antigo Egito, unificados aos conhecimentos da Física Quântica e da Geometria Sagrada, foi possível a descoberta desse poderoso conjunto de técnicas que permitem alcançar a ativação completa do corpo ou veículo de luz, juntamente com a abertura do chacra cardíaco e o ancoramento das vibrações do amor incondicional. Com isso, adquirimos a capacidade de fazer uma limpeza dos canais energéticos sutis de nossos corpos, ampliando e expandindo nossa consciência.

Pela geometria sagrada, trazemos à consciência a existência de vários campos magnéticos que circundam nossos corpos (um deles é o campo formado pela estrela tetraédrica), e pela ativação da Merkabah conseguimos acessar esses campos e projetar nosso ser para outras dimensões. A Merkabah capacita-nos a experimentar plenamente a expansão consciencial, conectando-nos com nossos potenciais mais elevados e restaurando o acesso e a memória das infinitas possibilidades do nosso ser.

Maitreya

• *AMISTOSIDADE* • *BENEVOLÊNCIA* •

Em cada etapa da evolução humana, uma nova peça do quebra-cabeça se revela e se firma na Terra. Cada degrau produz uma maior expansão do Plano Divino e somos levados a um próximo nível de evolução consciencial. A cada avatar do Cristo que esteve sobre a Terra aprendemos um novo princípio, que durante milênios vai se instalando em nossos corações. Talvez a peça do quebra-cabeça que esteja mais latente na memória humana seja o amor que Jesus veio semear e que lentamente germina dentro de nós.

Em tradução do Sânscrito, a palavra Maitreya nos traz a ideia de "amistoso" e "benevolente". É o nome esotérico para expressar o espírito iluminado de Cristo. Aqui farei referência a Maitreya no masculino: "ele". Porém o Mestre é yin e yang, um ser completo. É também chamado de "Buda do futuro" e muitos outros nomes. Eu poderia ficar nomeando o Espírito Crístico por muitas páginas, mas não é essa a intenção porque os rótulos tornam-se desnecessários. Muitos são seus nomes e as formas de interpretá-lo.

Aqui falarei de "Cristo" porque estamos no Ocidente. Para elucidar, ao mencionar Cristo não me refiro a Jesus, mas à Alma Crística e superior que habitou o corpo de Jesus a partir de seus 30 anos, após o batismo no rio Jordão. Habitou também outras moradas, como Krishna, Hermes, Melquisedeque, Rama, Enoch, Gautama Buda e outros que se dispuseram a amar incondicionalmente todos os seres em sua missão como avatares. Maitreya/Cristo/Buda está no meio de nós e nossos corações estão Nele!

Atualmente existem muitas versões sobre a próxima vinda do Cristo. Inclusive algumas pessoas discutem sobre isso de forma ferrenha. Particularmente percebo que o Espírito de Cristo está voltando como uma linda energia, que brota dos nossos corações na Nova Era de Luz que se aproxima.

A seguir, apresento algumas versões para que você possa comparar e discernir.

Interpretações esotéricas

A filosofia esotérica afirma que Maitreya é o mestre esperado pelas principais religiões, sob diversos nomes. Os cristãos conhecem-no como Cristo. Os judeus o esperam como Messias. Os hindus aguardam a chegada de Kalki. Os budistas, de Buda Maitreya. Já os muçulmanos chamam-no Cristo ou Messias. Segundo os ensinamentos da Sabedoria Eterna, Maitreya é o irmão mais velho da família humana, tendo aperfeiçoado e manifestado dentro de si a divindade que é latente em cada pessoa.

Visão budista

Maitreya é como o budismo designa seu renovador, o próximo que reiniciará o atual ciclo iniciado por Sidarta Gautama, quando os ensinamentos dele tiverem sido esquecidos neste mundo. Muitos cálculos vêm sendo apresentados para quando esse renovador do budismo deverá renascer, como daqui a 3 mil anos.

O termo "Buda", o "Iluminado", refere-se a um ser que passou pela experiência do nirvana (iluminação búdica, extinguindo todas as aflições e fazendo nascer a liberdade) e, em consequência, nunca mais passará pelo ciclo de nascimentos e mortes. A palavra é reservada aos seres que alcançaram esse estado por conta própria, num mundo que não conhecia ainda o budismo como religião, e que ensinaram aos outros a sua descoberta. A religião budista acredita na existência de vários budas: alguns existiram antes do Buda histórico, Sidarta Gautama, e outros surgirão num futuro distante.

A tradição Theravada – escola budista considerada a mais antiga entre as atualmente existentes – elaborou uma lista de cinco budas: quatro do passado e um do futuro, o Maitreya. Os budistas acreditam que ele vive no céu, onde aguarda renascer num futuro distante, quando, como já mencionado, os ensinamentos do Buda histórico tiverem sido esquecidos.

No Extremo Oriente, a chegada do Maitreya está associada ao início de uma Nova Era, na qual o mundo será transformado num paraíso. Na Índia, desenvolveu-se desde cedo um culto em torno dele, que se deslocou nos séculos V e VI d.C. para a Ásia Central e China.

Antes da chegada do budismo ao Japão, as práticas religiosas desse arquipélago caracterizavam-se pela sacralização de determinados locais, como as montanhas ou os mares. As várias seitas do budismo japonês, com apoio nesse fenômeno, passaram a considerar certas montanhas como moradas do Maitreya. Uma tradição japonesa afirma que ele chegará num barco carregado de arroz.

As representações do Maitreya na pintura e na escultura tendem a retratá-lo sentado, com pernas e tornozelos ligeiramente cruzados. Outro traço distintivo das suas representações é a presença na cabeça de uma pequena estupa, monumento budista que simboliza a mente de um ser iluminado. Isso porque existe uma lenda segundo a qual Mahakasyapa, um discípulo do Buda histórico, aguarda em meditação perto de uma estupa a chegada do Maitreya, a quem ele entregará a veste e a tigela de Sidarta Gautama, o que caracterizaria a passagem da autoridade de um Buda para o outro. Na China, é muito comum a representação do Maitreya como "Buda sorridente", aparentemente influenciada pela figura do monge Putai, conhecido pela sua afeição pelas crianças.

Versões Atuais

Ao longo do século XX, surgiram inúmeras pessoas que diziam ser Maitreya ou que recebiam mensagens dele. Um exemplo é Samael Aun Weor, o qual se autoproclamava o Avatar da Nova Era.

De acordo com uma tradição esotérica, baseada em canalizações de especialistas no assunto, Cristo não é um indivíduo, mas um cargo ou função da Hierarquia Cósmica. Maitreya tem sido a alma do Cristo nos últimos 2,6 mil anos e ainda seguirá nessa função durante toda a Era de Aquário. Ele é o guia da Hierarquia Espiritual e ocupa, na atualidade, a função do Cristo.

Na Palestina, há cerca de 2 mil anos, o Cristo (Maitreya) trabalhou por meio de seu então discípulo Jesus. Desde o seu batismo no rio Jordão até sua crucificação, a consciência de Maitreya se fez presente, adentrando o corpo físico de Jesus durante três anos (dos 30 aos 33 anos dele). Dessa forma, Maitreya revelou ao mundo a grande força espiritual chamada "Amor".

Em 1948, o iminente reaparecimento de Maitreya foi revelado no livro de Alice Bailey *A Reaparição do Cristo*. Nos últimos anos, a maior parte das informações sobre o retorno de Maitreya deve-se principalmente a Benjamim Creme, artista e autor britânico que tem falado e escrito sobre esse acontecimento desde 1974.

Segundo Creme, Maitreya desceu de seu retiro no Himalaia em julho de 1977 e passou a morar junto a uma comunidade indo-paquistanesa, em Londres. Ali tem vivido e trabalhado, aparentemente como um homem normal. Sua mensagem pode ser resumida no compartilhamento dos recursos por todos. "Não vim para criar seguidores", diz Maitreya. "Cada um de vocês deveria continuar desenvolvendo-se dentro de sua própria tradição religiosa", diz Creme.

Ainda conforme o autor britânico, Maitreya está pronto para falar abertamente ao público desde 1982, mas espera um convite para fazê-lo. Do contrário, estaria infringindo o livre-arbítrio das pessoas.

O Arcanjo Planetário não pode estar presente pois seu grau iniciático é muito alto e o impede de efetuar uma ligação direta com a matéria. Ele já abandonou, em definitivo, todos os veículos intermediários que possibilitariam sua vinda.

Jesus Cristo, uma manifestação de Maitreya, teve que reconstituir as matrizes perispirituais usadas em outros mundos materiais extintos para poder encarnar na Terra. Jesus não é o Cristo, mas a "Consciência Angélica" mais capacitada para recepcionar e cumprir sua vontade em cada plano descendente do reino angélico até a Terra.

O Arcanjo Planetário possui sua Luz e Essência Vital em perfeita sintonia com a vontade e o plano de Deus, alimentando a alma da humanidade. É a direção que nos orienta no caminho da evolução, a voz interior que se manifesta em todas as coisas.

Na época de Jesus, o Arcanjo Planetário não podia reduzir-se ao ponto de vibrar ao nível da mentalidade humana ou habitar a precariedade de um corpo de carne. Alguém poderia colocar toda a luz do sol dentro de uma garrafa?

De acordo com a teosofia, os arcanjos são seres de uma linhagem superior que evoluíram e passaram por todas as etapas ascensionais: pela sensação, quando animais; pela emoção, quando homens; pela sabedoria, quando anjos; e pelo poder e glória, quando arcanjos. Mesmo o mais humilde átomo criado pela consciência espiritual voltará para a Casa do Pai e será acionado para sua angelitude e sua condição arcangélica, até que toda a lei do karma seja cumprida. Todos podemos nos tornar Cristos quando a evolução do espírito atingir a absoluta perfeição e vibrar na frequência do amor universal.

O Cristo da Terra é a entidade espiritual que, ao atuar na consciência global de toda a humanidade terrícola, alimenta, nutre e atende a todos os sonhos e ideais dos homens. É a Fonte Sublime, o Legado Sideral de Deus, que doa a Luz da Vida; o Caminho, a Verdade e a Vida, em ação incessante na via interna de nossa alma.

Jesus codificou, em linguagem simples e de execução fácil, o Pensamento e a Glória do próprio Arcanjo Planetário. Cada planeta de nosso orbe tem seu Cristo Planetário, e o Sistema Solar, por sua vez, possui um Logos Solar que rege todos os Cristos.

A segunda vinda de Cristo será exclusivamente pela via interna do espírito do homem e não conforme descreve a mitologia religiosa. Afinal, quanto mais se sensibiliza o ser, mais ele poderá absorver a luz espiritual do seu Cristo.

Sanat Kumara

• *O TODO QUE ESTÁ EM TUDO* •

De acordo com uma antiga lenda tibetana, há milhões de anos, o planeta Terra corria perigo de extinção. Em seu infinito amor, Deus, o Todo, o Grande Espírito, na intenção de evitar uma catástrofe, enviou-nos um ser, uma alma iluminada, que seria o Logos Planetário.

Segundo o *Dicionário Michaelis da Língua Portuguesa*, a palavra "logos" possui três significados:

1. **Na filosofia de Platão, a razão como manifestação ou emanação do ser supremo.**
2. **Na filosofia de Heráclito, o princípio racional que governa e desenvolve o Universo.**
3. **Na teologia cristã, o verbo de Deus, Cristo, segunda pessoa da Santíssima Trindade.**

A tarefa de um Logos Planetário, por sua vez, é ser a alma de todo um planeta. A diferença é que o Logos tem um corpo muito maior e é responsável pela evolução de todas as almas e formas de vida do planeta em que ele habita. Todos os seres e todas as coisas vivem dentro de sua aura. Ele só ascensiona e deixa seu corpo físico, a Terra, depois que todas as vidas ascensionam juntas. Um Logos Planetário não é responsável por nenhum indivíduo em particular, mas por todas as formas de vida simultaneamente.

Sanat Kumara, para tornar-se o Logos da Terra, teve que passar por um grande teste: dividir sua consciência em 900 mil fragmentos, todos individuais, e cada um deles encarnou em um local diferente. O objetivo dessa testagem era avaliar a capacidade que ele possuía de resgatar todos os fragmentos conscienciais de volta à Fonte, à sua própria mente. Depois de alguns outros testes, ele estava pronto para, junto com seus irmãos Kumaras, aprender a estruturar um sistema de consciência amoroso e amparador para um planeta inteiro: a Terra.

De acordo com a lenda, Sanat já teria sido humano e foi graduando na hierarquia cósmica até atingir um alto nível iniciático que lhe permitiu a condição de Regente da Vida no planeta Terra. O trabalho de um Logos Planetário é montar uma estrutura no nível físico para todas as formas de vida em evolução (materializar), o que propicia a todas elas a possibilidade de evoluir e crescer.

Sanat Kumara alojou o planeta Terra no seu chacra cardíaco. Dentro de seu corpo, nós – como seres humanos – representaríamos o centro do livre-arbítrio, do amor e o discernimento de seu coração, pois é lá que estamos.

De acordo com a história tibetana, os Kumaras hoje habitam Shamballa – um lugar extrafísico para alguns e um estado de consciência para outros. De acordo com a lenda tradicional, Shamballa estaria situada perto das montanhas do Himalaia e é de lá que recebemos toda a alimentação da vida do planeta. Existem histórias mais recentes que relatam uma mudança de Shamballa para outro lugar e que isso ocorre de vez em quando, desde que o Segredo de Shamballa foi revelado aos profanos (não iniciados).

A VISÃO HINDU

Para o hinduísmo, Sanat Kumara é um dos Quatro Kumaras mencionados em textos purânicos (*Purana* é a literatura sagrada hindu) como nascidos da mente de Brahma e descritos como grandes sábios. Os Kumaras fizeram votos perpétuos de castidade contra a vontade de seu pai, negando-se a procriar sua espécie e permanecendo yogues, a fim de auxiliar na evolução do espírito humano e deixar que o aprimoramento das formas materiais fosse auxiliado por seres com menor graduação iniciática.

Nas escrituras sagradas hindus, os Kumaras estão entre os doze grandes devotos que, embora livres da existência cíclica (roda de renascimentos ou *Samsara*), realizam um trabalho espiritual para Vishnu pela sua condição iluminada. Eles desempenham um papel significativo em várias tradições hindus, especialmente nas associadas aos cultos de Krishna e Vishnu.

Nos Upanishads (escrituras sagradas hindus), Sanat Kumara aparece como um *rishi* (santo) e é uma das deidades do jainismo, uma das religiões mais antigas da Índia. Na cidade de Kataragama, em Sri Lanka, existe um santuário ecumênico a ele dedicado, que reúne pessoas de diversos credos.

Algumas fontes o identificam como Karttikeya, o deus da guerra e comandante-chefe do exército celeste (como o Arcanjo Miguel no Ocidente), cuja função é exterminar o demônio Taraka, símbolo da ignorância e da mente inferior.

NA TEOSOFIA

Sanat Kumara é um misterioso personagem das tradições religiosas do Oriente, que foi apresentado ao Ocidente primeiro pelos escritos teosóficos de Helena Blavatsky e tornou-se hoje um nome familiar em círculos esotéricos. Segundo ela, Sanat Kumara pode ser entendido tanto como um ser real quanto como um símbolo para certas qualidades do intelecto superior, mas não fornece detalhes sobre esse último aspecto.

Considerado um homem objetivo, é o mais virtuoso dos Kumaras, que afirma serem sete ao todo. É chamado variavelmente de O Vigilante Solitário, o Ancião dos Dias, o Maha-Guru, o Iniciador Único e o Eterno Donzelo de 16 Anos – uma vez que seu nome significa "sempre jovem". Este personagem exerce a função de Senhor do Mundo, líder supremo de toda a hierarquia espiritual invisível que rege, auxilia e sustenta o nosso planeta.

Charles Leadbeater (da Sociedade Teosófica) diz que Sanat Kumara representa o Logos na Terra e preside toda a evolução deste planeta ao longo de um extenso período. Leadbeater reitera a posição de Sanat Kumara como Senhor do Mundo e Iniciador Único ao dizer que todo aspirante, em determinado ponto de sua trajetória, é apresentado a este ser. Mas seu aspecto é tão extraordinariamente belo e majestoso e emana tamanha aura de poder, antiguidade e onisciência (ainda que na aparência de um jovem), que muitos não suportam a visão, como teria acontecido com a própria Helena Blavatsky.

Ainda segundo a teosofia, o corpo físico de Sanat Kumara e o de seus auxiliares diretos, mesmo que tenham forma humana, não são corpos naturais, como o dos humanos. Eles teriam sido criados voluntariamente pelo seu poder espiritual para habitarem neste planeta e não sofrem corrupção, não necessitam de alimento e não envelhecem.

Sanat Kumara seria originário de Vênus e assim não faz parte da raça humana. Porém teria vindo para a Terra para acelerar nossa evolução, junto com outros três Kumaras, seus irmãos, e uma corte de seres iluminados, fixando-se em Shamballa, um oásis no Deserto de Gobi. Sua chegada teria acontecido há 6,5 milhões de anos, num período crítico da evolução do planeta, quando a humanidade, ainda animalesca, não poderia progredir mais em seu caminho ascendente sem um estímulo superior. Isso só poderia ser proporcionado pelos Senhores da Chama, como também são chamados os Kumaras, ao despertarem a inteligência humana (o fogo divino interior) e tornarem possível para os homens trilharem a senda oculta de desenvolvimento espiritual.

Por isso, os Kumaras são considerados os verdadeiros progenitores da humanidade. Foram eles que teriam dado aos seres humanos as primeiras noções de arte, ciência e conhecimento espiritual e seriam os fundadores de toda a vasta dinastia de santos e sábios iluminados, de todos os credos e épocas que já viveram sobre a Terra.

Outras Fontes

A maior parte das escolas de esoterismo contemporâneas derivaram em maior ou menor grau da teosofia, como apresentado por Helena Blavatsky, e, em linhas gerais, elas têm Sanat Kumara na mais alta consideração. Na corrente dos ensinamentos dos Mestres Ascensionados, do Templo da Presença Eu Sou, da Ponte para a Liberdade e de escolas similares, ele também é considerado um grande ser, Regente do Mundo, embora alguns tenham opiniões ligeiramente diferentes sobre seu status e suas funções, a época de sua vinda para a Terra e o número de seus auxiliares.

Benjamim Creme, um dos líderes do movimento *New Age*, em grande parte subscreve o que ensina a teosofia, acrescentando que os Kumaras vieram para cá em veículos que, ao densificarem sua estrutura atômica, tornaram-se visíveis e são o que hoje se conhece como discos voadores. Ele afirma, também, que ainda existe contínua comunicação dessa forma entre a Terra e Vênus.

O nome de Sanat Kumara chegou recentemente à cultura popular do Ocidente e causou muitas vezes estranheza, como tudo aquilo que é novo. Não raro, resistimos ao próximo passo evolucionário porque temos que quebrar muitos conceitos enraizados desde as eras mais primitivas.

A verdade não é estática e está eternamente em movimento. Também precisamos movimentar nossa consciência em outras direções e novos rumos para não corrermos o risco de nos tornarmos seres em estagnação.

PARTE 5

Mestres Ascensionados

A Grande Fraternidade Branca

No século XIX, a humanidade atravessava uma época difícil, de enorme ignorância espiritual – crise que perdura até os dias de hoje. Assim, os Grandes Mestres, lá do Plano Superior, sempre muito atentos à nossa evolução, elaboraram um plano para que recuperássemos nosso caminho de volta à consciência divina.

Quando ocorreu a primeira fase de implantação do plano celeste, tomamos conhecimento da Grande Fraternidade Branca, um movimento silencioso para conduzir a humanidade na senda da espiritualidade e para que nos libertássemos de milênios vivendo no medo. Esse plano também previa a libertação daquele Deus amedrontador, fragmentado, distante e separado de nós. Acredita-se que o principal papel da Grande Fraternidade Branca foi o resgate do Deus interno que mora em nosso coração. Dentro desse movimento, foi criada na Terra a Sociedade Teosófica, por Helena Blavatsky (leia sobre ela na pág. 384), para unir os conceitos espirituais do Oriente e do Ocidente e trazer aos seres humanos a universalidade das religiões.

A Grande Fraternidade Branca também é conhecida por outros nomes, como Hierarquia dos Iluminados, Governo Oculto, Ponte para a Liberdade e outros. A Hierarquia Espiritual é uma cadeia universal de seres de grande evolução e constitui o meio pelo qual Deus promove a descida da presença e do poder de Sua consciência. O nível de realização espiritual de cada um é o critério que estabelece a posição nessa escala chamada "Hierarquia".

A Grande Fraternidade Branca é composta de anjos, arcanjos, elohins e Mestres Ascensionados. Todos os seres estão em processo de evolução e o trabalho desta Fraternidade da Luz é nos lembrar de que somos seres espirituais, capazes de, com nossa consciência superior, nos libertar da frequência vibratória que nos limita ao planeta Terra e assim termos a chance de voltar a viver com nossas famílias cósmicas. Somos convidados a evoluir e é por isso que nos encontramos nesta escola chamada Terra.

Quem são os Mestres Ascencionados?

Os Mestres Ascensionados são seres que já viveram neste planeta em algum momento de suas evoluções e atingiram a supremacia, o completo domínio sobre o tempo, o espaço e as energias cósmicas. O Mestre acumula todas as virtudes, talentos, conhecimentos e poderes que a alma adquiriu durante as várias encarnações.

Embora muitos Mestres tenham alcançado a liberdade absoluta ao ascenderem à luz, resolveram não abandonar os seus irmãos e irmãs da Terra e passaram a ajudá-los. É uma demonstração de extremo amor e dedicação ao próximo.

Os Anjos e Arcanjos

Todos nós já ouvimos histórias sobre anjos nas quais pessoas foram "misteriosamente" auxiliadas quando estavam em perigo iminente. Eles nos avisam de modo a evitarmos situações de perigo. Guiam aqueles que precisam tomar decisões difíceis. Oferecem conforto, iluminação e cura. Os anjos são uma extensão de Deus. Ele os criou para serem um elo especial entre nós e os planos superiores. Os anjos são espíritos divinos, mensageiros enviados por Deus para entregar a Sua palavra a Seus filhos. Já um arcanjo é um hierarca das hostes angelicais, ou seja, tem um posto mais elevado na ordem dos anjos (saiba mais sobre o assunto em *A Hierarquia Angélica*, na pág. 281).

Os Sete Raios

Para compreender como os anjos e os Mestres Ascensionados podem nos ajudar, temos que entender o mundo dos Sete Raios. Na Terra, a Grande Fraternidade Branca é simbolizada pelo arco-íris, que, segundo a Bíblia, é um elo entre Deus e o homem. Assim, do mesmo modo que um raio de sol, ao passar por um prisma, é refratado em sete cores, também a Luz espiritual se manifesta em Sete Raios.

Cada raio tem uma cor, frequência e qualidade específicas da consciência de Deus. As sete cores dos raios são a divisão natural da pura luz branca. Elas representam as virtudes que o homem precisa desenvolver durante o seu "programa de evolução" para a sua ascensão. Devemos lembrar que, em cada uma das chamas (forma como visualizamos a cor dos raios, como se fosse uma chama a nos envolver), está armazenada uma certa qualidade de virtudes e todas são determinadas entre si, sendo que a soma representa o próprio Divino. Cada raio não é superior a outro, mas eles se complementam de forma divina.

Cada alma encarnada está mais sintonizada com um desses raios, o qual representa o seu verdadeiro caminho interno ou oculto. Como a alma precisa atingir a perfeição humana e espiritual nos Sete Raios para chegar à luz, em cada encarnação ela coloca a personalidade na condição de ganhar experiência em um dos raios.

Devido à época de transição que a humanidade atravessa, numa mesma encarnação a alma pode ganhar experiências em mais de um raio, a depender do nível e da programação evolutiva da alma e de suas reais necessidades de crescimento espiritual. Veja na tabela a seguir as sete cores (os sete raios) e as suas respectivas qualidades:

RAIO	*COR*	*QUALIDADE CORRESPONDENTE*
1º	Azul	Fé, poder, força de vontade, coragem e proteção. Corresponde ao aspecto Pai da Trindade.
2º	Amarelo dourado	Sabedoria, discernimento, sentimento, consciência. Corresponde ao aspecto Filho da Trindade.
3º	Rosa	Amor universal, inteligência ativa e criativa,compreensão, poder mental. Corresponde ao aspecto Espírito Santo ou Mãe da Trindade.
4º	Branco	Purificação e ressurreição.
5º	Verde	Verdade e cura.
6º	Púrpura dourada	Paz, idealismo abstrato, devoção, contemplação, lealdade.
7º	Violeta	Transmutação, alquimia, liberdade, precisão, ordem, disciplina, método

Todos nós queremos saber qual é o raio de nossa alma nesta encarnação, e isso é mais fácil do que imaginamos. Basta pesquisar as características de cada um dos Sete Raios e fazer uma autoanálise frente às virtudes e limitações, facilidades e dificuldades, a maneira como pensamos, agimos e falamos, como gostamos de aprender, ensinar e executar. Precisamos sentir com o nosso chacra cardíaco com qual dos raios temos mais afinidade, quais são os pontos que correspondem mais às nossas características pessoais. Normalmente, seu raio corresponde ao dia da semana em que você nasceu. Por exemplo, quem nasce em um domingo tem maior afinidade com o primeiro raio; quem nasceu em uma segunda-feira se afiniza com o segundo raio; quem nasceu na terça-feira com o terceiro raio e assim sucessivamente até o sábado, correspondente ao sétimo raio. Nossa alma sabe qual é o nosso raio. Basta deixarmos que ela nos transmita essa informação.

Pelo trabalho com os raios, seus regentes e Mestres Ascensionados, temos compreensão, consciência e conhecimento da vida espiritual, de nossa alma e de nossas vidas terrenas, que são muito mais abrangentes e transcendentes do que supomos. Existem milhares de Mestres Ascensionados e os sete que serão descritos a seguir são os que, conforme a estrutura tradicional da Grande Fraternidade Branca, regem cada um dos Sete Raios.

Mestre El Morya Khan

• *LIBERTAÇÃO PELA FÉ* •

O Mestre El Morya Khan, regente (ou *Chohan*) do Primeiro Raio, esteve encarnado pela última vez no século XIX, na Índia, onde ascendeu em 1898. Do Plano Espiritual, ele trabalhou fortemente na construção da Sociedade Teosófica, tendo sido mentor espiritual de Helena Blavatsky. Seu objetivo era iluminar os ideais humanos e nos preparar para a Era de Aquário.

Na Antiguidade, em suas outras encarnações, prestou serviço como governante de homens e nações, tornando-se um perito nos assuntos de Estado, na psicologia do poder, na psique humana e no funcionamento da política das relações pessoais e internacionais.

O Poder no Homem

• *MENSAGEM DO MESTRE EL MORYA* •

(Retirada do livro Os Sete Mestres, de Maria Sílvia Orlovas)

"Quando alguém vê as espumas do mar, muitas vezes não se lembra da profundidade de suas águas...

Quando o Homem pensa nos seus problemas, nas suas aflições pessoais, ele não pensa, não tem consciência da profundidade da sua encarnação; não tem consciência do que é a sua vida presente, que é a meta da sua essência e da consciência da sua alma.

Viemos aqui, e estamos vindo, cada vez mais fortes, cada vez mais presentes, para contar a esse Homem que ele não é feito de espumas e tampouco das rochas onde as suas ondas se arrebentam.

O Homem é feito da mais profunda, da mais sublime e da mais forte consciência espiritual.

Estamos aqui com seres que querem saber de si; que querem ouvir a voz da sua alma, o som da sua essência, e sentir em si mesmos propagar-se a sua luz.

Falamos agora para os que estão presentes nesta sala, presentes hoje, nesta noite: despertem das suas espumas...

Vejam o quanto dos seus problemas pessoais, o tanto de tudo aquilo que os aflige neste momento é ilusório e passageiro.

Se pensam nas doenças, elas irão se manifestar. Portanto quem cria as doenças é o próprio Homem; é aquele que acredita que está doente.

Nós afirmamos: não há doença. Não há dor.

Não há pena. Não há martírio.

Não há necessidade de lâminas, nem bisturis nas mãos de cirurgiões habilidosos, pois o Homem não precisa de nada disso.

O Homem precisa é da sua fé, da sua crença e do seu Espírito purificado.

Meus filhos, queremos chamá-los para novamente entregarem as suas vidas para o Divino que habita dentro de vocês, antes que as leis que regem a matéria se tornem irreversíveis.

Queremos novamente chamá-los à consciência da sua fé, à verdade do seu amor, à liberdade do seu espírito.

Não estamos aqui para jogar palavras como folhas ao vento... Desperta, homem.

Acorda para a profundidade do seu azul. Acorda para a consciência da sua alma. Acorda para a sua potencialidade de amar.

Porque amar é a sua natureza, amar é o seu eu, amar é o seu Deus. Acorda...

Eu sou El Morya.

Finalmente minha presença pode ser aqui chamada, cantada e evocada pelos meus Elohins, que mando que venham antes de mim.

Eles, além de construtores da forma, constroem pontes entre o Divino e o humano.

Portanto vocês têm ouvido as palavras dos Elohins. Quero que despertem da ignorância, pois aquele que é próspero na sua fé, é próspero na matéria. Não acreditamos em impossibilidades, e eu pessoalmente não aceito nenhuma limitação.

Se as condições materiais (refiro-me aqui às condições financeiras) de vocês não são a prosperidade, perguntem a si mesmos onde estão deixando de crer, em que estão deixando de crer.

Por que não dão passagem ao seu espírito; por que não deixam que o seu Espírito cuide de suas contas bancárias?

Meus caros, não estamos falando de libertação?!...

Estamos falando de liberdade: o homem que não tem prosperidade em sua vida não é livre. O homem que não tem como pagar as suas contas no final de um mês não é livre.

Por isso, eu chamo a sua Consciência: por que não se permitem essa libertação?

Oportunidades existem, condições existem e a prosperidade, lembrem-se, é o estado natural.

Aquele que Nos serve deverá ser sempre abundante.

Se não houver abundância na vida de vocês, então se perguntem: a quem estão servindo?

Nós não fazemos nenhum apelo a condições financeiras, não precisamos de dízimos, porque o nosso Espírito é próspero.

Assim deverá ser cada um de vocês: façam brotar a prosperidade, como um sábio faz brotar a árvore de uma semente e da árvore o fruto.

Criem as possibilidades de riqueza dentro de suas próprias vidas.

Façam uso daquilo que chamei de ponte: os seus Elohins. Use-os para criar a prosperidade em cada meta, em cada situação de suas vidas.

Não aceitem a pobreza. Mas não briguem com ela... Não precisam ficar de cara fechada, mal-humorados, revoltados, pois assim estarão dando um poder a algo que não tem poder algum.

O poder do bem e do mal está no próprio Homem.

Eu, como professor, quero lhes ensinar: jamais desrespeitem o mal, pois ele existe na sua vida quando também existe em seu pensamento.

Se em algum momento vocês desafiarem as situações, os problemas, as condições, estarão desafiando a si mesmos, levantando muros dentro de si, criando sombras para que depois seus caminhos sejam fechados.

E depois não venham reclamar, de forma ignorante, que Deus não os ouve.

Vocês não se ouvem!

Vocês não falam a linguagem adequada!

Vocês desconhecem a sua própria natureza e a sua própria capacidade de criar abundância!

O que eu estou falando é simples: abandonem o sentimento de pobreza.

Vivam com moderação, é claro; vivam com consciência, pois nem tudo aquilo que pensam, nem tudo aquilo que desejam é necessário para sua alegria.

Repensem seus valores, repensem, imaginando e pensando claramente:

O que eu preciso para ser feliz? O que eu preciso para viver? O que é necessário para minha alegria?

O que é necessário para minha realização?

E quando obtiverem essas respostas do seu Ser Interno, saberão que estão mais próximos da abundância, pois abundância é o resultado de tudo aquilo que o Homem crê em seu coração.

Eu Sou El Morya."

Mestre El Morya Khan

• Regente do Primeiro Raio •

- **Dia associado** – Domingo;
- **Características do Primeiro Raio** – Poder divino, força, libertação pela fé;
- **Cor associada** – Azul;
- **Arcanjo** – Miguel;
- **Elohins** – Hércules;
- **Qualidades que podem ser amplificadas pelo trabalho com a chama azul do Primeiro Raio** – Proteção, fé, força, poder, perfeição, amor a Deus e suas leis, autocontrole;
- **Ajuda pessoal que pode ser obtida pela invocação desta chama** – Direção e proteção divinas, libertação do medo e de dúvidas, fortalecimento da fé, proteção contra perigos físicos e espirituais;
- **Ajuda planetária que pode ser obtida pela invocação desta chama** – Inspiração de líderes, aperfeiçoamento dos governos;
- **Profissões amparadas pelo Primeiro Raio** – Advogados, políticos, administradores, executivos e todos os cargos que têm a posição de comando e poder;
- **Outras encarnações do Mestre El Morya Khan** – Melquior, um dos três reis magos; rei Artur da Bretanha; Thomas Becket e depois Thomas More, ambos influentes políticos britânicos; Akbar, importante imperador do Oriente.

Mestre Lanto

• SABEDORIA •

Mestre Lanto foi um grande sábio na China Antiga. Registros históricos de sua vida praticamente inexistem, o que torna lendário qualquer texto biográfico. Segundo os ensinamentos da Grande Fraternidade Branca, ele foi mestre de antigos sábios e filósofos chineses e ascensionou quando estudava sob a orientação do seu mestre, cujo retiro está escondido nas montanhas do Himalaia. Lanto dedicou-se ao aperfeiçoamento da evolução da Terra por meio da chama dourada e então recebeu o nome de Senhor Lanto – Grande Luz da Antiga China.

Hoje é o Mestre Ascensionado que rege a chama dourada (Segundo Raio), orientando os professores, filósofos e educadores e ensinando a todos os seres humanos a senda da Mestria pela iluminação. Também está associado à sabedoria, à inteligência, ao conhecimento, ao desejo de conhecer Deus e à iluminação.

Podemos pedir ajuda ao querido Mestre para que possamos absorver informações, dissolver a ignorância, o orgulho e as limitações da mente, estudar para passar em exames e, ainda, libertar vícios. Também é muito importante invocarmos a presença da Chama Dourada neste momento crítico da Terra pois ela tem o poder de atuar na revelação de erros dos governos e das empresas, ajudar na luta contra a poluição e trabalhar pela limpeza do planeta.

Lanto continua a ser o Guru de gurus, não somente dos chineses, mas também de todas as almas que compartilham o seu amor pela senda dourada que conduz ao sol dos Budas e Bodhisattvas.

Como um dos primeiros guardiões da Chama Dourada, desempenhou um papel nos primeiros esforços de Sanat Kumara para salvar a humanidade da sua descida às trevas. O Mestre se ofereceu para acompanhá-lo em sua missão e não pretendia nada menos do que reacender a centelha divina na humanidade, que, por "involução", havia perdido o fogo original e a inteligência que animava a sua divindade.

Antes da sua ascensão, o Senhor Lanto decidiu que a Luz da chama do seu próprio coração brilharia fisicamente como prova viva perante os seus discípulos. A chama trina é o Verbo (a Palavra, o Om) que se faz carne e pode, por isso, ser expandida e intensificada pela vontade do Mestre.

Lanto, pelo dinamismo dos decretos do seu coração, alcançou aquilo que nenhum outro na história conhecida da Terra conseguira desde a época da queda do homem: como adorava tanto a sua chama trina interior, o brilho intenso dessa centelha divina podia, de fato, ser visto através da sua pele e produzia um halo dourado suave que lhe enchia o peito.

Manteve-o em honra de Sanat Kumara até a sua ascensão, por volta de 500 a.C., para que os portadores originais de Luz pudessem lembrar-se da sua missão de iluminar o planeta Terra. Ao longo dos séculos XIX e XX, Lanto deu o seu fiel apoio aos esforços de Saint-Germain para libertar a humanidade pela divulgação dos ensinamentos dos Mestres Ascensionados e da Chama Violeta.

Segundo alguns respeitados canalizadores da Mente Universal, na década de 1960, Lanto recebeu do Conselho Cármico uma dispensação que permitia que uma "poderosa e transcendente Chama Dourada da Iluminação" fosse colocada a uma altura aproximada de 30 metros na atmosfera, por cima dos estabelecimentos de ensino superior, universidades, seminários e faculdades de teologia em todo o mundo, para que os estudantes e o corpo docente fossem ou viessem a ser receptivos ao conhecimento e à sabedoria das esferas superiores.

Técnica para aprender o que quiser com a ajuda do Mestre Lanto

O Mestre Lanto auxilia todos os estudantes. Muitas vezes, um aluno inteligente e aplicado, por desequilíbrio emocional, é reprovado porque acontece o famoso "branco" na hora do teste.

Claro que precisamos estudar também! Não podemos simplesmente só contar com o Mestre Lanto sem ter aprendido nada de fato. Dedicação é uma tarefa necessária para quem quer aprender.

No entanto, deixo aqui uma dica: antes de dormir, faça uma oração, com suas palavras, pedindo para que, durante o sono, sua mente entre em contato com os bancos de dados do Astral Superior relacionados ao assunto que você deseja conhecer melhor. Por exemplo, se você precisa aprender matemática e tem dificuldade, faça a seguinte afirmação antes de dormir:

"Eu, (fale o seu nome), desejo, em nome de Deus, entrar em contato com os bancos de dados do Astral Superior para aprender matemática. Desejo passar a noite com os sábios da matemática, sendo treinado pelos espíritos da luz."
(Finalize agradecendo à sua maneira.)

A frase citada é um exemplo, mas você pode usar a sua criatividade. Já fiz orações assim muitas vezes antes de cursos, palestras e seminários, e os resultados foram incríveis. Faça o teste e depois me escreva dizendo o que aconteceu. Você vai se impressionar!

Oração do Mestre Lanto

Em nome do Universo

Eu me levanto para desafiar a noite

Para erguer a luz e ser um foco da consciência de Buda! Eu Sou a chama do lótus de mil pétalas!

E venho levá-la em seu nome

Firme na vida nesta hora,

Estou de pé, empunhando o cetro de crístico poder para fazer brilhar a Luz,

Para trazer de alturas estelares

A consciência de Anjos, Mestres, Elohim, Centros Solares

E de toda a vida que é a presença do Eu Sou em cada um!

Reivindico a vitória em nome de Deus!

Reivindico a Luz da Chama Solar.

Reivindico a Luz. Eu Sou a Luz!

Eu Sou a Vitória! Eu Sou a Vitória!

Da Mãe Divina e da Divina Criança,

E a vitória que exalta a coroa da vida

E dos doze focos estelares que se regozijam

De ver a Salvação do Nosso Deus bem dentro da minha coroa

Em Pleno Centro do Sol de Alfa.

Está Feito!

Mestre Lanto

• Regente do Segundo Raio •

- **Dia associado** – Segunda-feira;
- **Características do Segundo Raio** – Sabedoria, alegria, ação;
- **Cor associada** – Amarelo, dourado;
- **Arcanjo** – Jofiel;
- **Elohins** – Cassiopeia e Minerva;
- **Qualidades que podem ser amplificadas pelo trabalho com a chama amarela ou dourada do Segundo Raio** – Sabedoria, inteligência, conhecimento, desejo de conhecer Deus, iluminação;
- **Ajuda pessoal que pode ser obtida pela invocação desta chama** – Absorção de informações, dissolução da ignorância, do orgulho e das limitações da mente, estudo para passar em exames, libertação de vícios;
- **Ajuda planetária que pode ser obtida pela invocação desta chama** – Revelação de erros dos governos e das empresas, ajuda na luta contra a poluição e limpeza do planeta;
- **Profissões amparadas pelo Segundo Raio** – Professores, filósofos e educadores;
- **Outras encarnações do Mestre Lanto** – Sumo sacerdote do Templo da Mãe Divina, na antiga Lemúria (continente perdido que ocupava grande área do oceano Pacífico), onde foi um mestre no poder da precipitação; diversas encarnações na Atlântida; governante na China, contemporâneo do Mestre Confúcio.

Mestra Rowena

• A BELEZA DA ALMA •

Regente do Terceiro Raio, Rowena sustenta os atributos divinos do amor incondicional de Deus, adoração, beleza e reverência. O Templo do Raio Rosa localiza-se nos planos dimensionais superiores à Inglaterra. Rowena é conhecida como a Mestra da Delicadeza, da Diplomacia e da Beleza. Amorosa, interessa-se muito em estimular talentos, tanto os latentes como os já descobertos, pois toda emanação de vida é dotada de um talento ou aptidão que deve ser desenvolvido para o progresso espiritual. Ela protege, estimula e mantém os seres realizados que já alcançaram suas metas nesta vida e faz o mesmo com os aspirantes à luz que estão iniciando no caminho. É a energia que liga a ideia divina à forma física. É a essência do Amor Divino que une todas as formas e todos os átomos que mantêm o Universo coeso e integrado.

A Chama Rosa representa o amor, a harmonia, a tolerância, o tato, a compreensão e a diplomacia. Sua energia possibilita ativar a sensibilidade que existe dentro de nós, dando-nos competência para procurar a felicidade e descobrir a beleza que existe em toda parte.

Para fazermos uma boa conexão com o Raio Rosa e a Mestra Rowena, podemos utilizar um cristal de quartzo rosa, a pedra associada ao amor.

Mensagem da Mestra Rowena

(Canalizada em um grupo de meditação da Luz da Serra)

"Até o imutável poderá tornar-se mutante. A mesma força que distancia duas almas as une pela igualdade. Separando-se por orgulho, optam por caminhos diferentes, mas, em algum lugar futuro, finalmente suas costas se reúnem, unindo-as pelos laços do passado e pelos seus corações. Então as palavras tornam-se desnecessárias e os corações se entendem, percebendo o quanto são semelhantes em essência. Não há coração que não tenha uma porta de entrada. Não há coração desprovido de amor."

Mestra Rowena

• *REGENTE DO TERCEIRO RAIO* •

- **Dia associado** – Terça-feira;
- **Características do Terceiro Raio** – Amor, perdão, desprendimento;
- **Cor associada** – Rosa;
- **Arcanjo** – Samuel;
- **Elohins** – Órion e Angélica;
- **Qualidades que podem ser amplificadas pelo trabalho com a chama rosa do Terceiro Raio** – Amor divino, compreensão, misericórdia, caridade, compaixão, perdão, conforto, beleza, criatividade, comunhão com a vida;
- **Ajuda pessoal que pode ser obtida pela invocação desta chama** – Desenvolvimento do amor, dissolução do egoísmo e do sentimento de não gostar de si próprio, conversa sobre autoestima, novos amigos e novos relacionamentos na vida, ajuda para as pessoas se entenderem, encontro de objetos perdidos;
- **Ajuda planetária que pode ser obtida pela invocação desta chama** – Cura de tensão étnica e racial;
- **Profissões amparadas pelo Terceiro Raio** – Artistas, designers e todos os que possuem uma natureza criativa ;

Mestre Seraphis Bey

• *AUTODISCIPLINA* •

O Grande Mestre egípcio Seraphis Bey é um personagem lendário, quase mitológico. Sabe-se que foi um grande mestre disciplinador, um hierofante (sacerdote de alta hierarquia) no Antigo Egito. Hoje como Mestre Ascensionado, revê e treina os candidatos à ascensão, encarregando instrutores para percorrer com eles todos os passos que não foram dados no caminho dos Sete Raios.

O Mestre Seraphis Bey é o Hierarca do Templo de Luxor (Egito), mentor de almas ascendentes nas aplicações do fogo sagrado e arquiteto de ordens sagradas, da vida interior e de cidades da Era de Ouro. É o disciplinador militar das forças da Luz, da Paz e da Liberdade Cósmica. Apresenta dons na realização de milagres.

É o Mestre Ascensionado do Quarto Raio. Foi Sumo Sacerdote no Templo da Ascensão na Atlântida e tem como sua principal característica a pureza, que revela a mais autêntica harmonia do amor. Além da pureza e dos rituais da purificação da alma, as qualidades do Quarto Raio são os desejos de manifestar a perfeição dos padrões interiores e o de autodisciplina.

O Mestre diz: "Diariamente recebeis uma certa quantidade do fogo sagrado. Conforme o uso que lhe dais, ele aumenta ou diminui. Ele é vosso por livre-arbítrio".

O Bem-Amado Seraphis Bey exige dos discípulos que aspiram à ascensão uma disciplina rigorosa, já que não é fácil obter a graça celeste após tantas encarnações ocasionadas pelo mau uso das energias divinas. O Quarto Raio é a "ponte" entre o reino interior da perfeição e a manifestação do Plano Divino no nosso mundo.

As emanações de vida que pertencem a este raio são geralmente dotadas de talento artístico, com tendências para música, danças clássicas, canto, teatro de óperas, pintura, escultura e arquitetura. Tais pessoas são quase sempre abençoadas com o poder espiritual e cheias de ânimo, bastante coragem e perspicácia, além de possuírem o dom de "penetrar e ver através das coisas".

Mestre Seraphis Bey

• Regente do Quarto Raio •

- **Dia associado** – Quarta-feira;
- **Características do Primeiro Raio** – Pureza, ascensão e evolução espiritual;
- **Cor associada** – Branco;
- **Arcanjo** – Gabriel;
- **Elohins** – Claire e Astrea;
- **Qualidades que podem ser amplificadas pelo trabalho com a chama branca do Quarto Raio** – Pureza, integridade, esperança, perfeição, moralidade, lei divina, plenitude, diretriz para a vida espiritual, desejo de conhecer e ser Deus em ação;
- **Ajuda pessoal que pode ser obtida pela invocação desta chama** – Revelação do propósito de vida, ajuda para trazer felicidade e alegria, estabelecimento de ordem e disciplina, nova direção à carreira, pureza ao corpo físico, à mente e à alma;
- **Ajuda planetária que pode ser obtida pela invocação desta chama** – Auxílio nas operações para a manutenção da paz, consolo a vítimas de desastres naturais;
- **Profissões amparadas pelo Quarto Raio** – Artistas, músicos, arquitetos, escultores, projetistas;
- **Outras encarnações do Mestre Saint-Germain** – Leônidas, famoso rei espartano; Fídias, construtor do Partenon, na Grécia; Amenhotep III, faraó que levou o Egito ao auge do prestígio e da prosperidade (1417 a.C.).

MESTRE HILARION

• A VERDADE •

O Mestre Hilarion é o regente do Quinto Raio, que representa a verdade imortal e a ciência divina de todos os ramos físicos e metafísicos da ciência e das artes curativas. Hilarion traz à senda iniciática aquele que procura a verdade: "Conhecereis a Verdade e a Verdade vos libertará".

Em épocas remotas, antes de o continente da Atlântida submergir totalmente, muitos sacerdotes e sacerdotisas de Ordens Brancas foram incumbidos da tarefa de levar para outros países os elevados ensinamentos da Sabedoria Divina. Um desses conhecimentos resguardados foi a Verdade. O Mestre Hilarion encontrava-se no grupo de iniciados ao qual foi confiada a Chama da Verdade. Esse grupo navegou para o lugar onde se encontram as Ilhas Gregas. Todas as emanações de vida materialistas que não acreditam na vida espiritual – agnósticos e céticos – devem ser recomendadas à proteção do Mestre Hilarion pois, com sua ajuda, poderão alcançar a exata compreensão da Verdade.

Na época da missão de Jesus, Hilarion foi o apóstolo Paulo. Como discípulo, realizava muitas curas em nome de Cristo pois acreditou nas palavras do Mestre: "Aquele que crê em mim, nas obras que eu faço, fá-las-á também;

e maiores obras ainda fará. Porque eu vou junto do meu Pai". Em sua última encarnação, como Hilarion, na Palestina, passou vinte anos no deserto se preparando para a sua missão de curar as pessoas. Depois disso, assim como Paulo, começou a curar inúmeras pessoas em nome de Jesus. Ascensionou no ano 371 d.C., quando desencarnou aos 80 anos. A Igreja o canonizou como Santo Hilário, abade (também chamado de Santo Hilarião de Gaza).

No século XIX, Hilarion esteve com El Morya, Kuthumi, Saint-Germain e Djwhal Khul auxiliando na construção da Sociedade Teosófica.

Mestre Hilarion

• *REGENTE DO QUINTO RAIO* •

- **Dia associado** – Quinta-feira;
- **Características do Quinto Raio** – Verdade, cura, concentração, consagração;
- **Cor associada** – Verde;
- **Arcanjo** – Rafael;
- **Elohins** – Vista;
- **Qualidades que podem ser amplificadas pelo trabalho com a chama verde do Quinto Raio** – Inspiração da verdade, cura, constância, integridade, visão espiritual;
- **Ajuda pessoal que pode ser obtida pela invocação desta chama** – Cura do corpo, da mente, da alma e do espírito; inspiração para a prática e o estudo de música, matemática e medicina (tradicional e alternativa);
- **Ajuda planetária que pode ser obtida pela invocação desta chama** – Auxílio nas reparações das divisões entre as nações; inspiração para novas curas de doenças
- **Profissões amparadas pelo Terceiro Raio** – Médicos e todos aqueles que praticam a arte da cura, cientistas, engenheiros de todos os campos, músicos, matemáticos;
- **Outras encarnações do Mestre Hilarion** – Sumo Sacerdote do Templo da Verdade, na Atlântida; Saulo de Tarso (que depois tornou-se o apóstolo Paulo).

Mestra Nada

• COOPERAÇÃO • FAMÍLIA •

Nada é uma mãe cósmica e, como tal, vibra pelas famílias. A Era de Aquário é também conhecida como a idade de ouro da família, e Mestra Nada e os Mestres Ascensionados podem ajudar os filhos e as filhas de Deus.

Mestra Nada é, atualmente, a regente do Sexto Raio, que representa a paz, o amor e a devoção abnegada, a cooperação humilde, o serviço prestado, a cura e a paz. O Templo da Iluminação do Sexto Raio está localizado, no campo extrafísico, sobre a América do Sul.

Ela atua também no Terceiro Raio que, junto ao Sexto, contribui com a ajuda de seus anjos e devotos para amenizar a tensão mundial e o peso astral da consciência coletiva. Esta Mestra nos ensina sobre a devoção a Deus e o uso da palavra, traçando seu círculo de amor em torno dos lares e das famílias que seguem o caminho espiritual e nas quais os padrões acertados e ações corretas são ensinados às crianças desde cedo.

Não é à toa que, em sua última encarnação, Nada foi a mais nova de uma família de crianças adotadas. É a advogada da alma diante do tribunal da Justiça Divina, unificadora de famílias e de Chamas Gêmeas (almas gêmeas), qualificadora do amor como serviço a todas as partes da vida.

Mestra Nada

• *REGENTE DO SEXTO RAIO* •

- **Dia associado** – Sexta-feira;
- **Características do Sexto Raio** – Amor ao próximo, abnegação, idealismo, compaixão, paz;
- **Cor associada** – Dourado e púrpura;
- **Arcanjo** – Uriel;
- **Elohins** – Tranquilitas e Pacífica;
- **Qualidades que podem ser amplificadas pelo trabalho com a chama dourada e púrpura do Sexto Raio** – Paz, paz interior, fraternidade, devoção e amor a Deus e ao próximo;
- **Ajuda pessoal que pode ser obtida pela invocação desta chama** – Resolução de problemas de relacionamento pessoal, social e profissional; ajuda na criação de um ambiente harmonioso; inspiração e ajuda para enfermeiros, médicos, professores, conselheiros e juízes;
- **Ajuda planetária que pode ser obtida pela invocação desta chama** – Promoção da paz, da fraternidade e do entendimento, justiça nos tribunais e ente as nações;
- **Profissões amparadas pelo Sexto Raio** – Sacerdotes, enfermeiros e todos os que ajudam a suprir as necessidades do próximo;
- **Outras encarnações da Mestra Nada** – Na Atlântida, prestou serviço no Templo do Amor; exerceu a advocacia e tornou-se perita na defesa das almas oprimidas.

Mestre Saint-Germain

• TRANSMUTAÇÃO •

Entre os Mestres Ascensionados, Saint-Germain é o que tem a maior quantidade de relatos a seu respeito. Ele era conhecido na corte europeia pela fama de ser imortal. Bem-humorado, elegante, inteligentíssimo e cavalheiro, chamava a atenção pelo seu intelecto e pelo ar misterioso. Ele é o regente da nossa atual Era de Aquário e trabalhou fortemente na preparação do mundo para que chegássemos ao nível de consciência em que estamos hoje, participando dos momentos históricos mais importantes, como a Revolução Francesa, a assinatura da Constituição americana e a construção da Sociedade Teosófica.

A condessa d'Adhemar o descrevia assim: "Em 1743, propagou-se o rumor de que um estrangeiro enormemente rico, a julgar pela magnificência de suas joias, acabara de chegar a Versalhes. Ninguém jamais foi capaz de descobrir de onde viera. Sua figura era bem proporcionada e graciosa, suas mãos, delicadas, seus pés, pequenos, e as pernas, bem formadas, realçadas por meias de seda bem justas. Seu vestuário bem talhado sugeria uma forma de rara perfeição. Seu sorriso mostrava dentes magníficos, uma bonita covinha marcava-lhe o queixo, seu cabelo era negro e o olhar, doce e penetrante. E, oh, seus olhos! Jamais vi semelhantes. Ele parecia ter cerca de 40 ou 45 anos de idade".

Mestre Ascensionado de altíssimo grau iniciático, Saint-Germain viveu durante muito tempo, no mínimo 300 anos, e, para não chocar a sociedade da época, por diversas vezes fingiu sua própria morte, tanto é que, em 1760, a condessa Von Georgy ouviu dizer que um conde de Saint-Germain havia chegado para uma festa na casa de Madame Pompadour, amante do rei Luís XV, da França. A velha condessa estava curiosa, porque tinha conhecido o conde de Saint-Germain em 1710. Ao encontrá-lo, ficou completamente espantada: era jovem demais! Certamente conhecera o pai dele em Veneza. Ele explicou:

"– Não, madame – disse o conde –, mas eu mesmo vivia em Veneza no fim do último século e começo deste século e tive a honra de fazer-lhe a corte na ocasião...

– Impossível! – replicou a condessa – O conde de Saint-Germain que eu conheci naqueles dias tinha 45 anos mais ou menos e você parece ter 45 hoje!

– Madame, eu sou muito velho – explicou o conde, sorrindo."

Na Europa, em 1742, o conde de Saint-Germain era um personagem de destaque na alta sociedade. Ele tinha passado cinco anos na corte do Xá da Pérsia, onde aprendeu a arte da joalheria. Conquistou os ricos e a realeza com seu vasto conhecimento de ciência e história, sua habilidade musical, seu charme, seu encanto pessoal e sua inteligência rápida. Falava fluentemente muitas línguas: Francês, Alemão, Holandês, Espanhol, Português, Russo e Inglês, além de ser familiarizado com Mandarim, Latim, Árabe, Grego e Sânscrito.

Na época de Luís XV, em Versalhes, 1758, além de ser conhecido como alquimista, ourives e lapidador, trabalhava com tintura em tecidos, de modo que jamais desbotavam. Dizem que, certa vez, o conde assombrou a corte de Luís XV, quando o rei reclamou do fato de possuir um diamante de tamanho médio que, por ter um pequeno defeito, valia apenas seis mil libras. Disse que, se tal falha não existisse, valeria pelo menos o dobro. Saint-Germain solicitou a pedra e, após um mês, devolveu-a ao joalheiro real, com o mesmo peso, sem que apresentasse a mínima anomalia. Os diamantes que decoravam seus sapatos valiam a soma considerável de duzentos mil francos. O único retrato conhecido de Saint-Germain – de autoria desconhecia – data da época em que frequentou Versalhes, entre 1758 e 1760.

O nome "Saint-Germain" não seria herdado de família, mas inventado por ele mesmo, versão francesa para o latim *Sanctus Germanus* (Irmão Santo). Apesar da erudição, o conde não deixou muitos escritos. Dois de seus raros trabalhos são *La Très Sainte Trinosophie* (*A Santíssima Trinosofia* ou *A Santíssima Sabedoria Tríplice*), encontrado na Biblioteca de Troyes, na França, e *La Magie Sainte* (*A Magia Santa*), na Philosophical Research Society, na Inglaterra, ambos "dedicados inteiramente aos segredos mais profundos da tradição esotérica". O primeiro é considerado de máxima importância para todos os estudiosos da maçonaria e das ciências ocultas, além de ser um dos documentos mais extraordinários sobre as ciências herméticas.

Sabe-se que Saint-Germain possuía uma magnífica biblioteca e que escreveu textos sobre ciências ocultas que foram usados por seus discípulos. Quando o conde morreu, esses escritos desapareceram, possivelmente recolhidos ou tirados de circulação por membros da sociedade secreta à qual ele pertencia – ainda que tal sociedade seja outro mistério para alguém que fez parte de tantas.

As habilidades do Mestre

Na segunda metade do século XVIII, Saint-Germain viajou intensamente percorrendo toda a Europa. Aqueles que o encontraram e reencontraram ficavam impressionados com suas muitas peculiaridades e habilidades:

- Tocava violino como um virtuoso.
- Era um pintor de talento, considerado perfeito.
- Onde quer que estivesse, durante suas viagens, sempre instalava um elaborado laboratório, provavelmente para seu trabalho em alquimia.

- Parecia ser e vivia como um homem rico, de grande fortuna, embora não tivesse conta em bancos.
- Participava frequentemente de jantares com amigos porque gostava da companhia deles, mas raramente foi visto comendo em público. Ele se mantinha, diziam, com uma dieta de farinha de aveia.
- Médico, curandeiro e mago, prescrevia fórmulas para remover as rugas e tingir os cabelos.
- Amava muito as suas roupas e utilizava uma técnica perfeita para colori-las. Seus sapatos eram adornados com pedras preciosas.
- Dizia que podia fundir vários diamantes pequenos e obter um grande, além de produzir pérolas de diferentes tamanhos.
- Relacionava-se com várias sociedades secretas, como Ordem Rosacruz, Freemasonry (Maçonaria), Society of Asiatic Brothers (Irmãos Asiáticos), Cavaleiros da Luz, Illuminati e Ordem dos Templários.
- Voltaire, o renomado filósofo do século XVIII, teria dito sobre Saint-Germain: "É um homem que nunca morre e que conhece todas as coisas".
- Ao longo do século XVIII, o conde de Saint-Germain continuou a usar seu espantoso conhecimento do mundo em meio às intrigas políticas e sociais da elite europeia.
- Na década de 1740, foi um diplomata conceituado na corte do rei Luís XV e desempenhou missões secretas na Inglaterra.
- Em 1760, cumpriu missão similar em Haia, na Holanda, onde encontrou o famoso sedutor Giacomo Girolamo Casanova. Sobre Saint-Germain, Casanova disse: "Esse homem extraordinário... Eu poderia dizer que ele tinha, com certeza, uns 300 anos de idade. Conhecia os segredos da medicina universal e dominava a natureza; ele podia derreter diamantes... Tudo isso era brincadeira para ele".

- Em 1762, viajou para a Rússia, onde, diz-se, participou da conspiração que colocou Catarina, a Grande, no trono. Depois foi conselheiro do Exército Imperial Russo na guerra contra a Turquia (a qual os russos ganharam).
- Em 1774, Saint-Germain retornou à França quando Luís XVI e Maria Antonieta ocuparam o trono. Diz a lenda que ele advertiu os monarcas sobre a Revolução que eclodiria quinze anos depois.

Morte e aparições

Em 1779, o conde de Saint-Germain foi a Hamburgo, na Alemanha, onde se tornou amigo do príncipe Charles de Hesse-Cassel. Nos cinco anos seguintes, viveu como hóspede daquela corte, no Castelo de Eckernförde, e, de acordo com os registros, foi ali que ele morreu, em 27 de fevereiro de 1784, de pneumonia. Para qualquer outro homem, o atestado de óbito seria o fim da história. Mas não para o conde de Saint--Germain. Ele continuaria sendo visto nos anos e séculos seguintes.

Em 1785, apenas um ano depois de sua alegada morte, encontrou-se na Alemanha com Anton Mesmer, o pioneiro do hipnotismo (ou mesmerismo). Muitos sustentam que foi Saint-Germain quem instruiu Mesmer na técnica-arte do hipnotismo e do magnetismo pessoal. No mesmo ano, dados oficiais da maçonaria mostram que a sociedade escolheu o conde como seu representante na sua convenção anual.

Depois da Queda da Bastilha, durante a Revolução Francesa, em 1789, a condessa d'Adhémar disse que teve uma longa conversa com o conde de Saint-Germain, na qual ele teria revelado a ela o futuro imediato da França. Depois ela voltou a vê-lo em 1815 e em 1820, e escreveu: "Ele sempre manteve a aparência de um homem de 45 anos...".

Após 1821, ao que tudo indica, Saint-Germain pode ter assumido uma outra identidade. Albert Vandam afirma, em suas memórias, ter encontrado um homem muito semelhante a ele, que se apresentava como major Fraser. Vandam escreveu: "Ele vivia sozinho e nunca se referiu à família. Gastava muito dinheiro, embora a origem de sua fortuna fosse um mistério para todos. Possuía um maravilhoso conhecimento sobre todos os países da Europa ao longo de toda a sua história. Sua memória era absolutamente incrível e, curiosamente, frequentemente dava a entender àqueles que o ouviam que tinha adquirido conhecimento em outro lugar além dos livros. Ele me disse, com um estranho sorriso, que tinha conhecido Nero, falado com Dante e outras proezas". O major Fraser, porém, desapareceu sem deixar traços.

Entre 1880 e 1900, o nome de Saint-Germain ressurgiu quando membros da Sociedade Teosófica, inclusive sua fundadora, Helena Petrovna Blavatsky, revelaram que o misterioso personagem estava vivo e trabalhando "pelo desenvolvimento espiritual do Ocidente". Para atestar a veracidade da informação, existe até uma fotografia genuína na qual aparecem Helena Blavatsky, Saint-Germain e os Mestres El Morya e Kuthumi – ela é facilmente encontrada nos sites de busca da internet.

Além de Helena Blavatsky, outras pessoas afirmaram ter estado com Saint-Germain depois disso. Annie Besant o teria encontrado em 1896. Charles Webster Leadbeater escreveu que também esteve com ele em Roma, em 1926. Na ocasião, o conde teria mostrado a Leadbeater um manto que pertencera a um imperador romano e revelou que uma de suas residências era um castelo na Transilvânia. Guy Ballard, fundador do Movimento Eu Sou, disse ter encontrado Saint-Germain no Monte Shasta, na Califórnia, em 1930.

E ele continua aparecendo! No site *Brother Veritus*, uma notícia informa que, em 1987, na Pensilvânia, Estados Unidos, Saint-Germain visitou, em pessoa, o médium, místico e canalizador de transe Philip Burley, a quem instruiu sobre o Caminho Espiritual e o desenvolvimento da mediunidade.

Sua ascensão como Mestre

A biografia de Saint-Germain, com tantos episódios mais ou menos fantásticos, é, sem dúvida, o retrato de um personagem fascinante. A questão da imortalidade do conde talvez seja o ponto mais polêmico desta biografia. Enquanto alguns defendem a ideia de um Saint-Germain alquimista, que se mantinha vivo e jovem ao longo de milênios graças a um miraculoso Elixir da Longa Vida, outros entendem que o conde atravessou eras e protagonizou fatos históricos por meio de um processo de sucessivas reencarnações, na rara condição de ter se mantido sempre consciente de si mesmo como ser imortal, beneficiando a si próprio e aos outros com o conhecimento adquirido nas experiências de tantas vidas.

Apesar da notoriedade das personalidades assumidas pelo conde, como São José, Francis Bacon e Cristóvão Colombo, foi como Saint-Germain que esse Espírito Peregrino se tornou mais famoso e lendário. Após sua última morte oficial, no Castelo de Eckernförde, em 1784, aquele Espírito teria alcançado enfim a condição de Chohan, Guardião da Chama Violeta, Mestre Ascensionado da verdadeira, invisível e espiritual Grande Fraternidade Branca.

A crença nos Mestres Ascensionados, embora tenha origem antiga, somente começou a se tornar conhecida no Ocidente a partir da divulgação do trabalho e das publicações da Sociedade Teosófica, na segunda metade do século XIX. Helena Petrovna Blavastky, pioneira da teosofia, falou sobre esses Mestres em escritos como *The Mahatmas*, *Masters of Wisdom* e *Elder Brothers*: "São chamados de Mestres porque orientam espiritualmente os seres que estão em busca de evolução espiritual na Terra; e ascensionados porque já encarnaram e evoluíram hierarquicamente, afastando-se das limitações do plano terreno em direção à Luz, à ascensão espiritual".

O Livro de Ouro de Saint-Germain

Saint-Germain, o conde imortal, depois de morrer no século XVIII – e reaparecer na Europa e na América dos séculos XIX e XX –, também escreveu livros: *Mistérios Desvelados* e *A Presença Mágica EU SOU*. Este último é muito conhecido, tendo sido traduzido para o Português sob o título *O Livro de Ouro de Saint-Germain*. Ambos foram supostamente ditados pelo próprio Saint-Germain a Guy Ballard (1878-1939), pseudônimo de Godfré Ray King, na década de 1930, na região do Monte Shasta, na Califórnia.

O Livro de Ouro de Saint-Germain foi o pai de todos os livros de autoajuda pois recomenda e instrui sobre programas de controle do pensamento no sentido de promover a concentração mental em comandos e frases positivas, construtivas, restauradoras da vida pessoal e social em todos os seus aspectos. São frases dirigidas a qualquer objetivo de melhoria: desde mentalizações para a cura de doenças, para o saneamento da vida financeira e para ter um corpo perfeito até a meditação para ajudar a humanidade a sair do caos!

A ideia central é a afirmação da presença de Deus no Eu (Superior) de todas as pessoas. A doutrina é complexa, mas a prática é simplificada. Consiste no exercício diário das afirmações. O fundamento da prática é um antigo dogma ocultista: "Pensar é criar; falar é criar". Ou seja, toda realidade física (saúde, dinheiro, relações pessoais) e metafísica (disposições do espírito, como tristeza, agitação, revolta, mágoa etc.) pode ser modificada pela ação do pensamento e do verbo (palavra) humanos. Assim vemos que a Lei da Atração não trata de nenhum segredo. Apenas esquecemos dessa lei por um tempo por pura distração.

Mestre Saint-Germain

• Regente do Sétimo Raio •

- **Dia associado** – Sábado;
- **Características do Sétimo Raio** – Transmutação, ordem, diplomacia, alquimia e liberdade;
- **Cor associada** – Violeta;
- **Arcanjo** – Ezequiel;
- **Elohins** – Arcturus e Vitória;
- **Qualidades que podem ser amplificadas pelo trabalho com a chama violeta do Sétimo Raio** – Liberdade, justiça, tolerância, misericórdia, perdão, transmutação, transcendência, diplomacia;
- **Ajuda pessoal que pode ser obtida pela invocação desta chama** – Dissolução do karma negativo, dissolução das memórias dolorosas e dos traços negativos da personalidade;
- **Ajuda planetária que pode ser obtida pela invocação desta chama** – Negociações de paz, dissolução das memórias de discórdia entre as nações;
- **Profissões amparadas pelo Sétimo Raio** – Diplomatas, escritores, defensores da liberdade, atores;
- **Outras encarnações do Mestre Saint-Germain** – Legislador em uma colônia atlante; Sumo Sacerdote em Atlântida; profeta Samuel; São José; Santo Albano; filósofo Proclus; mago Merlin; Cristóvão Colombo; filósofos Roger Bacon e Francis Bacon.

PARTE 6

Mestres da Nossa Era

NOS ÚLTIMOS DOIS SÉCULOS, CADA vez mais verdades espirituais têm vindo à tona. Para que os seres humanos ainda incrédulos acreditem, isso tem acontecido de maneiras que chamam bastante a atenção. Mesas que se movimentam pela ação de espíritos, psicografias que ajudam a resolver casos nos tribunais, fotografias junto a mestres ascensionados, nós em espadas, luta contra exércitos sem usar armas, leitura de cartas antes mesmo de abri-las, materialização de flores e outros objetos, luzes que vêm do céu para trazer símbolos de cura e presença em dois lugares ao mesmo tempo são alguns exemplos do que a espiritualidade usou, em tempos relativamente recentes, para provar que a vida não se restringe ao que vemos.

Tudo isso não é à toa. A humanidade precisa mudar e evoluir o quanto antes. Em pleno século XXI, continuamos vivendo momentos difíceis, em que ainda há guerras, discriminações, discrepâncias sociais e as mais variadas formas de injustiça. Todas as pessoas que foram veículos das demonstrações listadas acima tinham em comum a mensagem pacifista e o chamado para a vivência do amor e da solidariedade entre os seres. O tempo urge e, neste momento em que a vibração da Terra se prepara para dar um salto evolutivo, seus habitantes podem colaborar.

Nesta parte, portanto, você encontrará a história de homens e mulheres que deram passos importantes rumo a essa evolução, "materializando" verdades – já faladas há tanto tempo, mas talvez não tão ouvidas – para uma humanidade ainda tão egoica e apegada à matéria. Nas páginas a seguir, aprenda, com o exemplo destes mestres, a como dar a sua contribuição para um mundo mais amoroso e evoluído.

Alice Bailey

• *CORAGEM* • *FLEXIBILIDADE* •

Alice Ann Bailey foi uma das personalidades mais importantes da nossa época. Sua vertente espiritualista lhe concedeu coragem suficiente para dar continuidade ao trabalho de Helena Blavatsky, trazendo ao mundo o conhecimento oculto e milenar dos Mestres da Grande Fraternidade Branca.

Ela dedicou sua vida inteira à obra espiritual e nos deixou uma incrível herança de 27 livros: sete de autoria própria e 20 canalizações do Mestre tibetano Djwhal Khul. Entre os títulos canalizados, temos, por exemplo, *Cartas sobre Meditação Ocultista*, *A Alma e seu Mecanismo*, *Educação na Nova Era*, *Psicologia Esotérica*, *Um Tratado sobre os Sete Raios* e os cinco volumes da série *Os Raios e as Iniciações*. A obra de Alice Bailey é uma enciclopédia indispensável para quem procura trilhar o caminho do conhecimento espiritual.

Desde adolescente, Alice contatava o Mestre Kuthumi e dizia pertencer a uma equipe de discípulos da Grande Fraternidade Branca. No livro de sua autoria *Autobiografia Inacabada*, menciona que seu grande sonho é que a humanidade compreenda os Mestres Ascensionados de forma real, tal como se apresentavam para ela e para todos os outros iniciados.

Sua Biografia

Alice nasceu na Inglaterra, em Manchester, no dia 15 de junho de 1880. Ainda criança, ficou órfã de pai e mãe e foi morar com uma tia, juntamente com seu irmão. Mesmo vivendo numa família de muitas posses materiais, a menina manteve-se um tanto rebelde aos protocolos sociais da época. Desde a infância, sua espiritualidade e seu caráter caridoso já começaram a se manifestar e, quando atingiu a maioridade, ingressou nos serviços voluntários e obras cristãs para jovens. Isso a levou a seguir o cristianismo de forma fiel, discursando e professando a fé por meio dos Evangelhos.

Trabalhou com grande empenho nas causas sociais. Certa vez, Alice precisou viajar até a Índia, quando auxiliava como voluntária nos Lares para Soldados. Ao conhecer a cultura hindu, a moça inverteu completamente sua ótica e mudou sua percepção sobre a espiritualidade. Essa nova forma de enxergar as várias manifestações do mesmo Deus lhe trouxe uma consciência universalista e flexível para que mais tarde ela pudesse canalizar as informações do Mestre Ascensionado Djwhal Khul.

Alice se casou e teve três filhas. Porém separou-se e foi para os Estados Unidos, onde conheceu Foster Bailey, seu segundo marido, com quem permaneceu por toda a vida. Foster foi seu grande companheiro, que a ajudou na materialização de toda a obra que viria para iluminar nossas consciências. Alice foi incansável e, durante trinta anos, por meio de livros, palestras, conferências e inúmeras viagens, cumpriu seu papel como disseminadora da verdade divina para a humanidade. Devido à carga de trabalho, sua saúde não era tratada com prioridade, o que a fez partir deste mundo em 15 de dezembro de 1949, aos 69 anos.

A Escola Arcana e a Boa Vontade Mundial

A Escola Arcana foi fundada por Alice e seu marido Foster em 1923, com o intuito de formar um grupo de pessoas que pudessem conversar livremente sobre qualquer assunto espiritual, sem prender-se a dogmas, juramentos, doutrinas e paradigmas. A Escola Arcana existe até hoje e possui uma ideologia livre e simples, na qual as pessoas se reúnem para meditar, estudar assuntos esotéricos e interpretar a verdade de acordo com o coração de cada um.

Na Escola Arcana, o único mestre a ser seguido é o mestre interior, o homem espiritual que reside em cada ser humano – ou "Cristo em nós", como dizia Alice. Inclusive os participantes poderiam seguir outras filosofias religiosas ao mesmo tempo em que frequentavam as reuniões arcanas. Enfim, o propósito na época era formar um grupo em que a liberdade de cada um fosse respeitada em toda a sua plenitude.

Durante o período entre as duas Guerras Mundiais, Alice e seu marido Foster fundaram a Boa Vontade Mundial (BVM), um movimento que ainda existe e possui ideais de paz e de desenvolvimento da consciência humana pelo diálogo, amor, justiça, não-violência e liberdade. Para o movimento da BVM, o ódio, o separatismo e o egoísmo representam as maiores ameaças para o crescimento mundial. A BVM é reconhecida pela ONU e possui um ideal pacifista importante para que possamos desfrutar da liberdade que temos hoje.

Alice, assim como outros Grandes Mestres, foi fundamental para que pudéssemos compreender o Universo oculto dos poderes divinos, o que nos trouxe uma ideia diferente de Deus. Para a escritora, Deus era transcendente, energético, capaz de habitar em todos os espaços vazios e interpenetrar todos os seres vivos. Em nós mesmos, poderíamos expressar Deus em três aspectos: conhecimento, amor e vontade.

De acordo com suas canalizações, o Universo é regido pela lei do karma (ou causa e efeito) e existe um relógio cósmico perfeito que regula todos os acontecimentos de acordo com o nosso ponto de atração. Para Alice, a verdadeira senda da Mestria é manter-se atento aos pensamentos, aos sentimentos e às emoções, o que define nossa sintonização com o Divino. A partir disso, tudo o que acontece depende da sintonia energética em que nos encontramos, ou seja, um ser sintonizado com a luz obterá cada vez mais luz; e com as trevas obterá a escuridão. A lei do karma equilibra as forças do Universo em todas as suas manifestações; esse processo é dirigido pela lei de evolução e pelo ciclo de renascimentos (reencarnação), que propiciam experiências para que os espíritos possam continuar evoluindo.

Pensamentos de Alice Bailey

A seguir, algumas palavras desta grande alma que incansavelmente trabalhou para o crescimento da humanidade:

– "Em nenhuma outra época como na presente, tem sido tão ativa a busca da luz, da verdade, da beleza e da sabedoria. Jamais existiram tantas e tão diferentes organizações que pretendam dar à luz a verdade. Por toda parte aparecem instrutores que pretendem ter encontrado algum método específico, mediante o qual o homem pode alcançar o conhecimento de Deus, a paz interior e a iluminação; conseguir o domínio de si mesmo; ou adquirir riquezas, bem-estar e poder. As pessoas vão de um instrutor a outro, buscando algo que lhes dê luz e sossego. Todos pertencemos a algum grupo organizado de buscadores da luz, seja metafísica, esotérica ou ortodoxa. Organizações tais como Novo Pensamento, Ciência Cristã e Unidade contam seus afiliados por milhares. Qualquer pseudoinstrutor, capaz de fazer-se ouvir ou de prometer muito, encontra sempre quem o escute. No caos organizado por estas tendências sectárias e aderências à determinada apresentação da verdade, a verdade mesma fica esquecida. No choque entre personalidades, lutando cada uma em favor de determinado instrutor e de seu ensinamento da realidade, a tranquila e sussurrante voz da sabedoria se apaga na controvérsia sobre doutrinas, dogmas e cismas; e na energia que se dissipa na construção e destruição das formas que a verdade pode assumir, se desvanece seu verdadeiro significado espiritual. Ante tal confusão,

não é estranho que muitos investigadores sinceros, ao contemplar a aparição e queda de instrutores e escolas de pensamento, se perguntem se é que a verdade pode encontrar-se em alguma parte. É possível que a unidade possa estar velada por tantas e tão diversas formas? Será impossível encontrar uma expressão da verdade que seja includente e não excludente? Haverá um ensinamento da Sabedoria Antiga que venha a satisfazer a necessidade universalmente sentida? Será possível criar uma organização cujas características sejam a da impessoalidade e da mais ampla tolerância e que, por sua vez, faça finca-pé em princípios essenciais que todos possam aceitar, passando por alto todos aqueles detalhes suscetíveis de controvérsia? Seguramente haverá algo que nos guie com segurança em nosso avanço até a origem de toda a luz e de toda a vida e encontraremos algum marco indicador que seja suficiente para guiar em seu caminho o peregrino que trata de evitar os tropeços a que está exposto em sua obscuridade." (Parte de um artigo escrito por Alice Bailey para a revista Maçônica dos Estados Unidos, em outubro de 1932.)

– "A circulação da corrente sanguínea é o símbolo destes processos e a chave do estabelecimento da ordem mundial está oculta nesta analogia – a livre circulação de todo o necessário para cada parte da grande estrutura da humanidade. O sangue é a vida, e o livre intercâmbio, a livre participação, a livre circulação de tudo o que se requer para um correto viver humano irão caracterizar o mundo futuro. Estas condições não existem, o corpo da humanidade está enfermo e sua vida interna, desorganizada. Em vez da livre circulação do aspecto vida em todas as partes, tem existido separação, congestão, estancamento e canais obstruídos. Foi necessária a terrível crise atual para que a humanidade perceba sua condição enferma, a enorme extensão do mal e descubra que as enfermidades do 'sangue da humanidade' (simbolicamente entendido) são tão graves que se requerem as mais drásticas medidas – dor, agonia, desespero e terror – para lograr sua cura."

Canalização do Mestre Djwhal Khul, por Alice Bailey, do livro *Cura Esotérica*.

Allan Kardec

• INTELIGÊNCIA • DEDICAÇÃO •

Falar de Mestre Kardec é descrever um ser de inteligência fora dos padrões conhecidos no planeta Terra. Desde a infância dotado de uma sensibilidade ímpar, Hippolyte Léon Denizard Rivail (seu nome de batismo) se interessou pelo estudo de ciências e filosofia com muita dedicação.

Hippolyte nasceu no dia 3 de outubro de 1804, em Lyon, na França, numa família tradicional, de formação católica, conhecida pela atuação na magistratura e advocacia. Ainda jovem, foi estudar pedagogia na Suíça, numa escola fundada por Johann Heinrich Pestalozzi, criador do método educacional que levou seu nome, o qual, em resumo, prevê o aprendizado partindo dos ensinamentos mais simples até chegar-se a um maior grau de complexidade.

Após a conclusão dos seus estudos, Hippolyte retornou à França, onde foi um grande disseminador do método Pestalozzi e participou ativamente da reforma educacional francesa e alemã, já que falava os dois idiomas com perfeição. Trabalhou incansavelmente na luta para uma maior democratização do ensino público. Entre 1835 e 1840, manteve em sua residência cursos gratuitos de química, física, anatomia e outros. Nesse período, fez muitos testes didáticos e criou um engenhoso quadro mnemônico da história da França, com vistas a facilitar ao estudante a memorização das datas dos acontecimentos mais importantes do país.

O Mestre era tão inteligente que trabalhava como cientista, tradutor, professor, pesquisador e escritor, chegando a receber um notável prêmio da Academia Real de Arras, em 1831. O professor Hippolyte escreveu diversos livros pedagógicos, entre eles, *Plano Proposto para Melhoramento da Instrução Pública*, *Soluções Racionais das Questões e Problemas da Aritmética e da Geometria*, *Ditados Especiais sobre as Dificuldades Ortográficas* e *Gramática Francesa Clássica*.

Em 1832, Hippolyte casou-se com Amélie Gabrielle Boudet, que seria, futuramente, sua grande companheira na propagação da doutrina que ele codificaria. Em 1854, ouviu falar pela primeira vez no fenômeno das mesas girantes e na comunicação com espíritos desencarnados, o que despertou sua curiosidade pelo ocultismo. Em 1855, começou a participar dos grupos nos quais os fenômenos se manifestavam e, por meio de seus estudos, verificou que os movimentos e as respostas vindos das mesas girantes deviam-se realmente à influência de espíritos.

Ao perceber essas manifestações, o Mestre decidiu codificar os fenômenos a partir de um olhar que unia a observação científica, filosófica e religiosa: nascia assim a doutrina espírita. Quando começou a se aprofundar nos estudos do espiritismo, o professor sentiu necessidade de diferenciar suas obras pedagógicas das espíritas e adotou o pseudônimo de Allan Kardec, nome que ele teve em outra encarnação como druida, na Gália, revelado por um espírito que teria vivido com o Mestre na Antiguidade.

Apenas dois anos após, em 1857, foi lançado *O Livro dos Espíritos*, considerado o símbolo da fundação do espiritismo; em janeiro de 1858, nascia a *Revista Espírita* – produzida mensalmente até 1869 – e também a Sociedade Parisiense de Estudos Espíritas. A contar da primeira obra publicada, o chamado Pentateuco Espírita, lançado por Kardec, se completou com *O Livro dos Médiuns* (1861), *O Evangelho Segundo o Espiritismo* (1864), *O Céu e o Inferno* (1865) e *A Gênese* (1868). Isso sem contar outros livros complementares que lançou para trazer ainda mais embasamento à nova doutrina, como *O Que é o Espiritismo* (1859), *O Espiritismo em sua Expressão Mais Simples* e *Viagem Espírita* (ambos de 1862).

Allan Kardec passou os anos finais da sua vida dedicado a divulgar o Espiritismo entre os diversos simpatizantes, além de precisar defender-se dos opositores. Desencarnou em Paris, em 31 de março de 1869, aos 64 anos, em decorrência da ruptura de um aneurisma, quando trabalhava numa obra sobre as relações entre o Magnetismo e o Espiritismo. Vale saber que, onze anos depois de sua morte, a Sociedade Parisiense de Estudos Espíritas lançou mais um livro com conteúdos dele: *Obras Póstumas*.

Seu corpo foi sepultado no Cemitério Père-Lachaise, em Paris. Em seu túmulo, erguido como um dólmen (monumento funerário do povo druida formado por uma grande pedra chata na horizontal sobre outras em posição vertical), lê-se esculpido na pedra horizontal, em Francês, sua célebre frase: "Nascer, morrer, renascer ainda e progredir sem cessar, tal é a lei".

Palavras do Mestre Kardec

– "A Doutrina Espírita transforma completamente a perspectiva do futuro. A vida futura deixa de ser uma hipótese para ser realidade. O estado das almas depois da morte não é mais um sistema, porém o resultado da observação. Ergueu-se o véu; o mundo espiritual aparece-nos na plenitude de sua realidade prática; não foram os homens que o descobriram pelo esforço de uma concepção engenhosa, são os próprios habitantes desse mundo que nos vêm descrever a sua situação."

(Extraído de O Céu e o Inferno, Primeira Parte, Cap. 2)

– "Como meio de elaboração, o Espiritismo procede exatamente da mesma forma que as ciências positivas, aplicando o método experimental. Fatos novos se apresentam, que não podem ser explicados pelas leis conhecidas; ele os observa, compara, analisa e, remontando dos efeitos às causas, chega à lei que os rege; depois, deduz-lhes as consequências e busca as aplicações úteis. Não estabeleceu

nenhuma teoria preconcebida; assim, não apresentou como hipóteses a existência e a intervenção dos Espíritos, nem o perispírito, nem a reencarnação, nem qualquer dos princípios da doutrina; concluiu pela existência dos Espíritos, quando essa existência ressaltou evidente da observação dos fatos, procedendo de igual maneira quanto aos outros princípios. Não foram os fatos que vieram a posteriori confirmar a teoria: a teoria é que veio subsequentemente explicar e resumir os fatos. É, pois, rigorosamente exato dizer-se que o Espiritismo é uma ciência de observação e não produto da imaginação. As ciências só fizeram progressos importantes depois que seus estudos se basearam no método experimental; até então, acreditou-se que esse método também só era aplicável à matéria, ao passo que o é também às coisas metafísicas."

(Retirado de A Gênese, Capítulo I, item 14)

– "(...) o Espiritismo, restituindo ao Espírito o seu verdadeiro papel na criação, constatando a superioridade da inteligência sobre a matéria, apaga naturalmente todas as distinções estabelecidas entre os homens segundo as vantagens corpóreas e mundanas, sobre as quais o orgulho fundou castas e os estúpidos preconceitos de cor. O Espiritismo, alargando o círculo da família pela pluralidade das existências, estabelece entre os homens uma fraternidade mais racional do que aquela que não tem por base senão os frágeis laços da matéria, porque esses laços são perecíveis, ao passo que os do Espírito são eternos. Esses laços, uma vez bem compreendidos, influirão pela força das coisas, sobre as relações sociais, e mais tarde sobre a Legislação social, que tomará por base as leis imutáveis do amor e da caridade; então ver-se-á desaparecerem essas anomalias que chocam os homens de bom senso, como as leis da Idade Média chocam os homens de hoje..."

(Trecho da Revista Espírita, de 1861, p. 297-298)

– "À medida que o Espírito se purifica, o corpo que ele reveste se aproxima igualmente da natureza espírita. A matéria é menos densa, as necessidades físicas são menos grosseiras e os seres vivos não têm mais necessidade de se entredevorarem para se nutrir. O Espírito é mais leve e tem, para as coisas distantes, percepções que nos são desconhecidas; vê pelos olhos do corpo o que vemos apenas pelo pensamento.

A purificação dos Espíritos reflete-se na perfeição moral dos seres que estão encarnados. As paixões animais enfraquecem e o egoísmo cede lugar ao sentimento de fraternidade. É assim que, nos mundos superiores à Terra, as guerras são desconhecidas, os ódios e as discórdias não têm motivo, visto que ninguém se preocupa em causar dano ao seu semelhante. A intuição que seus habitantes têm do futuro, a segurança que lhes dá uma consciência isenta de remorsos, fazem com que a morte não lhes cause nenhuma apreensão; recebem-na sem medo, como uma simples transformação."

(De O Livro dos Espíritos)

A seguir, deixei um presente para você: um texto profundo e esclarecedor sobre mediunidade, escrito pelo meu amigo e sócio Bruno Gimenes. Aproveite!

A MEDIUNIDADE COMO INSTRUMENTO DE EVOLUÇÃO

Uma alma que vem para este mundo com o propósito de evoluir acomoda-se em um corpo físico. E isso varia de acordo com a necessidade de realizar seus resgates e aprendizados.

Esse comentário é para lembrar que a mediunidade não é boa nem ruim! Ela simplesmente é a condição que a pessoa precisa para evoluir, vinculada à sua forma de utilização.

A mediunidade é um termo que vem do latim e significa "intermediário". É uma faculdade psíquica ou sensibilidade extrafísica. Está presente em todas as pessoas. Sempre! O que difere é que em algumas ela aparece pouco evidente, enquanto, em outras, se mostra desenvolvida, aguçada.

Em resumo, todos somos médiuns, alguns mais desenvolvidos, outros menos. A maior parte das pessoas desconhece esse fato.

A mediunidade pode ocorrer de várias formas. A exemplo da vidência, clarividência (enxergar com os olhos da mente), clariaudiência (ouvir sons extrafísicos), psicografia (a canalização e escrita de mensagens vindas de planos extrafísicos), entre outras diversas formas.

Mas para que serve a mediunidade? Como usá-la? Qual(is) o(s) desafio(s) que enfrenta uma pessoa que apresenta mediunidade desenvolvida?

O indivíduo evoluído nessa faculdade, principalmente com consciência disso tudo, aprende a aproveitar as percepções do plano espiritual, trazendo esse conhecimento das dimensões superiores para o plano físico. A pessoa consegue acessar informações que para a maioria é algo místico, esotérico, desconhecido. E é aí que começam os grandes desafios, afinal essa mediunidade acarreta o aumento de sua responsabilidade, no sentido de utilizar com sabedoria suas percepções extrafísicas. Afinal, esse dito "dom" da mediunidade acaba tornando a pessoa alguém "diferente", o que não é verdade... Essa "diferença", perante o estilo de vida aqui na Terra, pode gerar muitas consequências. A seguir, algumas delas:

Rejeição

Das pessoas em relação ao médium por considerá-lo louco, insano etc. Do médium em relação à mediunidade, por não querer enfrentar a responsabilidade, por insegurança etc.

Medo

Das pessoas em relação ao médium, afinal, ele é alguém que se "comunica" com o mundo dos "mortos". Do médium em relação a essa faculdade psíquica. Por desconhecer e por não ter confiança, por não saber o que fazer e como fazer. Afinal, os impactos do uso dessa mediunidade podem ser desastrosos, quando não há sabedoria nem discernimento.

Admiração

A admiração das pessoas em relação ao médium. Por ser considerado alguém "diferente", que pode ter acesso a alguns mistérios ocultos para a maioria das pessoas. Essa admiração pode gerar a idolatria. Pode também gerar a vaidade excessiva por parte do médium, originando fascínio.

FASCÍNIO

O médium se fascina pelos acontecimentos e por seu "dom". Ele pode se achar especial, sentindo-se superior aos demais. O fascínio pode ser considerado uma das piores formas de obsessão, porque cega a pessoa e é alimentada por ela mesma, distante de sua essência, cheia de ego e alienação. Nesse caso, as consequências podem ser desastrosas.

A pessoa que nasce com elevado desenvolvimento mediúnico só vem com esse "projeto de vida" pela necessidade de aprender a lidar com aspectos inferiores da personalidade, que somente assim poderiam ser aflorados para gerar o aprendizado. O desafio é grande, porque a chance de a pessoa incorrer nesses deslizes é muito alta. Isso porque, aos olhos do leigo, distanciado do entendimento da missão da sua alma, a mediunidade é um poder "digno dos reis". Grande armadilha!

Ser médium não é ser melhor ou pior que ninguém! Trata-se apenas de fazer parte de um projeto de evolução, que precisa da mediunidade como um instrumento de crescimento. Uma técnica pedagógica específica, para um tipo de aprendizado também específico.

Muitas pessoas, com níveis elevados de mediunidade, costumam cometer os seguintes equívocos:

- Usar o "dom" de forma inadequada, negativa, voltado para interesses apenas pessoais.
- Fascinar-se, cair no ego, na vaidade, pelo fato de iludir-se com os acontecimentos.
- Renegar completamente, pelo medo de enfrentar os desafios que virão, que realmente são vários.

A MAIOR META

Usar a mediunidade como um instrumento para melhorar a humanidade. Aprender a utilizá-la de forma honesta, idônea, voltada para o bem maior, colocando-se permanentemente como instrumento de ajuda para a evolução da humanidade. Deixar a energia grandiosa de Deus fluir, pela bondade e pelo amor.

Se o médium souber trilhar sua vida com humildade, constância de propósito, usando essa força com discernimento, também poderá viver inserido em uma atmosfera espiritual linda, agradável, amorosa, verdadeiramente encantadora. É preciso ficar atento, sempre, a todo instante.

ALGUÉM JÁ LHE FALOU QUE VOCÊ PRECISA DESENVOLVER SUA MEDIUNIDADE?

Este é um conselho típico, com significado amplo, muito utilizado nos centros espíritas/espiritualistas. No entanto, o sentido que a palavra mediunidade produz nas pessoas que a ouvem, muitas vezes, é distorcido em relação ao seu verdadeiro significado.

A mediunidade é um instrumento de evolução. Ela nos possibilita um crescimento mais rápido na direção da realização de nossa missão. O que seria de nós sem as possibilidades mediúnicas que ganhamos de Deus?

Então, pense. Certo dia, lá em cima, no plano astral superior, o Papai do Céu nos escalou. Isso mesmo, como um técnico de futebol, que chama seu jogador para entrar em campo. Ele veio e falou:

"Você vai descer, vai voltar para a escola (planeta Terra). Precisa aprender, evoluir, resgatar muitas coisas, por isso precisa descer...

Mas você sabe que sua necessidade é grande, possui muitas coisas para curar, muitos erros de outrora para corrigir. Dessa forma, uma existência apenas não seria tempo suficiente para tanto. Por isso, filho, vou te proporcionar a mediunidade, como um instrumento para te ajudar a fazer muito mais coisas em menos tempo. Sem essa faculdade, isso não seria possível, pois ela o ajudará a otimizar sua encarnação, ou seja, sua experiência no plano físico, que é tão necessário para a reforma íntima.

Essa dádiva vai te permitir fazer grandes tarefas, o que será muito importante para que consiga aproveitar muito bem sua encarnação e seu propósito nessa descida. Entenda que ela é uma grande aliada na sua empreitada, é um presente para te ajudar. A mediunidade é como a betoneira para o pedreiro. Ajuda a virar a massa, mexer o cimento com muito mais facilidade. Sem ela, a obra demoraria muito mais tempo, geraria muito mais desgaste..."

E assim nascemos no plano físico, nos desenvolvemos e chegamos à maturidade (física apenas). E em meio a tantas ilusões e tanto distanciamento em relação à nossa essência divina, acabamos considerando a mediunidade um fardo. Nos esquecemos do seu real objetivo... Isso é "cuspir para cima". Um equívoco sem igual! Desperdiçamos uma oportunidade incrível.

Centros espíritas/espiritualistas, através de seus orientadores, trabalhadores e monitores, alertam as pessoas sobre a necessidade de trabalhar a mediunidade e desenvolver a espiritualidade. Normalmente, atuam de maneira amorosa, respeitando o livre-arbítrio de cada um. No entanto, é normal as pessoas fazerem mau uso dessa liberdade de escolha. Alienadas de sua finalidade aqui na Terra, acabam por rejeitar a sugestão para desenvolver a sua mediunidade e a recebem como uma coisa ruim, algo incômodo, realmente um fardo.

Se essas casas de amparo e desenvolvimento espiritual pudessem interferir na escolha das pessoas, seus orientadores diriam assim: "Meu irmão, se liga, você recebeu um presente de Deus chamado mediunidade, não porque você é um ser iluminado ou puro, tampouco porque você possui dons extraterrestres, mas simplesmente porque você está abarrotado de coisas (*karmas*) para curar... Você tem a obrigação de mergulhar nesse entendimento, mas o azar é seu se você virar as costas para essa necessidade e quiser desperdiçar mais essa oportunidade de evolução".

Então, pense a respeito quando alguém lhe disser a fatídica frase: "Você precisa desenvolver a sua mediunidade!". Entenda de uma vez por todas que isso quer dizer que chegou a hora de você utilizar esse poderoso recurso como um instrumento para dinamizar a sua tarefa de se curar. Redimir-se de erros do passado e evoluir. Essa é a meta de todos! Com isso, se você fizer bom uso desse instrumento, quando o ciclo dessa vida finalizar e o desencarne chegar, você voltará ao grande Pai, O Supremo Técnico de futebol, e ele terá o prazer de lhe dizer: "Parabéns, que ótima partida você realizou, que grande jogo! Agora descanse um pouco e prepare-se para a próxima, temos um Campeonato inteiro pela frente!".

A mediunidade que incomoda e atrapalha

É muito comum ouvir o relato das pessoas que se dizem incomodadas com os ditos "fenômenos mediúnicos". Com uma certa frequência, as pessoas manifestam suas inquietações com esse tipo de acontecimento, demonstrando, através desse comportamento, uma aguda imaturidade com relação ao entendimento dos mecanismos da mediunidade.

A mediunidade, assim como é largamente conhecida aqui no Ocidente, deve ser interpretada e entendida como um sentido extra, que todos, sem exceção, temos. O fato curioso é que existem muitas formas de mediunidade, no entanto, algumas são mais conhecidas, como, por exemplo, a clarividência, que é a faculdade de enxergar extrafisicamente, para isso, utilizando não a visão física, mas o olho da mente, conhecido como chacra frontal (terceiro olho).

As pessoas que não enxergam dessa forma, já se avaliam e logo chegam à conclusão: "Eu não sou médium, não enxergo nada...".

Mas a mediunidade não é tão limitada assim, existem tantas formas de captar, ou melhor, intermediar, os impulsos ou vibrações provindas das dimensões mais sutis...

Nosso próprio corpo físico tem natureza mediúnica. Através dele, nosso espírito se faz presente para viver uma experiência, uma vida. Esse veículo carnal da consciência nada mais é que um transmissor de impulsos e vibrações, em diferentes frequências. Ocorre que, na dimensão física, a densidade aumenta muito, o que o torna "grosseiro" perante a sutileza do espírito. Na prática, é como se alguém estivesse nos chamando a quinhentos metros de distância. A probabilidade de não ouvirmos nada é muito grande. Fazendo essa analogia, podemos dizer que o corpo físico é uma parede de energia condensada (sólida) que se transpõe à passagem de certas ondas de vibrações características dos planos sutis.

Se todos nós aprendêssemos a silenciar a mente, o coração, as emoções, os ruídos externos do meio ambiente em que vivemos, poderíamos com certeza ouvir o chamado, mesmo havendo quinhentos metros de distância. Sabendo da existência desse som, concentraríamos a atenção de modo que facilmente conseguiríamos amplificar essa voz. É isso que o treino, que se traduz na busca espiritual constante e a reforma íntima, produz.

A mediunidade é um sentido, assim como a visão, o tato ou paladar. Só que não está associada ao corpo físico, é uma faculdade da mente superior, da consciência, não do cérebro, o que explica por que muitos cegos enxergam imagens, bem como surdos ouvem sons.

Curioso? Simplesmente efeito da sensibilidade da alma, ou melhor, dos sentidos do espírito.

Quando vivemos sem nenhuma consciência espiritual, o cérebro não pode conceber a ideia de tais faculdades extrafísicas, por isso cria um padrão limitado. O único raciocínio aceito é de que temos cinco sentidos essencialmente físicos. Mesmo porque, quando se vive distante da consciência crística, jamais se pode conceber o fato de que a consciência é imortal.

Portanto, se eu não aceito essa ideia, de um corpo espiritual ser a morada de minha consciência, ou o único responsável por animar um corpo físico, como poderei permitir que meu espírito exprima suas sensibilidades? Isso seria loucura pela ótica da comunidade cética e materialista, não é mesmo?

Assim sendo, desenvolver a mediunidade é apenas permitir que sua experiência nesse planeta seja guiada pela sua parte superior, por sua própria consciência espiritual.

Ignorar essa faculdade natural, por não conceber a ideia, ou mesmo por medo, comodismo ou insegurança, não vai fazer com que o Universo mude seu mecanismo. Pode até ser cômico, imagine: o Universo olha para aquela pessoa na Terra e diz: "Aquele ali não quer que eu aja naturalmente com ele, então vou deixá-lo pra lá".

Não temos como impedir os ciclos naturais, não dá para trancar a evolução do Universo. O normal de um gato é miar, de um cão, latir, da água, ser molhada, e do fogo, ser quente. Quem pode mudar isso?

E o mecanismo da mediunidade precisa ser entendido para que não haja rejeição, medo ou insegurança. Se você desistiu de desenvolvê-la, lapidá-la, irá também arcar com a consequência disso, inegavelmente.

Longe de mim instigar a ideia de que o Universo é punitivo, que usa as leis de um Deus que castiga e pune. Nada disso. Nosso livre-arbítrio sempre é respeitado, melhor ainda, sempre nos é permitido recomeçar, refazer, consertar os erros — é isso que eu chamo de misericórdia divina e tolerância também.

Então pense no que acontece com a maioria das pessoas que se dizem "vítimas da mediunidade". Todos somos médiuns, isso é fato, pela natureza essencial de cada alma existente aqui nesse plano. Todos nós temos missões a cumprir, ou, ainda, estamos encarnados dentro de uma proposta de evolução constante, normalmente ignorada por mais de 90% das pessoas.

De uma hora para outra, a pessoa, totalmente distante e alienada dessa consciência, começa a sentir, ver ou perceber impulsos nada convencionais para sua mente engessada na terceira dimensão. Capta pensamentos sem que sejam ditos verbalmente, tem sonhos reveladores, premonições, palpites muito fortes (leia-se intuição para um leigo), sente presenças, vultos, ouve vozes. Típicos indícios da mediunidade se expressando, melhor ainda: o espírito querendo fluir, sensibilizar-se no plano físico, dando sinais de que está na hora de ler as entrelinhas da vida.

E a pessoa, cheia de paradigmas nocivos, com sua mente bloqueada para a verdade divina, sofre, mas sofre muito. Isso porque ela quer reter uma enxurrada da natureza universal, o que é simplesmente impossível sem que haja consequências sérias.

É total negligência ignorar este fato, dando-lhe muitas vezes o rótulo de uma doença mental ou síndrome, que com frequência assumem nomes complicados e elaborados.

O pior de tudo é que dá tanto trabalho e gera tanta dor ignorar esse fluxo mediúnico, que é difícil entender o motivo que leva a pessoa a relutar tanto. Mas, como sabemos, cada um está no seu estágio evolutivo e precisamos saber aceitar.

Alguns remédios tarja-preta são usados em larga escala para tentar estancar tais manifestações (que, pelo olhar da ciência ocidental, apresentam causas incertas), mas não o fazem, porque apenas ensurdecem os sentidos físicos, anulando suas percepções. Só que essas manifestações continuarão por lá, povoando suas formas astrais e pairando sobre o corpo espiritual da pessoa, inegavelmente.

Procure pensar: se você caminha por uma rua muito movimentada, andando por uma calçada, junto com milhares de pessoas, necessita saber as horas e percebe que está sem relógio. Não enxerga nenhum relógio em painéis eletrônicos ou similares. Então, em meio a milhares de pessoas, decide perguntar para alguém.

Quem, normalmente, procuramos em meio à multidão? Alguém que visivelmente tenha um relógio, não é mesmo?

Pois bem, a mediunidade aflorada é como um relógio no pulso de alguém, à vista dos espíritos desencarnados. É uma sinalização que atrai a atenção de muitas vibrações diferentes.

A comunicação acontece pelo simples fato de haver uma referência, ou seja, uma via de acesso fácil. Como a mediunidade de comunicação com os espíritos é uma das mais corriqueiras, acaba gerando muitos danos para quem não está preparado para lidar com tais situações.

O que ocorre normalmente é que muitas pessoas, que em vida na Terra eram alienadas, quando desencarnam, sofrem, demoram para compreender. Quando começam a entender que não mais habitam um corpo físico, em desespero, procuram se comunicar. É normal que estejam com padrão vibratório baixo, gerado por seus apegos materiais, sentimentos mundanos e paixões animalizadas, ainda ancoradas em suas auras. E com quem querem se comunicar ou pedir ajuda? Obviamente com todos que tenham um "relógio", ou melhor, qualquer pessoa (qualquer mesmo) que tenha a mediunidade aflorada, o que é facilmente notado pelo espírito perdido, que reconhece isso ao visualizar o campo energético do indivíduo desavisado.

Como a pessoa não concebe a ideia, não está educada, não se conhece (e ainda falamos tanto de autoconhecimento, que ironia) não sabe o que fazer quando começa a sentir verdadeiras perturbações em seus estados psíquicos, no seu humor e equilíbrio emocional.

E isso acontece porque o espírito desencarnado (sofredor), próximo ao médium inconsciente, acopla-se em seu campo áurico, alterando, desvitalizando e desequilibrando por completo o fluxo natural dos chacras, já que sua aura está em péssimo padrão vibratório.

Mesmo a pessoa rejeitando com todas as suas forças essa hipótese, ignorando a iminente necessidade da jornada evolutiva do espírito a se iniciar, nada resolverá seu influxo prânico senão a busca de sua consciência espiritual. Nem remédios alopáticos, nem psicologia ou psiquiatria materialista, nada disso surtirá efeito. Na realidade, não causarão nem cócegas.

O fato poderá ser ignorado o quanto quiser, mas é bom reiterar que nada além da busca consciencial, da reforma íntima, do desenvolvimento das sensibilidades do espírito, servirá de remédio eficaz, nada!

Já algumas pessoas conhecem superficialmente esses mecanismos, e os aceitam. Mesmo assim, consideram um fardo a mediunidade, de forma equivocada e negligente, a rejeitam. Grande erro, que muitas vezes dói... Dói em todos os sentidos, porque, se é fome que uma pessoa tem, é comida que deve ingerir. Nada, por ora, poderá substituir a necessidade emergente de alimento que a pessoa tem.

Se você sofre com a mediunidade, é porque nem começou a sua busca por reforma íntima. Se já iniciou, não se iluda.... Perceba que ainda está no ensino básico, nas séries primárias. Os pensamentos e intenções altruístas ainda não povoaram sua mente, muito menos seu coração. A ignorância espiritual e a alienação com seu propósito ainda tomam as rédeas.

Se esse for seu caso, pode ser que recuse veementemente o conteúdo dessas palavras, pois é normal a reatividade de nossa mente em negar o novo ou não habitual. Eu mesmo também já sofri com a mediunidade, a ponto de me estafar com o enfrentamento. Foi quando desisti de encará-la como uma inimiga, sombria e implacável. Isso seria semelhante à tentativa de impedir que o sol nascesse todas as manhãs. Iniciativa insana, diga-se de passagem.

Abra seu coração para a consciência de sua missão aqui na Terra, ejete sua consciência das alienações do mundo materialista. Volte-se para a necessidade de evolução que você tem. Dedique tempo para nutrir sua alma, leia assuntos correlatos, participe de grupos afins, mantenha contato com a natureza e seus elementos, aprenda a meditar diariamente. Assuma e cumpra compromissos rotineiros com a sua espiritualidade. Foque no sentimento de amor existente nas pessoas. Não há segredo, é só isso mesmo!

Mas você pode não dar a mínima para isso tudo, está certo, livre-arbítrio sempre! No entanto, lembre-se, o Universo não vai cessar o fluxo dele em função da sua escolha. Nesse caso, acho sensato buscarmos nos alinhar na direção da vontade divina (do Universo), abandonando "um pouco" a vontade própria, baseada somente nos interesses do ego e do eu inferior.

É POSSÍVEL DESENVOLVER A MEDIUNIDADE FORA DO CENTRO ESPÍRITA?

Já sabemos que a mediunidade, na verdade, é um instrumento de evolução na vida de qualquer pessoa, por isso não se resumiria a uma ou outra maneira de ser desenvolvida.

Mas a temática, tendo sido amplamente abordada por Allan Kardec, na codificação do espiritismo com seriedade e aprofundamento, acabou sendo correlacionada ao estudo espírita, como se fosse uma terminologia própria da linha de estudo. O Espiritismo foi um movimento muito importante e construtivo para a humanidade, já que abriu novos horizontes e batizou inúmeras linhas de estudo e aprendizado.

Assim sendo, é natural falar de mediunidade vinculando o termo às práticas espíritas, como consequência da herança e do pioneirismo kardecista, o que provocou uma crença coletiva de que a mediunidade somente poderá ser desenvolvida em casas espíritas.

A reencarnação é um exemplo amplamente exposto no Brasil através dos ensinamentos do Grande Mestre Kardec. Através da influência da preciosa literatura kardecista, surgiram muitas obras importantes, que contribuíram em muito para o crescimento espiritual de tantos.

Com seus livros e ensinamentos, o ilustre mestre alertou, orientou e alinhou os estudos, em sua maioria, na direção do plano espiritual. Com intenso foco orientado para o socorro aos espíritos sofredores, que, atrasados em sua evolução e ligados ao mundo da matéria, necessitam de amparo para aprender e se libertar, Allan Kardec impregnou na comunidade ocidental uma nova forma de pensar a espiritualidade.

Seus ensinamentos, desde então, são passados adiante pelos trabalhadores da doutrina, que se utilizam de determinadas faculdades mediúnicas para servirem de intermediários na comunicação com os espíritos, com o objetivo de contribuir na senda da educação espiritual, da tão falada "doutrinação", entre outras atividades corriqueiras nas casas de espiritismo. Isso quer dizer que, da forma como o trabalho nas casas espíritas é desenvolvido, sempre haverá um maior estímulo no sentido de desenvolver a mediunidade voltada para a interação com espíritos, normalmente se utilizando das mensagens transmitidas pelo plano espiritual, que podem ser escritas ou verbalizadas, e também por imagens transmitidas na tela mental do médium, que relata suas visões. Outra maneira de manifestação corriqueira, e para muitos polêmica, é a incorporação: prática na qual o espírito desencarnado acopla seu corpo espiritual ao corpo espiritual do médium, e se utiliza de seu corpo físico e seus sentidos para transmitir suas mensagens.

Também não podemos deixar de falar do tão valente e útil passe magnético, das vibrações de energias e de outras formas de aplicar a mediunidade largamente utilizada nos centros.

Como algumas dessas práticas citadas acima requerem conhecimento de causa, sabedoria, maturidade e intenso preparo, não são recomendadas para o desenvolvimento individual, ou seja, sem a colaboração de um grupo preparado, como as casas espíritas. E é aí que começa uma grande confusão.

A mediunidade pode se manifestar de muitas formas. Através da oração, da telepatia, da cura pelas mãos, da premonição, e até mesmo a comunicação com espíritos, seja pela escrita, clarividência, vidência ou clariaudiência. São inúmeras formas.

Ocorre que, mesmo sendo fundamentada nos ensinamentos do evangelho, produzindo uma base idônea, séria e de moral elevada, a doutrina espírita não agrada a todos. Simplesmente por questão de afinidade, algo normal, natural, afinal, "nem Jesus agradou a todos".

Portanto, muitas pessoas até aceitam a mediunidade, mas não se interessam por esse formato de estudo e desenvolvimento, por falta de afinidade, algo que deve ser respeitado.

Pois então, como fica? A pessoa é obrigada a transitar por uma via única? Não há forma de desenvolver essa mediunidade senão pelo exercício na casa espírita?

Claro que não! Ainda mais no século XXI, caracterizado pela liberdade de expressão e de religião, evidenciando a era do universalismo, da união do Ocidente com o Oriente, da ciência e espiritualidade. Observe que nunca em toda a história da humanidade houve tantas oportunidades de crescimento espiritual e tantas possibilidades para o desenvolvimento de uma consciência mais expandida.

É exemplar o trabalho sério de tantas casas espíritas, no entanto, não é só através delas que a mediunidade pode ser desenvolvida. Se você quiser seguir esse caminho, tudo bem. Leve consigo discernimento, leveza e amorosidade e vá em frente!

Sempre que possível, é recomendável participar de grupos, porque facilitam o aprendizado, dão suporte e tornam a prática muito agradável. Mas, lembre-se, o determinismo pode lhe deixar arrogante e cego, então é preciso um "Orai e vigiai" constante.

O foco principal é entender que a mediunidade se manifesta com o objetivo de ajudar as pessoas e o Universo a evoluírem, inegavelmente.

Por isso, todas as vezes que uma pessoa estiver aprofundando o estudo e a prática da mediunidade e, no entanto, não estiver se transformando em uma pessoa melhor por consequência, também não estiver melhorando a humanidade, fique alerta, pois algo esta em desequilíbrio. Use isso como uma bússola interna, porque funciona bem, pode apostar.

Não lhe parece sensato? Medite sobre isso.

CHICO XAVIER

• AMOROSIDADE • SIMPLICIDADE •

A importância que Allan Kardec teve para o espiritismo mundial equivale à que Chico Xavier teve para a doutrina espírita no Brasil. O Mestre nasceu em Pedro Leopoldo, Minas Gerais, em 2 de abril de 1910, com o nome de Francisco Cândido Xavier, e deixou este mundo em Uberaba, no dia 30 de junho de 2002. Conhecido popularmente por Chico Xavier, foi um renomado e amoroso médium, tornando-se o mais célebre divulgador dos ensinamentos espíritas entre os brasileiros. É o médium psicográfico mais importante de toda a história e publicou mais de 400 livros.

A mediunidade psicográfica de Chico Xavier começou a direcionar-se para novos caminhos quando foi descoberta por uma professora, dona Rosália, que lia seus textos escritos após alguns passeios. A professora mostrava a amigos íntimos, que, de forma unânime, concordavam entre si que os textos ou eram copiados ou eram de supostos espíritos, já que a maioria falava sobre o amanhecer, por exemplo, com conclusões evangélicas.

Chico era filho de Maria João de Deus e João Cândido Xavier. Educado na fé católica, teve seu primeiro contato com a doutrina espírita em

1927, após um fenômeno obsessivo verificado com uma de suas irmãs. Passou então a estudar e a desenvolver sua mediunidade, a qual, como relata em nota no livro *Parnaso de Além-Túmulo*, somente ganhou maior clareza em finais de 1931.

A mediunidade de Chico manifestou-se aos 4 anos de idade. Quando o pai conversava com uma senhora sobre gravidez, o menino respondeu sobre assuntos que envolviam ciências e anatomia. Ele via – clarividência –, ouvia – clariaudiência – os espíritos e dialogava com eles. Aos 5 anos, conversava com a mãe, já desencarnada. Quando foi morar com sua madrinha, foi muito maltratado, chegando a levar uma garfada na barriga. Aos 7 anos, saiu da casa da madrinha para voltar a morar com o pai, já casado outra vez. Chico, para ajudar nas despesas da casa, trabalhava e estudava em escola pública. Por consequência, dormia apenas sete horas por dia.

Chico Xavier psicografou 412 livros e nunca admitiu ser o autor de nenhuma dessas obras. Reproduzia apenas o que os espíritos supostamente lhe ditavam. Por esse motivo, não aceitava o dinheiro arrecadado com a venda de seus livros. Vendeu mais de 20 milhões de exemplares e cedeu os direitos autorais para organizações espíritas e instituições de caridade, desde o primeiro livro.

Sua primeira obra, *Parnaso de Além-Túmulo*, foi publicada em 1932. Nela havia 256 poemas atribuídos a poetas mortos, entre eles os portugueses João de Deus, Antero de Quental e Guerra Junqueiro, e os brasileiros Olavo Bilac, Cruz e Sousa e Augusto dos Anjos. O livro causou muita polêmica entre os descrentes. Já o de maior tiragem foi *Nosso Lar*, com cerca de 1,3 milhão de cópias vendidas, atribuído ao espírito André Luiz – é o primeiro volume da coleção que leva o nome dele.

Em parceria com o médico mineiro Waldo Vieira, psicografou dezessete obras. Uma de suas psicografias mais famosas e que teve repercussão mundial foi a do caso que aconteceu em Goiânia, em outubro de 1979. José Divino Nunes, acusado de matar o melhor amigo, Maurício Henriques, foi inocentado pelo juiz que aceitou como prova válida, entre outras também apresentadas pela defesa, um depoimento da própria vítima falecida, por meio de um texto psicografado por Chico Xavier.

Assim o presumido espírito de Maurício teria inocentado o amigo, ao dizer que tudo não teria passado de um acidente.

Chico é lembrado principalmente por suas obras assistenciais em Uberaba, cidade onde faleceu. Nos anos 1970, passou a ajudar pessoas pobres com o dinheiro da venda de seus livros, tendo, para tanto, criado uma fundação.

O mais conhecido dos espíritas brasileiros teve relevante contribuição para expandir o movimento espírita no Brasil e encorajar os espíritas a revelarem sua adesão à doutrina de Allan Kardec. Sua credibilidade serviu de incentivo para que médiuns espíritas e não espíritas realizassem trabalhos espirituais abertos ao público.

Chico Xavier faleceu aos 92 anos de idade, em decorrência de uma parada cardíaca. Conforme relatos de amigos e parentes próximos, ele teria pedido a Deus para morrer em um dia em que os brasileiros estivessem muito felizes e que o país estivesse em festa, porque assim ninguém ficaria triste com seu desencarne. O país festejava a conquista da Copa do Mundo de Futebol no dia de sua passagem.

Seis meses depois de sua morte, o livro *Na Próxima Dimensão*, de Carlos Bacceli, ditado pelo espírito Inácio Ferreira, foi publicado. Nele afirma-se que Chico seria a reencarnação de Allan Kardec, um tema muito polêmico e largamente discutido nos centros espíritas brasileiros. Chico foi eleito o mineiro do século XX, seguido por Santos Dumont e Juscelino Kubitschek.

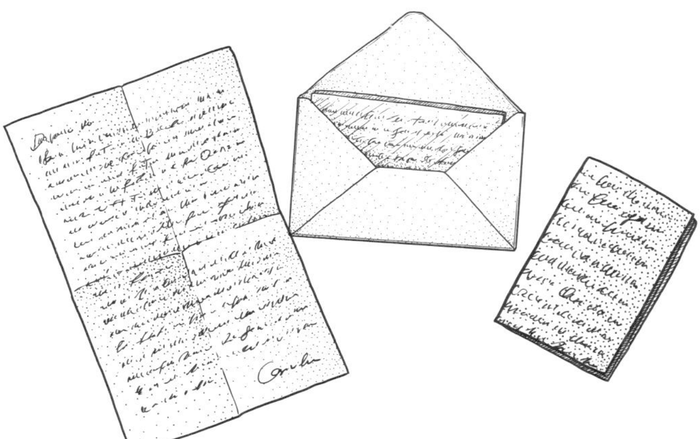

Alguns Ensinamentos do Mestre

- "Embora ninguém possa voltar atrás e fazer um novo começo, qualquer um pode começar agora e fazer um novo fim."
- "Ah, mas quem sou eu senão uma formiguinha das menores, que anda pela Terra cumprindo sua obrigação."
- "Deus nos concede, a cada dia, uma página de vida nova no livro do tempo. Aquilo que colocarmos nela corre por nossa conta."
- "Deixe algum sinal de alegria onde passes."
- "A criança desprotegida que encontramos na rua não é motivo para revolta ou exasperação, e sim um apelo para que trabalhemos com mais amor pela edificação de um mundo melhor."
- "A desilusão de agora será bênção depois. A desilusão é a visita da verdade."
- "A repercussão da prática do bem é inimaginável... Para servir a Deus, ninguém necessita sair do seu próprio lugar ou reivindicar condições diferentes daquelas que possui."
- "Agradeço todas as dificuldades que enfrentei; não fosse por elas, eu não teria saído do lugar. As facilidades nos impedem de caminhar. Mesmo as críticas dos outros nos auxiliam muito."
- "Ambiente limpo não é o que mais se limpa e sim o que menos se suja."
- "Em qualquer dificuldade, não nos esqueçamos da oração... Elevemos o pensamento a Deus, procurando sintonia com os Espíritos bons."
- "Estou convencido de que todos os políticos, sejam eles quais forem, merecem o nosso respeito e a nossa cooperação para serem para nós aquilo que esperamos deles."

- "Eu permito a todos serem como quiserem, e a mim como devo ser."

- "Gente há que desencarna imaginando que as portas do Mundo Espiritual irão se lhes escancarar... Ledo engano! Ninguém quer saber o que fomos, o que possuíamos, que cargo ocupávamos no mundo; o que conta é a luz que cada um já tenha conseguido fazer brilhar em si mesmo..."

- "Justiça e misericórdia: toda vez que a Justiça Divina nos procura para acerto de contas, se nos encontra trabalhando em benefício dos outros, manda a Misericórdia Divina que a cobrança seja suspensa por tempo indeterminado."

- "Lembremo-nos de que o homem interior se renova sempre. A luta enriquece-o de experiência, a dor aprimora-lhe as emoções e o sacrifício tempera-lhe o caráter. O Espírito encarnado sofre constantes transformações por fora, a fim de acrisolar-se e engrandecer-se por dentro."

- "Nem Jesus Cristo, quando veio à Terra, se propôs a resolver o problema particular de alguém. Ele se limitou a nos ensinar o caminho, que necessitamos palmilhar por nós mesmos."

- "A sua irritação não solucionará problema algum... As suas contrariedades não alteram a natureza das coisas... Os seus desapontamentos não fazem o trabalho que só o tempo conseguirá realizar. O seu mau humor não modifica a vida... A sua dor não impedirá que o sol brilhe amanhã sobre os bons e os maus... A sua tristeza não iluminará os caminhos... O seu desânimo não edificará ninguém... As suas lágrimas não substituem o suor que você deve verter em benefício da sua própria felicidade... As suas reclamações, ainda mesmo afetivas, jamais acrescentarão nos outros um só grama de simpatia por você... Não estrague o seu dia. Aprenda a sabedoria divina, a desculpar infinitamente, construindo e reconstruindo sempre... Para o infinito bem."

O 14º Dalai Lama

• *COMPAIXÃO* • *PAZ* •

O Dalai Lama é a reencarnação de um *Bodhisattva* (em Sânscrito, significa "aquele cuja essência é a iluminação") que volta a encarnar na Terra e traz consigo o princípio da compaixão até que todos os seres despertem do sono da ignorância e da ilusão. Nas tradições do budismo tibetano, antes da próxima encarnação, os Dalai Lamas deixam sinais de onde devem ser procurados.

Lhamo Dhondrub nasceu em 6 de julho de 1935, na aldeia de Takster, no Tibet, dois anos após a morte do 13º Dalai Lama. Diante de uma visão que aconteceu em uma meditação, o regente do Palácio Potala, em Lhasa, capital tibetana, nomeou uma expedição de monges disfarçados de comerciantes para fazer o reconhecimento do menino que seria a reencarnação de Avalokiteshvara, a forma masculina do Bodhisattva da compaixão (a forma feminina é Kuan Yin).

Aos 2 anos, Lhamo já demonstrava muitos sinais de ser a reencarnação de uma alma evoluída. Porém seus pais jamais imaginavam que ele seria a volta da autoridade máxima daquele país. No Tibet, política e religião seguem um único caminho e o Dalai Lama é o líder que conduz o povo tibetano.

Quando a expedição de monges chegou à casa de Lhamo, o menino logo sorriu e pronunciou as palavras "lama, lama", que significam professor. O monge ficou impressionado e pôs o menino em seu colo para observá-lo. Lhamo puxou o japamala (rosário tibetano) do pescoço do monge dizendo que aquele objeto lhe pertencia, comunicando-se perfeitamente num dialeto falado somente em Lhasa, o qual nem sua família conhecia. Uma sucessão de outros fatos aconteceu e não deixou dúvidas de que o menino era Kundun, o Iluminado.

Muitos testes foram feitos; colocaram-se, por exemplo, diversos objetos misturados com os pertences do 13º Dalai Lama e o menino selecionou cuidadosamente todos aqueles que lhe haviam pertencido na recente vida passada. As características físicas, como os olhos fundos e as orelhas grandes, acentuaram o fato de que Lhamo era mesmo a reencarnação do Dalai Lama.

Após o reconhecimento, o menino foi levado para Lhasa, a cidade sagrada dos tibetanos, onde recebeu treinamento dentro das tradições do budismo tibetano e também um novo nome: Jatsun Jampel Ngawang Lobsang Yeshe Tenzin Gyatso, que significa Senhor Sagrado, Bondosa Glória, Eloquente, Piedoso, Sábio Defensor da Fé, Oceano de Sabedoria.

Quando Mao Tse Tung tornou-se o líder político da China comunista, o jovem Kundun estava com apenas 15 anos. Nesse momento, o governo chinês enviou uma expedição militar para tomar posse do território tibetano. Antes de invadir, o general chinês foi conversar com o Dalai Lama, que lhe recebeu com as seguintes palavras:

"Que tenham felicidade e prosperidade! Até eu atingir a maioridade, o regente é o líder político do Tibet. É com ele que devem discutir as questões mundiais relevantes. Minha experiência nisso é limitada. Sou um simples monge budista. Tudo o que sei são as escrituras e as palavras do Buda. Buda disse: 'Os seres tremem diante do perigo e da morte. A vida é preciosa para todos. Ao perceber isso, o homem não mata nem causa a morte'. Os senhores devem entender que essas palavras estão enraizadas no coração de cada tibetano. E por isso somos um povo pacífico, que rejeita a violência por princípio. Rogo para que encarem isso como a nossa grande força e não nossa fraqueza. Agradeço a sua visita. Saudemos os iluminados!".

Depois dessa conversa, a China intensificou ainda mais a invasão, destruindo 90% dos mosteiros e palácios budistas e atacando aquilo que era mais precioso para a população tibetana: a religião. O povo do Tibet pediu ajuda ao mundo inteiro, mas as nações estavam demasiadamente envolvidas com seus problemas para envolver-se em um conflito com a China sem receber grandes quantias materiais em troca. Durante o período da invasão chinesa, milhares de monges foram mortos, cidades inteiras foram destruídas e o Dalai Lama foi diversas vezes ameaçado de morte.

O governo tibetano resistiu até onde foi possível e então, em 1959, a pedido do povo, o Dalai Lama se retirou do Tibet e construiu uma colônia na cidade de Dharamsala, na Índia, aos pés do Himalaia, juntamente com milhares de compatriotas. Em 1967, o Mestre começou a peregrinar pelo mundo em busca de ajuda para a libertação de seu povo e também para que ele pudesse voltar a pisar em solo tibetano.

O Dalai Lama esteve com o papa João Paulo II e visitou várias cidades americanas para levar sua mensagem amorosa e pacífica e disseminar as sementes do budismo tibetano. Em 1989, ele foi agraciado com o Prêmio Nobel da Paz, que tem o objetivo de premiar a pessoa com a maior ou melhor ação pela fraternidade entre as nações, pela abolição e redução dos esforços de guerra e pela manutenção e promoção de tratados de paz. Até o momento do lançamento desta edição comemorativa, ele se encontra ativo, aos 88 anos, desempenhando seu papel de líder espiritual do Tibet. Porém ainda permanece em exílio na Índia. Kundun sonha em voltar para sua terra natal, onde deseja passar meditando em seus últimos anos de vida.

Em fevereiro de 2023, um episódio arranhou a imagem de Dalai Lama, durante um evento filantrópico no país em que vive. Um vídeo viralizou, causando polêmica em todo o mundo. O escritório de Dalai Lama se desculpou publicamente justificando que foi um acontecimento inocente e divertido, sem conotação maliciosa. Também existem relatos de que a prática que aparece no vídeo (mostrar a língua) faz parte da cultura tibetana, como uma forma de saudação.

Não estou aqui para julgar, nem condenar. Decidi manter a figura do 14º Dalai Lama neste livro como um grande mestre da humanidade, porque ele realmente é. Todo o seu legado espiritual prova isso. Se errou, isso apenas confirma que, assim como nós, ele é um ser humano em evolução; ou seja, enquanto estamos encarnados aqui na Terra, ainda temos chances de cometer erros.

Precisamos lembrar que, como todo avatar, Kundun é muito bem-humorado e revela a beleza de Deus em seu olhar. Dotado de uma sensibilidade ímpar, consegue tocar com sua energia magnífica os corações mais duros. Além disso, inúmeras vezes observamos pessoas difíceis se transformarem completamente ao entrarem em contato com seus livros, que são verdadeiros tratados a demonstrarem de forma sábia e equilibrada como atingir os níveis mais elevados de felicidade e amor. Dalai Lama é autor de dezenas de títulos (inclusive com coautores) e muitos deles estão disponíveis no Brasil.

Os Ensinamentos de Kundun

- "A melhor religião é aquela que te faz melhor, mais compassivo, mais sensível, mais desapegado, mais amoroso, mais humanitário, mais responsável... A religião que conseguir fazer isso de ti é a melhor religião."

- "Nossa religião é simples. Não existem templos nem complicadas filosofias. A mente e o coração são nosso templo: a humildade, nossa história."

- "Não é preciso ter religião para ter ética, um conjunto de valores morais e princípios de conduta que devem ajustar as relações entre os diversos membros da sociedade. A ética transita em qualquer fé e é a viga central na construção de um mundo mais feliz. Nada mais é do que o velho ditado de não fazer com ninguém o que não se deseja a si mesmo."

- "É através da arte de escutar que seu espírito se enche de fé e devoção e que você se torna capaz de cultivar a alegria interior e o equilíbrio da mente. A arte de escutar lhe permite alcançar a sabedoria, superando toda ignorância. Então, é vantajoso dedicar-se a ela, mesmo que isso lhe custe a vida. A arte de escutar é como uma luz que dissipa a escuridão da ignorância. Se você é capaz de manter sua mente constantemente rica através da arte de escutar, não tem o que temer. Esse tipo de riqueza jamais lhe será tomado. Essa é a maior das riquezas."

- "Se existe amor, há também esperança de existirem verdadeiras famílias, verdadeira fraternidade, verdadeira igualdade e verdadeira paz. Se não há mais amor dentro de você, se você continua a ver os outros como inimigos, não importam o conhecimento ou o nível de instrução que você tenha, não importa o progresso material que alcance, só haverá sofrimento e confusão no cômputo geral. O homem vai continuar enganando e subjugando outros homens, mas insultar ou maltratar os outros é algo sem propósito. O fundamento de toda prática espiritual é o amor. Que você o pratique bem é meu único pedido."

"A raiva nos faz perder uma das melhores qualidades humanas: o poder de discernimento. Temos um cérebro bem desenvolvido, que nos permite julgar o que é certo e o que é errado. Não apenas em termos atuais, mas também em projeções para daqui a dez, vinte ou mesmo 100 anos. Sem nenhum tipo de precognição, podemos utilizar nosso bom senso para imaginar as causas e seus possíveis efeitos. Contudo, se nossa mente estiver ocupada pela raiva, perderemos o discernimento e nos tornaremos mentalmente incompletos. Pode ser que você seja uma pessoa que se irrite facilmente com pequenas coisas. Com desenvolvida compreensão e conscientização, isso pode ser controlado. Se você fica geralmente zangado por dez minutos, tente reduzi-los a oito. Na semana seguinte, reduza a cinco e, no próximo mês, a dois. Depois, passe para zero. É assim que desenvolvemos e treinamos nossa mente. É o que penso e também o que pratico."

"Nossa outra responsabilidade é desfazer a grave degradação ambiental, que é resultado do comportamento humano incorreto. A humanidade deve ter a iniciativa de reparar e proteger o mundo. É óbvio que, quando dizemos 'humanidade' ou 'sociedade', a iniciativa deve vir de indivíduos. A comunidade é simplesmente o coletivo de indivíduos."

"É positivo querer chegar primeiro desde que a intenção seja abrir caminho para outros, tornar mais fácil o caminho deles, ajudá-los ou mostrar-lhes o caminho. A competição é negativa quando desejamos derrotar os outros, empurrá-los para baixo para podermos subir."

"As cidades grandes certamente não são nosso ambiente natural. Apesar de todas as comodidades do mundo moderno, no fundo, nós, seres humanos, guardamos um sentimento de intimidade para com as plantas. Nossos ancestrais dependiam muito das árvores para fazer fogo, armas e abrigo. Alimentavam-se de frutas, usavam flores como decoração e folhas como vestimentas. As plantas são importantes em nossa vida e acho que ainda há traços disso em nossos genes. Sob essa perspectiva, seria melhor para as pessoas viver em vilas pequenas, onde pudessem ter jardins, e não em cidades grandes. Isso certamente ajudaria os jovens a encontrar algumas raízes."

"A melhor solução seria que todas as crianças do mundo frequentassem escolas em que a filosofia e os programas estivessem enraizados na compaixão e na afeição. As crianças têm direito a um clima de afeição em casa. Devemos construir um mundo em que elas possam desfrutar de uma atmosfera positiva o dia inteiro."

"Os textos budistas mencionam a fruição de oito qualidades, entre elas riqueza, saúde e fama, que definem uma existência humana afortunada. Para desfrutarmos da felicidade, porém, precisamos em primeiro lugar ter paz de espírito. Em seguida vem a saúde, depois as boas companhias e, por último, o dinheiro. Por exemplo, quando tivemos de fugir do Tibet, nossa prioridade era salvar nossas vidas. Estar totalmente sem dinheiro era secundário. Se você está vivo, sempre é possível fazer amigos e ganhar dinheiro. A paz de espírito deve vir em primeiro lugar, pois geralmente atrai prosperidade."

Chagdud Tulku Rinpoche

• Verdade Universal •

Sua Eminência Chagdud Tulku Rinpoche nasceu em Tromtar, no Tibet, no dia 12 de agosto de 1930. Desde criança, foi identificado como um tulku, os quais são reverenciados por serem a encarnação de uma alma muito evoluída. Ele fez parte da última geração de lamas treinados no Tibet antes da invasão chinesa, em 1959.

Os tulkus são seres especiais com uma nobre missão: transmitir o conhecimento divino e as verdades universais aos homens da Terra. Por isso, a preparação se inicia cedo, com retiros espirituais realizados já na infância, para que o tulku venha a se tornar um mestre da espiritualidade, vença os desejos e o ego. Para os tibetanos, os tulkus escolhem nascer para trazer à Terra a semente do dharma. Foi esse o destino deste ser iluminado que, após a invasão chinesa, retirou-se para a Índia com mais de 100 mil tibetanos.

O Rinpoche foi um lama da Escola Nyingma, do budismo vajrayana tibetano, reconhecido como o 14º renascimento do abade do mosteiro de Chagdud, o Chagdud Gonpa, no Tibet, e possivelmente um terton, isto é, um descobridor de tesouros da prática budista. Nos anos 1970, foi para os Estados Unidos e tornou-se cidadão norte-americano; lá conheceu sua esposa Jane, com quem viria mais tarde para o Brasil.

Em 1995, estabeleceu-se no Rio Grande do Sul e construiu um lindo centro de budismo tibetano no município de Três Coroas, denominado Chagdud Khadro Ling, além de fundar outros centros e grupos de prática em todo o país. O nome Chagdud vem de *Chag*, "ferro", e *Dud*, "nó", relembrando o primeiro abade, Sherab Gyaltsan, que deu o nome ao mosteiro, pois era capaz de dar um nó em uma espada. Segundo relatos originários do Tibet, Chagdud Tulku Rinpoche conseguia realizar essa mesma proeza em sua juventude.

O nome tulku, transliterado do Tibetano como *Sprul Sku*, é um título que significa "encarnado, renascido num corpo material" e que corresponde ao Sânscrito *nirmanakaya*, indicando que o renascimento do lama Chagdud se deu por sua escolha, em benefício de todos os seres sencientes . Já o nome Rinpoche também é um título e significa "precioso", o que demonstra o grau de compaixão e sabedoria que o lama manifesta por seus sucessivos renascimentos. Outro nome de Chagdud Tulku Rinpoche é Padma Gargyi Wangkhyuk: "O Senhor da Dança".

Chagdud era filho do Lama Sera Kharpo e sua esposa Dawa Drolma. Ele foi reconhecido como o abade de Chagdud Gonpa nos primeiros anos de sua vida e teve a oportunidade de ser educado no Tibet, como parte da última geração que pôde ser formada livremente naquele país antes da invasão chinesa.

Em 1958, casou-se com Karma Drolma e teve com ela dois filhos: o também Lama Jigme Rinpoche e sua irmã Dawa Lhamo Tromge. Em 1959, a China invadiu o Tibet e anexou-o como território, e ele se exilou na Índia. Depois seguiu para o Nepal, atuando e organizando os campos de refugiados, onde pôde utilizar seus conhecimentos tanto dos ensinamentos budistas quanto da medicina tibetana. As dificuldades do exílio, porém, levaram a desentendimentos e ele se separou de Karma Drolma.

Quando se casou com a norte-americana Jane, a ordenou Lama Chagdud Khadro. Nos Estados Unidos, deu início a um grupo de prática e, em 1983, estabeleceu a Chagdud Gonpa Foundation com a comunidade Rigdzin Ling, em Junction City, na Califórnia.

Percorreu diversos países da América, Europa e Ásia, ao mesmo tempo em que cuidou do desenvolvimento de seus alunos norte-americanos, formando entre eles vários lamas. Alunos brasileiros também se dirigiam ao Rigdzin Ling, e Chagdud fez algumas visitas ao Brasil. Em 1995, transferiu-se definitivamente para o nosso país, onde organizou a construção do primeiro Lha-Kang (templo tipicamente budista tibetano) na América do Sul e criou as fundações Chagdud Gonpa Brasil e Chagdud Gonpa Hispanoamérica.

Em 2002, aos 72 anos, Rinpoche faleceu na cidade de Três Coroas, Rio Grande do Sul, ao final de um retiro de prática de transferência da consciência na hora da morte – em Tibetano, *Pho-wa*. Seu corpo foi transladado e cremado no Nepal e suas relíquias foram colocadas em diversos de seus centros. No Brasil, algumas delas encontram-se no templo de Khadro Ling, em Três Coroas, e na sede do centro Odsal Ling, no município de Cotia, São Paulo.

Seus Ensinamentos

Acho que seria impossível descrever com palavras a importância de Chagdud Tulku Rinpoche em minha vida como mestre espiritual. Foi lendo seu livro *Portões da Prática Budista* que encontrei o verdadeiro sentido da vida e da espiritualidade. Foi como uma iniciação na senda espiritual, e também a primeira obra de temas espirituais que li. A maneira como ela chegou até mim foi mais intrigante ainda.

Com o sistema imunológico muito debilitado por uma doença proveniente de estresse e preocupação com o trabalho – naquela época, sem a menor orientação a respeito da espiritualidade –, fui procurar ajuda nos meios alternativos. Já nas primeiras buscas por socorro, me deparei com o Reiki e, em seguida, senti um chamado interior para participar de um processo iniciático dentro dessa técnica de cura.

No dia marcado para a iniciação, o grupo entrou em processo meditativo e, durante a meditação conduzida pelo mestre, visualizei a

Personalidade e realizações

As pessoas que com ele conviveram falam de seu senso de humor, seu conhecimento profundo sobre o budismo e sua realização nas práticas budistas, que é um requisito fundamental para um lama tibetano. No Brasil, disseminou a prática de Tara Vermelha, que evoca o nosso estado desperto natural por meio de visualizações e recitações de preces e mantras, entre outras muitas práticas do budismo vajrayana que conhecia. Como redigiu diretamente uma prática de Tara Verde (com mantras para enfrentar medo e insegurança), é considerado, informalmente, um terton, um descobridor de tesouros, o que significa alguém que teve a visão dessa prática. Ele explicou: "Seria ingênuo supor que praticantes novos conseguirão imediatamente eliminar todas as suas deficiências e desenvolver todas as qualidades positivas da prática. Porém, se ao entrar pela porta do dharma, seja em que estágio for de suas vidas, eles continuarem a praticar, então o amor, a compaixão e a sabedoria crescerão. Se as pessoas praticam, conseguem melhorar. Aqui não há diferença alguma entre orientais e ocidentais."

imagem de um monge tibetano que nunca havia visto. Fiquei surpresa com a força, o brilho e a intensidade da luz que estava ao redor desse monge. Era muito real para que fosse imaginação ou delírio.

Nessa meditação, ele me mostrou a capa de um livro com sua foto e pediu que eu lesse, pois só por meio daquele instrumento eu poderia me autoconhecer. Disse que eu ficasse atenta aos sinais do Universo porque o livro iria chegar até mim. Ele deixou claro, na meditação, que eu havia feito uma boa escolha e que, a partir daquele momento, me conduziria na senda da espiritualidade.

Fiquei ansiosa. Como iria encontrá-lo? Como iria achar o livro? Quem era ele? O que havia no livro? Todas essas perguntas começaram a povoar a minha mente inquieta. No dia seguinte, abri o jornal e a primeira coisa que vi foi a foto do monge... Era Chagdud Tulku Rinpoche. Fiquei paralisada! Quando me dei conta de que o templo budista estava a menos de 100 quilômetros, fui até lá imediatamente e a sensação de paz que senti ao chegar no topo do monte em Três Coroas foi indescritível.

Quando entrei na loja do templo, o livro estava lá, exatamente como vi na meditação. Comecei a ler e achei que a leitura seria rápida. Porém levou um ano inteiro, pois cada lição e cada aprendizado precisam ser vividos, experimentados. Foi um livro iniciático, que realmente colocou muitas coisas e conceitos à prova. É um incrível tratado sobre budismo tibetano, com o qual aprendemos de forma detalhada a exercitar nossa mente para que ela se liberte dos venenos que contaminam nossa vida.

As instruções começam falando da vida moderna e daquilo que realmente importa. Será que é preciso trabalhar tanto, sofrer tanto? Para que exatamente precisamos de tudo isso? Fui passeando pelo livro como se nunca tivesse lido nada em toda a minha vida. Sempre li muito, desde criança, mas nunca havia me deparado com algo que houvesse me tocado tão profundamente. Senti que todos os livros da formação tradicional se tornavam pequenos naquele instante. Os ensinamentos se deram da seguinte maneira:

- Parar para perceber o que estamos fazendo já é o primeiro passo da caminhada espiritual.
- Depois aprendi que, para eliminar todo o sofrimento de minha vida, precisava me libertar do apego, do desejo, da raiva, da aversão e da ignorância, que são ilusões destrutivas da mente. É como se fossem venenos que contaminam todo o nosso sistema imunológico.
- Após alguns meses praticando somente pensamentos virtuosos e inserindo as virtudes em todos os momentos é que seria possível começar, enfim, a compreender o que é felicidade.
- É preciso começar a contemplar que o nascimento humano saudável é demasiadamente precioso para que se perca tempo com futilidades.

- Depois também é necessário contemplar a impermanência, para perceber que tudo um dia desaparecerá. Nossos desejos vão cessar e a sabedoria vai aflorar. Vem então a calma, a tranquilidade e a paciência, que podem ser traduzidas como a ciência da paz.
- Quando se compreende a impermanência, é que se consegue desmistificar a questão do karma, que nada mais é do que o resultado de nossas escolhas do passado.
- Assim se retorna à questão do sofrimento e o que leva a ele: os sentimentos nocivos, como apego, desejo, raiva, aversão e ignorância. A humanidade está presa nessa roda de sofrimento há milhares de anos: o *Samsara*.
- A vontade de atingir a iluminação e a sabedoria é o caminho do dharma, que consiste em ações que beneficiem todos os seres vivos em prol do despertar da espiritualidade.

Depois de aprender tudo isso, ainda fui presenteada com uma introdução ao budismo vajrayana, a aspirações sobre a fé, à oração, aos mantras e à natureza da mente. Conheço várias pessoas que leram *Portões da Prática Budista* e, mesmo as mais intocáveis ou insensíveis, se transformaram profundamente e hoje seguem no caminho do dharma. Uma obra assim só poderia ter sido inspirada por um ser especial como Chagdud Tulku Rinpoche. As pessoas íntimas do Mestre referenciam sua inteligência, sabedoria e profunda compaixão como os marcos de sua última passagem aqui na Terra.

GANDHI

• FORÇA DA PAZ •

Como todos os mestres presentes neste livro, Mahatma Gandhi possui uma vasta literatura a seu respeito, com muitos detalhes, datas e fotografias. Porém, para nosso estudo, vamos nos concentrar na herança que o Mestre nos deixou: seu comportamento diante da violência e suas lições de amor que transformaram o mundo.

Um dos homens mais importantes do século XX nasceu em Nova Delhi, na Índia, no dia 2 de outubro de 1869, sob o signo de Libra, pertencendo à casta dos comerciantes. Mohandas Karamchand Gandhi era uma criança tão tímida que saía correndo da aula para não conversar com os colegas. Aos 13 anos, Gandhi casou-se com a esposa que lhe fora prometida na infância, de acordo com as tradições hindus daquela época. Aos 18 anos, já pai de um menino, o Mestre foi estudar Direito em Londres, profissão que o levaria a conhecer a cidadania e os direitos humanos, o que no futuro o aproximou das questões políticas e sociais.

É incrível, mas foi fora da Índia que Gandhi pela primeira vez leu *O Bhagavad-Gita*, o épico hindu que relata a história de Krishna. Havia duas escrituras que o tocavam profundamente: o Sermão da Montanha proferido por Jesus (Mateus, 5-7) e *O Bhagavad-Gita*. Para Gandhi, ambas transmitiam a mesma mensagem.

Com base nessas leituras que uniam o cristianismo e o hinduísmo, o Mahatma (do Sânscrito, "Grande Alma") encontrou a força espiritual necessária para conquistar a independência da Índia e transformar o mundo. O Mestre viveu numa das épocas mais violentas que o planeta atravessou, assolada por duas guerras mundiais.

Gandhi afirmava que era hindu, cristão e muçulmano, o que demonstra uma postura universalista e baseada no respeito ao deus de cada um e à convivência harmônica entre as religiões. Um dos sonhos do Mestre era ver hindus e muçulmanos convivendo em paz.

Mahatma costumava dizer que o amor sincero de um único homem poderia aniquilar com toda a maldade do mundo e talvez ele tenha sido o maior exemplo disso quando iniciou, na Índia, um movimento político de desobediência civil que chamou de *Sathyagraha* ("Força de Verdade"). Era muito mais do que um movimento ideológico: era um estilo de vida baseado em causas supremas, divinas, superiores. Esse movimento consistia em resistir à opressão de qualquer inimigo de forma pacífica, demonstrando grande amor por todos os seres, inclusive pelos opressores. Numa época em que a Índia sofria com o domínio britânico, Gandhi liderou marchas e protestos não violentos que mobilizavam grandes multidões; conquistou, assim, a independência de seu país em 15 de agosto de 1947.

Aos 37 anos, Mahatma Gandhi resolveu fazer o voto de *Brahmacharya* e manteve-se casto, retendo a energia sexual e direcionando essa força às causas sociais e de libertação do povo indiano. Esse voto foi tomado em comum acordo com sua esposa.

Gandhi esteve preso por diversas vezes. Porém o povo indiano o nomeou como líder político e religioso e só aceitava negociações que passassem pelo seu crivo. Um dos protestos mais conhecidos foi a Marcha do Sal. O governo britânico havia proibido os indianos de produzirem seu próprio sal, que ficaria sob o monopólio inglês. Esse fato prejudicaria, principalmente, os pobres. Então Gandhi, juntamente com algumas dezenas de pessoas, iniciou uma marcha de 300 quilômetros em direção ao mar. Ao longo do caminho, milhares de pessoas aderiram à ideia e todos com suas panelas colheram sal do mar. A polícia chegou para tentar dispersar a população, mas era tanta gente para prender que a força militar nada pôde fazer. Assim o Mestre ia reunindo mais adeptos à cultura da não violência e do amor incondicional.

Gandhi jejuava em sinal de protesto; dessa maneira, demonstrava todo o seu amor pela humanidade em forma de resistência pacífica. Mesmo recebendo milhões de dólares em doações vindas de todo o mundo, sempre utilizou a força material para ajudar a quem precisava e viveu na mais absoluta pobreza.

O Mestre era amigo de Charles Chaplin, Paramahansa Yogananda e Albert Einstein; ele cultivava amizade com pessoas influentes e importantes que o admiravam muito. Foi indicado várias vezes ao Prêmio Nobel da Paz, sem nunca o ter recebido. Causou comoção a milhões de pessoas no mundo inteiro ao se despedir do nosso plano em 30 de janeiro de 1948, aos 79 anos, assassinado de forma brutal por um fanático religioso.

Disse Albert Einstein sobre o Mestre no dia de sua morte: "Um condutor de seu povo, não apoiado em qualquer autoridade externa; um político cuja vitória não se baseia em astúcias nem técnicas de política profissional, mas unicamente na convicção dinâmica da sua personalidade; um homem de sabedoria e humildade dotado de invencível perseverança, que empenha todas as suas forças para garantir a seu povo uma sorte melhor; um homem que enfrenta a brutalidade da Inglaterra com a dignidade de um homem simples, e por isto se tornou um homem superior – futuras gerações dificilmente compreenderão que tenha vivido na Terra, em carne e osso, um homem como este".

O norte-americano Martin Luther King, outro grande defensor da liberdade e adepto da não violência, falou, antes de também ser assassinado por radicais: "Gandhi foi infalível. Se a humanidade tem que progredir, o Mahatma é imprescindível. Ele viveu, pensou e agiu inspirado pela visão de uma humanidade que evoluía para um mundo de paz e harmonia. Se o ignoramos, o risco será só nosso".

Assim Gandhi continua até os dias de hoje como um dos maiores exemplos de que podemos trazer à Terra os ideais divinos, transformando nosso lar em um cenário de convivência harmoniosa e desenvolvimento da consciência de paz.

A HUMILDADE DE GANDHI EM SUAS PALAVRAS

- "Diante de qualquer conflito, respire antes de reagir e tente negociar. Mesmo discordando, procure compreender a posição das outras pessoas."
- "Leve em conta o sofrimento alheio."
- "Elimine os maus tratos, inclusive a autoagressão. Só quem se cuida e é generoso consigo cuida bem do outro."
- "Se for uma vítima da violência ou injustiça, busque aliados para encontrar soluções. Não se isole."
- "Tente identificar e combater em si mesmo os preconceitos de qualquer espécie."
- "Ouça mais, fale menos."
- "O que eu quero alcançar, o objetivo dos meus esforços e anseios nos últimos trinta anos, é a autorrealização, ver a Deus face a face, chegar à libertação."
- "*Satyagraha* é suave, não machuca. Ela não deve ser resultado da raiva ou da maldade. Não é espalhafatosa, impaciente, ruidosa. É exatamente o oposto da compulsão. Ela foi concebida como um substituto perfeito para a violência."

- "Para ver o espírito da verdade universal e oniabrangente face a face, precisamos ser capazes de amar como a nós mesmos a menor das criaturas. O homem que tem essa aspiração não pode omitir-se de participar de todas as esferas da vida. É por isso que minha devoção à verdade me impeliu para o campo da política; e posso dizer, sem a menor hesitação, e todavia com toda a humildade, que os que dizem que religião não tem nada que ver com política desconhecem o significado da religião."

- "Através de amarga experiência aprendi uma lição fundamental: refrear a minha raiva; como o calor contido transforma-se em energia, assim a nossa raiva, controlada, pode transformar-se numa força para mover o mundo."

- "Você só pode dizer que ama realmente quando a felicidade da outra pessoa está acima da sua própria felicidade, quando a vida dela significa mais para você do que a sua própria vida. Tudo o mais é apenas negócio, um toma lá dá cá."

- "A força de matar não é essencial para a autodefesa; devemos ter a força de morrer. Quando alguém está plenamente disposto a morrer, nem sequer lhe vem o desejo de praticar a violência."

- Quando questionado sobre sua religião, Gandhi respondeu: "Você precisa observar minha vida, o modo como geralmente vivo, me alimento, sento, falo e me comporto. A soma total de tudo isso em mim é a minha religião."

- "Não tenho nada de novo a ensinar ao mundo. A verdade e a não violência são tão antigas quanto as colinas. Tudo o que fiz foi efetuar algumas experiências com ambas, numa escala tão ampla quanto possível. Ao fazer isso, às vezes errei e aprendi com meus erros. Assim a vida e seus problemas tornaram-se para mim experiências na prática da verdade e da não violência."

Helena Petrovna Blavatsky

• *OCULTISMO* • *INTELIGÊNCIA DIVINA* •

A mulher mais fantástica de nossa era nasceu no sul da Rússia, na cidade de Ekaterinoslav, em 12 de agosto de 1831, sob o signo de Leão, com o nome de Helena Petrovna von Hahn. Filha de um coronel e de uma renomada novelista, ela fazia parte da nobreza russa por ser neta da princesa Helena Dolgorukov.

Já em sua cerimônia de batismo, com apenas 24 horas de vida, os incidentes que acompanhariam Madame Blavatsky para sempre tiveram início: como nasceu fraca, ao temerem sua morte, seus pais organizaram logo o batizado. Sua irmã Vera, poucos anos mais velha, representava um parente ausente e, ao segurar uma vela, deixou-a cair, incendiando as vestes do sacerdote e queimando seriamente vários convidados, inclusive o padre. Para a Igreja Ortodoxa Russa, esse incidente era sinal de um péssimo presságio.

Em sua infância, Helena mostrava-se rebelde às ordens dos professores e de todas as autoridades que contrariavam sua vontade. Passou grande parte do tempo na biblioteca do avô, uma das maiores da Rússia, lendo sobre tudo o que lhe interessava, principalmente assuntos espirituais. Gostava de saber sobre cultura e religião dos povos antigos e teorias sobre a criação do Universo.

Apesar dos títulos de nobreza e da situação financeira favorável, a menina preferia brincar com as crianças mais pobres, contando-lhes histórias assustadoras sobre a criação do Universo e teorias evolucionistas. Desde cedo, demonstrava poderes paranormais e assustava aqueles de sua convivência. As histórias e os amigos imaginários eram tão diversos que assustavam realmente os amigos sem clarividência, fato que a deixou um tanto isolada dos demais. Era tão convincente em seus contos que persuadia todos a entrarem no seu mundo secreto.

Em uma carta, sua irmã Vera relatou que a mãe se sentia muito triste com o comportamento anormal de Helena, sem saber o que fazer a respeito. Um dia, já doente, sua mãe mencionou: "Talvez seja melhor que eu morra, porque assim serei poupada de ver o que acontecerá a Helena! De uma coisa estou certa, sua vida não será igual à das outras mulheres e por isso ela sofrerá muito".

Quando a menina tinha 11 anos, sua mãe faleceu e ela partiu definitivamente para a casa de seus avós. Helena se relacionava muito bem com os empregados da mansão de sua família, tanto é que passava mais tempo com eles do que com seus familiares.

Sua tia Nadyezhda A. de Fadeyev relatou em carta, no século XIX:

"Estragada na infância pela adulação dos empregados e pela devotada afeição dos parentes que perdoavam tudo à 'pobre criança órfã', Helena reforçou seu temperamento autoritário, o que a fez rebelar-se abertamente contra as exigências da sociedade quando cresceu. Ela não se submetia nem fingia respeito pela opinião alheia. Cavalgou até os 15 anos num cavalo cossaco, com sela masculina! Não se curvava a ninguém, nem retrocedia diante de algum preconceito ou convenção.

Desafiava tudo e todos. Na infância, toda a sua simpatia era voltada para as pessoas de classe inferior. Sempre preferiu brincar com os filhos dos empregados e tinha que ser constantemente vigiada para não escapar de casa e ir fazer amizades com as crianças de rua. Mais tarde na vida, continuou a simpatizar com os mais humildes e a demonstrar uma pronunciada indiferença à nobreza, à qual, por nascimento, ela pertencia".

Quando Helena estava com 17 anos, certo dia, a cozinheira, que lhe era muito íntima, de brincadeira mencionou que por conta de seu comportamento rebelde ela jamais se casaria, nem mesmo com o velho Nikifor Blavatsky. Então a moça lhe disse que, mesmo ele parecendo um "corvo sem penas", ela conseguiria provar à sua amiga criada que o velho a pediria em casamento. Quando Helena foi falar ao senhor Blavatsky que se tratava apenas de uma brincadeira, o casamento já estava arranjado e, pela lei do país, ela não poderia voltar atrás. As damas da nobreza e outras moças da corte, por acreditarem que ela poderia se encantar com a riqueza das bodas e com a pompa da festa, organizaram tudo rapidamente.

No dia da cerimônia, olhando tudo com desdém, no momento que o sacerdote pronunciou que a esposa deveria obedecer ao marido, uma onda de fúria a invadiu e ela respondeu que jamais faria isso! Então, logo após a cerimônia, Helena fugiu da Rússia para passar dez anos na Ásia Central, na Índia, na América do Sul, na África e no Leste Europeu, em busca da sua espiritualidade. Nesse período, conviveu com sábios de muitos povos diferentes – yogues, iniciados de alto grau, rishis, sufis, monges budistas, indígenas e beduínos do deserto – e pôde ampliar bastante sua visão de mundo, vivenciando e experienciando muito do que havia lido na infância.

Aos 20 anos, Helena esteve em Londres e encontrou fisicamente o mestre com quem sempre sonhara: El Morya, que representava uma delegação do Nepal, em Londres. Ele lhe disse apenas que ela estava sendo preparada para cumprir uma grande missão e que, na hora certa, chegaria ao Tibet para receber treinamento.

Depois de algumas tentativas frustradas de chegar ao Tibet, Helena foi morar, juntamente com seu pai e sua irmã, numa casa de campo na Rússia, quando foi acometida por uma grave doença, aos 28 anos. Com febres e terríveis dores, uma ferida abria-se na região do coração e as crises duravam de três a quatro dias, ao que desaparecia e cicatrizava misteriosamente, de forma muito rápida. Certa vez, sua família chamou

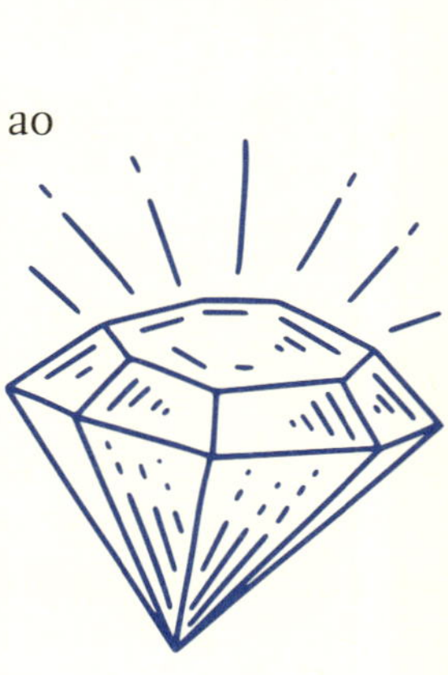

um médico, que tentou costurar a ferida. Uma enorme mão escura se materializou nesse momento, como se protegesse o coração de Madame Blavatsky. O ambiente foi tomado por toda a sorte de ruídos e sons estranhos. O médico, aterrorizado, implorou para não ser deixado sozinho com a paciente e fugiu. Passado algum tempo, todo o país comentava que a moça era uma poderosa feiticeira, com poderes paranormais. A doença foi apenas um processo de purificação para que ela recebesse uma iniciação de alto grau para cumprir sua grande missão de construir a Sociedade Teosófica.

Por volta dos 30 anos, seus poderes começaram a se ancorar e as canalizações, psicografias e visualizações eram cada vez mais constantes. Então havia chegado a hora de ir ao Tibet. Mestre El Morya, cumprindo com sua palavra, levou Madame Blavatsky até a casa de Kuthumi, onde ela morou por dois anos. Helena foi autorizada a participar de cerimônias tibetanas nos monastérios, onde nenhum ocidental jamais havia entrado.

Durante dois meses, Mestre Kuthumi, que havia estudado em universidades europeias, auxiliou Helena a aprender Inglês de forma física e também extrafísica. Nessa época, ela conheceu Djwhal Khul, um garoto tibetano de 15 anos, que era o mais brilhante aluno de Mestre Kuthumi.

No seu período no Tibet, Helena conviveu com Saint-Germain, El Morya, Kuthumi, Djwhal Khul e Hilarion. Quando seu treinamento esotérico estava completo, ela retornou à sua família, que ficou muito feliz em revê-la e, sob orientação de seu Mestre El Morya, foi para os Estados Unidos encontrar-se com Henry S. Olcott, o qual seria seu parceiro para a fundação da Sociedade Teosófica. Ao se encontrarem, a simpatia e afinidade aconteceram de forma natural.

Em 17 de novembro de 1875, foi fundada a Sociedade Teosófica. A palavra teosofia tem origem grega: *theos* significa "divino" e *sofia*, "sabedoria", portanto, "sabedoria divina". Olcott era o presidente, pois possuía maior competência administrativa e organizacional, enquanto Helena era a líder espiritual da instituição. Olcott tornou-se discípulo de Mestre El Morya, enquanto Helena começou a escrever o livro *Ísis sem Véu*, uma das obras mais incríveis que nos foram deixadas como herança.

Nessa época, Madame Blavatsky iniciou os fenômenos de materialização. Existem muitas cartas arquivadas na sede da Sociedade Teosófica que relatam os incríveis casos em que ela se utilizava de recursos mentais avançadíssimos para materializar qualquer coisa que quisesse.

Em 1871, na Grécia, Helena tentou fundar uma Sociedade Espírita para estudar os ensinamentos de Allan Kardec. Disposta a encarar todos os preconceitos e problemas, enfrentou o desafio com muita coragem. Um tempo depois, escreveu aos seus amigos que havia fracassado, pois os médiuns que com ela estavam trabalhando eram todos corruptos e fascinados.

Desapontada com o fracasso de sua Sociedade Espírita, voltou à Rússia para continuar seus trabalhos na Sociedade Teosófica. Na publicação de *Ísis sem Véu*, mil exemplares foram vendidos em nove dias. Considerando que isso aconteceu há mais de 100 anos, é como se o primeiro livro de um autor vendesse um milhão de exemplares em nove dias na época atual. Um fenômeno!

As materializações e experiências mediúnicas de Madame Blavatsky são inúmeras, desde a materialização de xícaras em piqueniques até desenhos de retratos em apenas alguns segundos; suas manifestações divinas, por sua vez, eram fascinantes. Ela atribuía seus poderes aos Mestres, hoje ascensionados, El Morya, Kuthumi e Saint-Germain. Porém eles mesmos diziam que Helena produzia os fenômenos de acordo com os poderes naturais, sem a ajuda deles, pois ela era uma iniciada de alto grau.

Sempre muito criticada por seus poderes mediúnicos, muitas vezes ela era agressiva e perdia a paciência com aqueles que duvidavam de seus feitos. Helena não tinha muita paciência com a ignorância dos "profanos", pessoas que desconheciam os poderes espirituais do Universo onde sua mente orbitava. Quando questionada sobre isso, ela dizia que esse temperamento a mantinha por mais tempo na Terra, porque, se fosse perfeita, não estaria mais aqui e sim entre os iniciados de quinto grau. Seu temperamento difícil retardava seu progresso espiritual. Porém isso não impediu que Helena fosse o mais extraordinário canal da Grande Fraternidade Branca para transmitir todo o conhecimento dos Iniciados.

A CONTINUIDADE DA SOCIEDADE TEOSÓFICA

O Coronel Henry S. Olcott deu continuidade na presidência da Sociedade Teosófica até 1907, quando Annie Besant a assumiu. Juntamente com seu amigo Charles Webster Leadbeater, tornaram a Sociedade Teosófica conhecida no mundo inteiro, com muitos adeptos até os dias de hoje.

Acredita-se que a primeira Sociedade Teosófica tenha surgido no Egito Antigo, por filósofos neoplatônicos que estudavam as correspondências da alma humana com o mundo externo e os fenômenos da natureza. Atualmente a Sociedade Teosófica moderna busca a sabedoria pela investigação direta da verdade, que se manifesta na natureza e no homem. Segundo Helena Blavatsky, a verdadeira teosofia é a renúncia completa do eu, ou seja, para vivermos a verdade de acordo com os princípios do Universo, devemos abandonar completamente qualquer ideia separativa pois todos os seres, juntos, formam um único ser: o Todo, Atman, Brahman, Deus, Tao. Não há distinção nem separação. Tudo está interligado.

O verdadeiro teósofo dedica sua vida a serviço da humanidade, com direito e liberdade para expressão e ação, desde que isso não prejudique os demais. Um teósofo pode fazer parte de uma religião e participar da Sociedade Teosófica ao mesmo tempo, sendo que a única condição para se filiar à Sociedade é aprovar e cumprir seus três princípios:

1. *Satyan nasti paro Dharmah* – **"Não há religião superior à Verdade".**
2. **Encorajamos o estudo da religião comparada, filosofia e ciência.**
3. **Investigamos as leis não explicadas da natureza e os poderes latentes no homem.**

Certa vez, sua irmã Vera a desafiou, querendo que Helena adivinhasse o que estaria escrito em uma carta que acabara de receber. Ela pôs a carta em seu terceiro olho – chacra frontal – e não só repetiu como transcreveu e fez marcas em duas palavras da carta, que estavam exatamente no mesmo local.

Na época em que Madame Blavatsky escrevia *A Doutrina Secreta*, sua amiga, uma condessa sueca, foi morar junto com ela. Essa amiga era clarividente e conseguia visualizar muitos Mestres ao redor dos corpos sutis de Helena enquanto ela trabalhava no novo livro. Uma noite, a condessa foi apagar uma lâmpada da cabeceira que havia ficado acesa. Cada vez que ela se afastava, a lâmpada começava a se acender novamente. Isso aconteceu três vezes até que a condessa entrou em sintonia mais profunda e viu uma mão morena à sua frente, acionando o interruptor.

Logo depois desse episódio, a Sociedade de Pesquisa Psíquica publicou uma matéria difamando Madame Blavatsky e chamando-a de impostora. Ela nunca havia cometido uma fraude em sua vida. Era uma pessoa verdadeira. Os mais céticos pesquisadores hoje se rendem à sabedoria dessa mulher que, ao abandonar completamente toda a sua riqueza, mudou o mundo e trouxe toda a sabedoria do antigo Oriente de presente para nós, ocidentais.

Por mais demonstrações que ela fizesse de seus poderes psíquicos, eles nunca eram suficientes porque sua sabedoria e suas habilidades representavam uma grande ameaça a tudo o que a ciência e a Igreja representavam no Ocidente. A ignorância conseguia cegar aqueles que não queriam ver uma verdade que não era conveniente aos interesses pessoais. Helena sempre estaria sob o fogo cruzado da crítica pois isso fazia parte da sua missão para atingir um maior grau iniciático.

Alguns pesquisadores afirmam existir uma carta arquivada na Sociedade Teosófica, com a declaração do Mestre Kuthumi, que diz: "Dou-lhe minha palavra de honra, ela nunca enganou e nunca faltou à verdade intencionalmente, embora sua posição seja frequentemente insustentável e ela tenha de ocultar muitas coisas, conforme seus votos solenes lhe impõem. Dados seus poderes naturais, combinados com muitos longos anos de treinamento regular, ela pode produzir e produziu fenômenos que às vezes são melhores, mais fantásticos e muito mais perfeitos que os de alguns iniciados mais avançados". A afirmação de Mestre Kuthumi chancela perfeitamente a credibilidade de Madame Blavatsky.

Quando *A Doutrina Secreta* (um dos livros em que mais aprendi sobre a vida) foi publicado, uma repórter de um jornal de Londres, chamada Annie Besant, foi visitar Helena para fazer uma resenha do novo livro. A afinidade entre as duas foi incrível e Madame Blavatsky sentia que estava para partir deste mundo. Annie ficou tão encantada com os ensinamentos da teosofia que decidiu fazer parte da Sociedade. Helena, por sua vez, reconheceu em Annie Besant o potencial que a Sociedade Teosófica precisava para sua continuidade.

Em 1891, aos 60 anos, Helena Blavatsky faleceu. Após a cremação, suas cinzas foram divididas em três partes e hoje se encontram nas lojas teosóficas da Europa, dos Estados Unidos e da Índia. Essa magnífica mulher, que sempre se dedicou à missão de sua alma, revolucionou a espiritualidade mundial, implantando conceitos livres e universalistas e transformando completamente a consciência humana. Helena conquistou fãs famosos e inspirou os ideais de muitas pessoas que transformaram o mundo. *A Doutrina Secreta* era o livro de cabeceira de Albert Einstein. Carl Gustav Jung a admirava, bem como Mahatma Gandhi, Aldous Huxley, Bernard Shaw, Nehru, Oppenheimer e Fernando Pessoa.

Por ser destemida, mostrou que podemos viver sem medo e guiou-nos espiritualmente pelos sinais do Universo. Trouxe-nos a presença dos Mestres Iluminados e do ocultismo, além da dádiva de poder optar pelo Deus interior, que não pune nem castiga, apenas ama e liberta.

- *"Está bem, ouvinte. Prepara-te, pois terás que viajar sozinho. O instrutor pode apenas indicar o caminho. A senda é uma para todos; os meios para chegar à meta variam com os peregrinos."*
- *"O Universo é a combinação de milhares de elementos e, contudo, é expressão de um simples espírito – um caos para os sentidos, um cosmos para a razão."*
- *"A Doutrina Secreta ensina o progressivo aperfeiçoamento de todas as coisas, tanto dos mundos como dos átomos. E este estupendo aperfeiçoamento não tem um começo concebível nem um fim imaginável. Nosso 'Universo' é apenas um de um infinito número de Universos, todos eles 'Filhos da Necessidade', porque na grande cadeia cósmica de Universos cada elo acha-se numa relação de efeito com referência ao antecessor e de causa com referência ao sucessor."*
- *"Se há um espírito imortal desenvolvido no homem, ele deve existir em tudo o mais, pelo menos em estado latente ou germinal; pode ser apenas uma questão de tempo para que cada um destes germes torne-se plenamente desenvolvido."*
- *"O altruísmo é uma parte integral do autoaperfeiçoamento. Mas temos de discernir. Ninguém tem o direito de inanir-se até a morte para que outrem possa ter alimento, a não ser que a vida deste último obviamente seja mais útil do que a do primeiro. Mas é seu dever sacrificar o próprio conforto e trabalhar pelos outros se estes estão incapacitados para o trabalho."*
- *"A humanidade – pelo menos em sua maioria – detesta refletir, mesmo em benefício próprio. Magoa-se, como se fora um insulto, ao mais humilde convite para sair por um momento das velhas e batidas veredas e, a seu critério, ingressar num novo caminho para seguir em alguma outra direção."*
- *"A perfeição, para ser completada, deve nascer da imperfeição; o incorruptível deve brotar do corruptível, tendo a este por veículo, base e contraste."*
- *"Não há nenhum bem ou mal em si, como não há nem 'elixir da vida', nem 'elixir da morte', nem veneno em si. Tudo está contido na única e mesma essência universal, dependendo os resultados do grau de sua diferenciação e de suas várias correlações. O seu lado de luz produz vida, saúde, bem-aventurança, paz divina etc.; o lado de trevas traz morte, doenças, tristezas e conflitos."*

Kuthumi Lal Singh

• *DISCRIÇÃO* •

O Mestre Ascensionado Kuthumi (também conhecido como Koot Hoomi e K.H.) esteve presente na Terra no século XIX, dispensando à humanidade os ensinamentos da Grande Fraternidade Branca e dos Mestres Ascensionados. Dedicado única e exclusivamente aos propósitos espirituais, Khutumi levou uma vida extremamente reclusa e não deixou muitas pistas sobre seu comportamento e sua personalidade. Nascido no início do século XIX, acredita-se que Mahatma Kuthumi era um punjabi (povo natural da região do Panjabe, na Índia e em partes do Paquistão), cuja família estabelecera-se em Kashmir, na Índia. Por seu grau iniciático avançado, ele possuía uma postura espiritual universalista e integrava os conceitos de diversas filosofias, tornando-se um Grande Mestre do esoterismo e do ocultismo.

O Mestre era um iniciado na filosofia sikh – na língua punjabi, significa "discípulo forte e tenaz" –, uma tradição religiosa proveniente de um grupo islâmico que agrega os ensinamentos hindus, numa fusão das duas religiões. O sikhismo foi instituído pelo guru Nanak (1469-1539), que possuía um espírito devoto e poético e pôs-se a serviço dos desígnios espirituais. Quando alguém se torna iniciado na ordem dos sikhs, a palavra *singh* ("leão") é adicionada como último nome aos homens e *kaur* ("princesa") às mulheres.

Um dos ideais filosóficos do sikhismo é a transcendência do mundo físico, a libertação do ciclo de mortes e renascimentos (ascensão). Essa religião se baseia na escritura sagrada chamada *Adi Granth* e seus pilares básicos são:

- *Nam Japam*: **Manter Deus presente na mente em todos os momentos.**
- *Kirt Karni*: **Alcançar o sustento pela prática de trabalho honesto.**
- *Vand Chakna*: **Partilhar os frutos do trabalho com aqueles que necessitam.**

Depois do ritual de iniciação, uma espécie de batismo, os adeptos devem respeitar, além dos três princípios citados, cinco regras pessoais: não cortar o cabelo e a barba, usar um pente de aço, vestir calções, usar um bracelete de aço no pulso direito e ter uma adaga de aço. Normalmente os seguidores autênticos utilizam um turbante. Pelas imagens de Mestre Kuthumi disponíveis na literatura e na internet, podemos perceber que ele seguia fielmente as regras do sikhismo.

Antes de retornar à sua terra natal, Kuthumi frequentou a Universidade de Oxford, entre 1850 e 1854. Passou um tempo considerável em Dresden, Wurzberg, Nurnberg e na Universidade de Leipzig, onde, em 1875, esteve com o Dr. Gustav Theodor Fechner, o fundador da psicologia moderna.

Passou o resto dos seus anos em um convento de lamas em Shigatse, no Tibet, onde seu contato com o mundo externo incluía escritos didáticos enviados pelo correio a alguns dos seus devotos estudantes, como Helena Petrovna Blavatsky e Alice Bailey. As cartas do Mestre Kuthumi hoje se encontram nos arquivos do Museu Britânico e da Sociedade Teosófica. Ele foi o hierofante do Mestre Djwhal Khul, que já havia sido seu discípulo em diversas vidas passadas.

Mestre Kuthumi foi um grande sábio que, em sua última passagem pela Terra, esteve mais recluso nas montanhas do Himalaia e auxiliou na construção da Sociedade Teosófica juntamente com Saint-Germain, El Morya e Hilarion, doando à humanidade a primeira dispensação dos Mestres Ascensionados por meio dos livros de Helena Blavatsky, principalmente *A Doutrina Secreta*, que Mestre Kuthumi ajudou a escrever. Ele costumava dizer que "a teosofia não é uma nova candidata à atenção do mundo, mas é apenas uma declaração nova de princípios que têm sido reconhecidos desde a infância da humanidade".

Não há como descrever com palavras o que significou a presença de Mahatma Kuthumi no planeta Terra. O mundo em que vivemos hoje, num patamar mais livre e democrático, foi cuidadosamente planejado por essa legião de seres de luz que compunham a Grande Fraternidade Branca. Em sua vida discreta e silenciosa, Kuthumi Lal Singh iluminou nossa era com seus ensinamentos de amor e luz, levando-nos a um outro patamar de conhecimento e sabedoria.

Mikao Usui

• CURA •

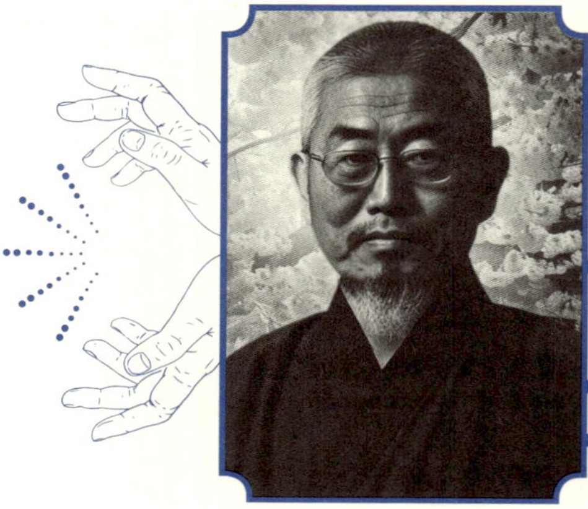

霊気

Mikao Usui foi muito importante para a história moderna por ter trazido à tona uma dádiva para a humanidade: o Reiki, que hoje é muito difundido em todo o mundo. Dentro dos consultórios de terapias alternativas, encontramos muitos reikianos, assim como em outras profissões. Pelo fato de a terapia Reiki utilizar a Energia Vital Universal, uma fonte cósmica superior que nos traz equilíbrio, qualquer ser humano está apto a praticá-la desde que iniciado por um mestre de Reiki. Então hoje facilmente encontramos advogados, dentistas, chefs, manicures, donas de casa, marceneiros e muitos outros profissionais que utilizam essa energia para encontrar a paz interior e o equilíbrio em suas vidas.

O Começo

Mestre Usui nasceu em Kyoto, no Japão, em 15 de agosto de 1865, e existe muita discussão em torno de sua profissão e religiosidade. Como sua história tem sido passada de mestre a discípulo, algumas informações se perderam. Mas relatos dizem que Mikao Usui era sacerdote em um mosteiro japonês, onde se estudavam diversas religiões. Numa época em que aprendiam sobre a Bíblia, um dos alunos de Mikao perguntou por que eles não curavam como Jesus Cristo se o próprio Messias havia pronunciado que todos poderiam curar como ele pela imposição das mãos. Mikao respondeu que não sabia como e que apenas tinha fé nas escrituras. Os alunos não se contentaram com as respostas e afirmaram que gostariam de ver como a cura acontecia. O professor não soube responder e, no Japão, quando um mestre não consegue equacionar a pergunta do seu discípulo, é normal que ele dedique sua vida inteira, se for necessário, para encontrar a resposta.

Segundo os relatos, Mikao Usui viajou aos Estados Unidos, se aprofundou no cristianismo com muita dedicação e, mesmo assim, não encontrou as chaves de ativação da cura. Estudou línguas antigas, como o sânscrito, para interpretar as escrituras sagradas, e passou anos pesquisando nessas literaturas. Porém não encontrou o mecanismo de cura.

Como Mikao sabia que Buda também havia curado leprosos e doentes, iniciou uma incansável busca pelas escrituras budistas que poderiam lhe ajudar a encontrar as respostas. Quando perguntava aos monges se sabiam de algo sobre as chaves da cura, eles sempre lhe respondiam que a cura mais importante era a do espírito e que a do corpo físico não importava tanto assim.

Mas as perguntas na mente de Mikao continuavam: qual o mecanismo que ativa a cura do corpo físico? Como se dá essa manifestação? Ao continuar a procura, ele encontrou nos sutras budistas as chaves da cura pela canalização de uma energia de altíssima frequência denominada *Rei*, que, quando acessada, poderia reorganizar as moléculas e trazer a cura total através dos campos de energia que chegam ao corpo físico. Os sutras apresentavam o conhecimento sobre essa energia, mas não despertaram no Mestre Usui o poder de curar.

A história oficial do Reiki diz que, após sete anos de pesquisas profundas, Mikao resolveu retirar-se para meditar e buscar informações no Plano Superior para sanar suas dúvidas sobre a energia suprema que proporciona a cura. Então, em março de 1922, ele foi até o Monte Kurama, no Japão, e decidiu jejuar por 21 dias como faziam seus antepassados quando desejavam obter uma visão da verdade suprema. Mikao levou um cantil com água e 21 pedras que lhe serviram de orientação de tempo. A cada dia que passava, utilizava uma das pedras como marcador do tempo e, cantando mantras, lendo os sutras sagrados e contemplando o período de purificação, no 21º dia aconteceu a visão reveladora em forma de projeção astral.

Uma forte luz veio do céu e se chocou com seu chacra frontal, projetando-o para fora do corpo e iniciando-o diretamente na Fonte de Energia Cósmica, onde ele acessou todo o conhecimento sobre o Reiki, inclusive as técnicas de iniciação para ativar esse poder em outras pessoas. Nesse momento, o Mestre Usui obteve todas as informações sobre o uso dos símbolos e demais ensinamentos sobre a técnica que acabava de ser redescoberta: o Reiki, que é a fusão de duas energias cósmicas.

A energia *Rei* é a força suprema que alimenta todas as formas de vida, e o *ki* é a força eletromagnética que habita nossos corpos. *Rei* é a energia do céu e *ki* a da Terra. A união dessas duas energias forma o Reiki, a maravilhosa técnica oriental capaz de tratar as doenças mais difíceis, pois estimula a elevação da consciência e o discernimento, sutilizando a energia e elevando a força imunológica.

Quando o estado de transe acabou, o Mestre sentiu-se tão bem e cheio de energia que conseguiu caminhar normalmente até o mosteiro, sem sentir os efeitos colaterais do retiro e do jejum. Ele queria voltar rapidamente para dividir com os colegas as boas novidades, mas Mikao tropeçou e machucou muito um dedo do pé. Instintivamente pôs as mãos no ferimento e, em seguida, a hemorragia foi estancada e o machucado, completamente curado. Ao chegar ao vilarejo, Mikao foi até uma pousada fazer uma refeição. O dono do estabelecimento insistiu para que o Mestre comesse uma broa especial para monges que jejuam, a fim de que, após 21 dias sem comida, o corpo começasse a se acostumar novamente com o alimento. O Mestre Usui recusou e resolveu pedir uma refeição completa, que não lhe causou problema algum, mesmo após tanto tempo jejuando.

Nessa pousada, havia uma criança chorando com dores de dente havia três dias. Mikao, ao tocar no rosto da menina, fez com que a dor e o inchaço diminuíssem consideravelmente. Quando voltou ao mosteiro, ele foi conversar com um monge ancião que sofria de artrite por um longo período. Ao tocar o amigo, suas dores desapareceram. Mestre Usui então lhe falou sobre o que havia descoberto, o retiro, a iniciação e a técnica Reiki.

Depois de permanecer um tempo no mosteiro, onde o assunto foi amplamente estudado, o Mestre resolveu dedicar-se à cura dos doentes nos bairros mais pobres de Kyoto. Mikao Usui aproximou-se dos mendigos e das pessoas mais necessitadas para que pudesse ajudá-los a encontrar o caminho da felicidade. Ao tratar os doentes, estimulou-os a buscarem emprego de forma digna, sem mendigar, e teve sucesso em muitos desses casos. Porém, um tempo depois, começou a encontrar rostos conhecidos pelas ruas de Kyoto: eram as pessoas as quais havia tratado, nas mesmas condições miseráveis de antes. Quando Mikao perguntou por que haviam voltado à vida de pobreza, elas lhes responderam que era mais fácil assumir uma postura de pedinte do que lutar no dia a dia de um trabalho honesto.

Diante disso, Mikao lembrou dos monges lá do início de sua busca que diziam que a cura mais importante era a espiritual e percebeu que o caminho do meio de Buda estava em tudo. Precisava haver equilíbrio e a cura devia se estabelecer em todos os níveis e dimensões do ser: no corpo espiritual, mental, emocional e físico.

Nesse momento, o Mestre decidiu passar adiante seus conhecimentos a quem quisesse aprender. Então criou os cinco princípios do Reiki, que são recomendações de como devemos viver para atingir a felicidade:

- Somente por hoje, agradeça por suas bênçãos.
- Somente por hoje, abandone as preocupações.
- Somente por hoje, elimine a raiva.
- Somente por hoje, faça seu trabalho honestamente.
- Somente por hoje, seja gentil com seu próximo e com todos os seres vivos.

Após palestrar por todo o Japão sobre o método Reiki, Mikao Usui recebeu uma condecoração do imperador pelo seu trabalho virtuoso e amoroso de cura. Antes de falecer, aos 61 anos, em 9 de março de 1926, ele iniciou mais de dez mestres de Reiki, entre eles, Chujiro Hayashi, seu sucessor, o qual levou adiante a semente da técnica, que se tornou tão popular no Ocidente até os dias de hoje.

Mikao Usui nos apresentou a energia Reiki, algo que está modificando o estilo de vida de muitas pessoas e reflete diretamente na energia do planeta Terra. O método tem resgatado a cura natural, presente em todos nós, e atua como um instrumento poderoso para nos ajudar na retomada da confiança na cura espiritual, sem vínculo religioso.

De forma simples, leve e amorosa, o Mestre Usui restaurou a parte mais divina do ser humano: a essência puramente espiritual que habita em todos nós. Por isso, o Reiki tem conquistado tantos adeptos em todo o mundo, movendo multidões e conectando-nos à energia cósmica e à perfeição de Deus, ao mesmo tempo em que traz transformação, autoconhecimento, paz, humildade, criatividade, fé e comunhão com o Universo.

Atualmente, o Reiki é uma das ferramentas mais poderosas para a transformação e a cura planetária, pois nos traz consciência de unicidade e paz. Fica aqui um agradecimento especial a todos os reikianos que diariamente semeiam o amor. Que continuem sempre disseminando a semente de Luz do Reiki.

Sathya Sai Baba

• *VERDADE* • *O AMOR ENCARNADO* •

Nunca em toda a história da humanidade o homem pôde experimentar tanta disponibilidade de meios para evoluir espiritualmente. Seja pela mídia, que oferece uma incrível integração entre todos os povos, seja pela era evolutiva em que nossa consciência se encontra.

Para que isso fosse possível, o planeta, que atravessava uma fase dificílima na década de 1920, necessitava da presença de um ser realizado, encarnado fisicamente, para que a evolução da consciência humana continuasse caminhando. Esse ser nasceu na Índia, em 23 de novembro de 1926, sob o signo de Sagitário, num pequeno vilarejo chamado Puttaparthi, no sul da Índia. Sua vinda foi anunciada no *Mahabharata*, quando Vishnu relatou, em profecia, que encarnaria numa época futura muito difícil para a humanidade. Vishnu anunciou que viria em tríplice encarnação (como Shirdi, Sathya e Prema Sai Baba), com vasta cabeleira, num corpo de estatura baixa e com a marca do avatar no pé. Usaria uma túnica rubra e seus pais seriam devotos de Krishna. A profecia dizia também que seu nome traduziria a verdade (*Sathya*, que, em Sânscrito, significa "verdade"). Todas essas informações descrevem o Mestre Sai Baba.

Já na infância, Baghavan Sri Sathya Sai Baba cumpria as regras comuns a todos os avatares: comunicar-se em qualquer idioma, demonstrar profundo amor e respeito a todos os seres, ser extremamente seletivo quanto à alimentação, conseguir se bilocar (fenômeno de estar presente em dois locais ao mesmo tempo) e realizar muitas materializações. Desde pequeno, Sai Baba materializava flores e objetos, além do *vibhuti*, as cinzas sagradas que fluiam de suas mãos.

Em 1940, aos 14 anos, Sai Baba comunicou à sua família que era a reencarnação de Mestre Shirdi, o qual havia vivido na Índia entre 1838 e 1918, e que teria vindo ao mundo para auxiliar os seres humanos na libertação do sofrimento e na construção de um caminho de amor até o Pai Criador. Entre os objetivos de sua missão, o Mestre nunca mencionou a criação de nenhuma religião, mas a semeadura do bem, do amor e da fraternidade, por qualquer caminho religioso, desde que levasse à realização plena de Deus e à purificação das inferioridades e emoções negativas. Muitos estudiosos afirmam que ele é a encarnação dos três princípios divinos – Pai, Filho e Espírito Santo – em um único corpo, para trazer esperança à humanidade nesta época difícil em que vivemos, de tanta violência e emoções desequilibradas.

O *ashram* onde vivia Baba é chamado Prasanthi Nilayam, que significa "a morada da paz divina". Foi inaugurado nos anos 1950 e até hoje é um centro de peregrinação de milhões de pessoas de todo o planeta, que vão até lá simplesmente para sentir a energia do Mestre. Um dos seus devotos mais conhecidos foi o professor Hermógenes, um dos maiores disseminadores da yoga no Brasil, que inclusive traduziu alguns livros de Sai Baba para o Português, como *O Fluir da Canção do Senhor* e *Sadhana – O Caminho Interior*.

É difícil precisar o número de pessoas atendidas pelas obras sociais criadas por Sai Baba. São escolas, universidades, hospitais, creches, asilos e orfanatos que beneficiam milhares de pessoas carentes na Índia. Toda essa obra foi viabilizada graças às doações dos devotos que se sensibilizaram com sua mensagem. Por todos os exemplos de vida que o Mestre demonstrava, seus seguidores o chamam de Encarnação do Amor.

Muitas pessoas que o visitaram na Índia, inclusive as mais céticas, falaram que, quando se aproximavam de Sai Baba, sentiam um amor tão forte a ponto de frequentemente caírem em choro compulsivo ou entrarem num incrível estado de paz. Alguns visitantes eram premiados com materializações de objetos e outros com curas milagrosas, principalmente por meio do *vibhuti*, a cinza sagrada que fluía das mãos dele. Muitos afirmam que um simples olhar do Mestre causava grandes modificações em todos os níveis e dimensões do nosso ser.

Visitantes com dom de vidência que estiveram junto do Mestre citam que ele possuía uma aura rósea, formando um grande tubo infinito para cima. O interessante é que alguns cientistas totalmente céticos foram até o *ashram* para desenvolver estudos sobre seu campo de energia e, de tão encantados com a mensagem do Mestre, acabaram ficando por lá.

As ideias centrais de seus ensinamentos

Sai Baba conquistava a todos com suas mensagens repletas de paz, amor e espiritualidade. Entre suas ideias centrais, estão:

- A universalidade das religiões, quando ele diz: "Só existe uma religião, a religião do amor; uma única casta, a casta da humanidade; uma única linguagem, a linguagem do coração".
- O conhecimento de que *atman*, a centelha divina que habita em todos os seres humanos, é a base da fraternidade do homem e da paternidade de Deus.
- Deus é amor e o caminho mais direto até Ele é exercendo o amor, amando cada vez mais a todos os seres.

Além disso, costuma-se dizer que os ensinamentos do Grande Mestre estão baseados em quatro pilares da virtude:

1. *Sathya* – É a verdade, principalmente no sentido de conhecer quem realmente somos e não aquilo o que pensamos ser. Esta verdade reside em nos libertarmos do véu de ilusões para que possamos mergulhar profundamente dentro de nós mesmos.
2. *Dharma* – A prática do dharma consiste em conviver harmoniosamente com todos os seres e vibrar pela iluminação de todos, inclusive das pessoas com um comportamento com o qual não concordamos. Sai Baba incentivava o vegetarianismo e recomendava que devemos tratar os animais com carinho e respeito, ajudando-os em seu caminho evolutivo e não os escravizando.
3. *Shanti* – Trata-se da paz interior, que independe do cenário externo em que estamos inseridos. É a felicidade real e não aquela baseada nas ilusões das conquistas materiais. Ele recomendava o equilíbrio e não era contra a obtenção de riqueza, desde que fosse usada com discernimento e de forma altruísta.
4. *Prema* – É o sentimento de amor como caminho para a realização absoluta de Deus. O Mestre disse: "Preencha o dia com amor, termine o dia com amor – esse é o caminho mais rápido e direto para Deus. Os outros caminhos desenvolvem a vaidade, separam o homem do homem e o homem do animal. Eles contraem, não expandem, eles diminuem a sua consciência do divino".

O Mestre Sai Baba faleceu em 24 de abril de 2011, aos 85 anos, e, segundo sua profecia, de um a oito anos após sua passagem viria à Terra um avatar chamado Prema Sai, sua próxima encarnação.

Talvez o mundo ainda não reconheça o que é estar encarnado na mesma época em que um grande avatar como Sai Baba se encontrou sobre a Terra. Seria impossível falar de sua missão com palavras. Ela precisa ser sentida. Porém, se carregarmos a divina semente desse Mestre em nosso coração e iniciarmos uma transformação pessoal, propagaremos seu amor e iluminação a todos aqueles que cruzarem o nosso caminho. Então o mundo se transformará, caminhando de acordo com os propósitos divinos do amor, da comunhão e da grande fraternidade universal.

Para contatar Sai Baba, basta pensar nele. Cada vez que pensamos no Mestre, estamos invocando o Pai, o Filho e o Espírito Santo e sentimos uma paz profunda na mente e um amor incrível no coração.

ALGUMAS FRASES DE SAI BABA

- *"Deixem as diferentes fés existirem, deixem-nas prosperarem e deixem que a glória de Deus seja cantada em todos os idiomas e em uma variedade de tons. Respeitem as diferenças entre as fés e reconheçam-nas como válidas na medida em que não apaguem a chama da unidade."*
- *"O motivo por trás da formação e da propagação de todas as crenças é o mesmo. Todos os fundadores eram pessoas cheias de amor e sabedoria. O seu objetivo era um só. Nenhum deles tinha o plano de dividir, perturbar ou destruir. Eles procuravam instruir as paixões e emoções, educar os impulsos e direcionar a faculdade da razão para caminhos benéficos ao indivíduo e à sociedade."*
- *"O homem vive na Terra para aprender, antes de tudo, a arte de ser homem, e depois a arte de ser divino. Vista assim, a vida é uma aventura, onde cada ação, cada pensamento e cada palavra do homem pode manifestar a divindade que está latente. O egoísmo do homem é a causa de todos os seus males."*

Os Dez Princípios

Sai Baba anunciou dez princípios que formam a base para a Integração Mundial da Humanidade. São eles:

1. Amem e sirvam à sua pátria. Não firam nem odeiem a pátria dos outros.
2. Respeitem todas as religiões com igualdade.
3. Reconheçam a fraternidade entre os homens. Tratem a todos como seus irmãos. Amem a todos.
4. Mantenham seus lares e seus arredores limpos. Isso promove a saúde e a autoestima.
5. Pratiquem a caridade, mas não alimentem a mendicância dando dinheiro aos mendigos. Deem-lhes alimentos, roupas e proteção e ajudem-nos a ajudarem a si mesmos (não estimulem a preguiça).
6. Não tentem a outros, subornando-os, nem se rebaixem aceitando suborno (nunca deem lugar à corrupção).
7. Não estimulem o ciúme e a inveja. Tratem a todos da mesma maneira, sem levar em conta distinções sociais, de raça ou de religião.
8. Não dependam de outros para suas próprias necessidades pessoais; sejam seus próprios servidores, antes de servirem aos outros.
9. Observem as leis de seu país; paguem os impostos e sejam cidadãos exemplares.
10. Cultivem o amor por Deus, afastando-se do pecado.

Mensagem da Autora

Amado leitor, parece um sonho, mas chegamos aqui, ao final. Acredito que, juntos, nos transformamos por isso.

No mínimo, este livro nos trouxe um anseio de mudança. Uma decisão essencial para que possamos sair da estagnação e atrair felicidade, prosperidade e uma vida muito bem aproveitada. Essa vida que está presente num lindo dia de sol, a vida que respiramos de braços abertos num dia feliz e que preenche nossos pulmões até o limite, de tanta alegria.

Este passeio pela vida dos Mestres nos leva até suas lições de amor, que não são novidade para ninguém, mas talvez em algum ponto tenhamos deixado esses ensinamentos para trás, porque a rebeldia faz parte de nossas conquistas como seres pensantes. Então, de vez em quando, nos rebelamos contra tudo o que já existe e pensamos em "criar" algo novo... Que engano!

Nada fazemos, senão canalizar da Fonte tudo o que já existe com uma cara nova, adaptada para a fase evolutiva em que nos encontramos...

Nova Era?! Na verdade, tudo o que existe de novo é muito antigo!

Espero, de coração, que você tenha resgatado aquilo que era comum a todos os Seres Grandiosos: uma sensação de unicidade com o Pai, de conexão direta com a Fonte Maior, e um amor que vai brotando no coração, aniquilando tudo o que é mau e, com o passar dos dias, traz uma alta vibração a cada célula. Um amor divino que supera todos os desafios cotidianos, toda a ira, raiva ou depressão. Pois, para esses Seres Abençoados, o maior mal da humanidade, o nosso maior medo, foi transcendido: a morte.

Quando, nos primeiros graus iniciáticos, tem-se a constatação e a grande certeza de que a morte não é o fim, mas uma profunda transformação em nosso ser, o que poderíamos temer? Dor, sofrimento, doença? Tudo é aniquilado com o exercício mental, com meditações profundas e projeções da consciência.

Medo de perder alguém? Como poderemos perder aquilo que nunca nos pertenceu? Até nosso corpo físico é "alugado" por um período. Como podemos acreditar que outras pessoas nos pertencem?

Medo de perder o que conquistamos materialmente? Como? Se tudo isso, em breve, dentro de uns 100 anos, no máximo, desaparecerá?

Nosso passeio terreno existe para que sejamos felizes, para desenvolvermos nossas potencialidades e nossos sentidos superiores, e não para nos preocuparmos com bobagens. O passeio deve ser simples. Leve. Amoroso.

Todo o conhecimento existente por trás dos ensinamentos dos Grandes Mestres extermina nossa ignorância e nos conduz a uma consciência diferenciada, transcendente e de profunda clareza.

Quando você sentir medo, pense como um Bodhisattva e abandone a terra natal.

Quando sentir dor, pergunte a si mesmo: "O que Jesus faria nesse momento doloroso?".

Quando a raiva dominar você, pergunte como Kuan Yin agiria diante desse sentimento.

Quando a ira se apresentar, apenas sinta em sua mente a imagem de Mahatma Gandhi.

Quando perceber que sua autoestima não vai bem, pense no cacique Pena Branca ou em Saint-Germain.

Quando se considerar pequeno, pense em Sanat Kumara.

Quando acreditar que você é incapaz, lembre-se do exemplo de Helena Blavatsky.

Quando estiver confuso, recolha-se em meditação como Mikao Usui. Não precisamos ir até o Monte Kurama. Podemos meditar na caverna sagrada de nosso coração. De lá, brotam as mais sábias respostas.

Cada vez que um sentimento ruim o abater, lembre-se Deles e pense no que cada um faria. Você se surpreenderá com a força, a coragem e as respostas abençoadas que virão.

Então, aos poucos, um sentimento de amor e liberdade transformará toda a nossa vida e eliminará tudo o que é inferior. E um dia, da posição de lagarta adormecida e presa num casulo, nos libertaremos da existência cíclica e nos transformaremos em lindas borboletas iluminadas, voando pelos céus infinitos, experimentando a ascensão dos Grandes Seres que existem com um único objetivo: viver a beleza das criações divinas e sentir a felicidade real.

Desejo, profundamente, que a paz e a divindade habitem seu coração!

Com amor,

• *POSFÁCIO* •

A CONTINUAÇÃO DE UM SONHO

Quinze anos se passaram. E eu realmente não imaginava tudo o que iria acontecer após o lançamento de meu primeiro livro, *Grandes Mestres da Humanidade*. Até porque eu tinha muito medo de escrevê-lo. O principal motivo é que não me considerava capaz. Quando meu amigo Bruno me ligou há cerca de 20 anos, às 7h30 da manhã, dizendo que tinha sonhado comigo dando aulas sobre os grandes mestres para crianças no plano extrafísico e afirmando que eu precisava escrever um livro sobre o assunto, disse que ele estava louco e nós chegamos até a discutir. Ele insistiu muito nisso e eu encerrei o assunto com a seguinte justificativa: "Não sou uma pessoa iluminada para fazer um trabalho sobre seres desse porte. Não sou escritora, sou uma administradora!". Mas também havia uma pontinha de orgulho em tudo isso: eu tinha pânico de publicar um livro e ninguém ler.

Felizmente, o que eu mais temia não se concretizou. *Grandes Mestres da Humanidade* se tornou um *best-seller* e agora ganhou esta edição comemorativa. E o mais gratificante é saber que milhares de vidas se transformaram ao entrar em contato com os exemplos de liderança pelo amor de 50 grandes seres que mudaram o mundo. Creio que a primeira delas foi um adolescente que atendi, antes mesmo de escrever o livro. Ele tinha 16 anos e era usuário de drogas. No atendimento, perguntei quem eram as referências dele e o que ele queria ser na vida. Tomei um choque quando ele disse que admirava imensamente os traficantes – pessoas ricas, inteligentes e poderosas – e que queria ser advogado para poder defendê-los.

Naquele momento, percebi o quanto nossas crianças e jovens alimentavam referências distorcidas. Depois do sonho do Bruno, este foi o segundo sinal de que precisava vencer minhas inseguranças e partir para a escrita de *Grandes Mestres da Humanidade*. Eu tinha que fazer alguma coisa para mudar essa realidade! E já com aquele jovem consultante, fui apresentando os verdadeiros ídolos que ele poderia ter.

O terceiro sinal de que deveria, realmente, escrever *Grandes Mestres* veio quando eu estava no meu consultório e recebi uma canalização muito forte. Então, mentalmente falei: "Se vocês querem mesmo que este livro aconteça, me digam o que eu tenho que fazer". E, assim, meus braços começaram a se mexer sem que eu tivesse qualquer controle, e escrevi os 50 nomes que deveriam compor a edição. A partir daquele dia, assumi o compromisso de pesquisar e trazer a mensagem deles para o mundo.

Durante quatro anos, mergulhei em mais de 300 obras para chegar ao conteúdo que eu tanto temia escrever. Ao final desse processo, *Grandes Mestres da Humanidade* só me trouxe alegrias. No fundo, desde criança, eu amava livros e tinha um desejo secreto de ser escritora. Porém, acabei seguindo outros caminhos profissionais, como trabalhar com administração e, depois, com minha outra missão de alma: ser terapeuta.

E por que estou contando tudo isso para você? Para mostrar que, quando temos uma missão, não podemos deixar o medo nos paralisar. Ao chegar ao final deste livro, você mergulhou na energia de 50 mestres de muita luz, e com certeza sentiu a benção deles o tempo inteiro. Não desperdice isso. Esses seres iluminados nos aconselham a ter uma vida mais plena, feliz e repleta de amor. Sinta-se, então, abençoado por todos eles e faça os movimentos necessários para transformar seus sonhos em realidade.

Os grandes mestres entraram na minha vida para ficar. Deixe que entrem, de verdade, na sua também.

Um grande abraço iluminado!

Com amor,

Patrícia Cândido

SOBRE A AUTORA

Patrícia Cândido é CEO do Grupo Luz da Serra, filósofa e pesquisadora na área da espiritualidade há 20 anos, além de mentora e palestrante internacional, com mais de 180 mil alunos em seus treinamentos. Tem 22 obras publicadas, sendo 10 *best-sellers* no Brasil e na Europa, e mais de 225 mil exemplares vendidos. No seu Instagram, se conecta diariamente com mais de 461 mil seguidores, e no Canal Luz da Serra no YouTube proporciona conteúdo de qualidade para seus mais de 2,2 milhões de inscritos. Ela é Embaixadora Mundial da Fitoenergética, sistema de tratamento natural inédito no mundo, que tem como base a energia vibracional contida nas plantas, reconhecido inclusive pelo Ministério da Saúde. Já participou de diversos programas de TV e publicou textos nos maiores veículos da imprensa brasileira.

Referências Bibliográficas

AMOROSO, Filomena; GALIB, Simone. *Os Códigos da Alma*. São Paulo: Ground, 2007.

ASHLEY-FARRAND, Thomas. *Mantras que Curam* – o uso de sons para aumentar a força interior, desenvolver a criatividade e promover a cura. São Paulo: Pensamento, Cultrix, 1999.

BABA, Sai. *Sadhana: O Caminho Interior*. Tradução de José Hermógenes. Rio de Janeiro: BestSeller, 2008.

BESANT, Annie; LEADBEATER, Charles W. *Formas de Pensamento*. São Paulo: Pensamento, 2005.

BESANT, Annie; LEADBEATER, Charles. *O Cristianismo Esotérico*. São Paulo: Pensamento, 1998.

BÍBLIA Sagrada com estudos adicionais. Rio de Janeiro: Alafalit Brasil, 2002.

BLAVATSKY, Helena Petrovna. *A Doutrina Secreta*. São Paulo: Pensamento, 1980.

BLAVATSKY, Helena Petrovna. *Ísis sem Véu:* Uma chave-mestra para os mistérios da ciência e da teologia antigas e modernas. v. I, II, III e IV. São Paulo: Pensamento, 1991.

BORGES, Wagner. *Viagem Espiritual I*. São Paulo: Edição independente, 1993.

BORGES, Wagner. *Viagem Espiritual III*. Londrina: Universalista, 1998.

BORGES, Wagner. *Na Luz de Krishna* – O Senhor dos Olhos de Lótus. São Paulo: Edição independente, 2007.

BORGES, Wagner. *Flama Espiritual*. São Paulo: Edição Independente, 2007.

CALDWELL, Daniel. *O Mundo Esotérico de Madame Blavatsky:* Cenas da vida de uma esfinge moderna. São Paulo: Madras Editora, 1991.

CARVALHO, Francisco de. *Influências Energéticas Humanas*. Salvador: Bureau Gráfica e Editora, S/D.

CARVALHO, Sérgio de Souza. *Os Mestres da Terra:* Os místicos e líderes religiosos da humanidade. São Paulo: Hemus, 1992.

CASTRO, Vânia de. *Lendas Indianas:* O encanto de um povo. 2. ed. São Paulo: Madras, 2001.

CHENDI, Patrícia. *O Príncipe Sidarta:* O sorriso de Buda. Rio de Janeiro: Rocco, 2001.

COELHO, Paulo. *O Alquimista*. Rio de Janeiro: Rocco, 2003.

CURSO de universalismo. Porto Alegre: Fundação Educacional e Editorial Universalista, 2008.

CURY, Augusto. *Maria, a maior educadora da história* – Dez princípios que Maria utilizou para educar o menino Jesus. São Paulo: Planeta do Brasil, 2007.

DE' CARLY, Johnny. *Reiki Universal:* Sistema Usui, tibetano, Osho e kahuna. 9. ed. revisada. São Paulo: Madras, 1998.

DE' CARLY, Johnny. *Reiki Universal*. São Paulo: Madras, 2007.

DE' CARLY, Johnny. *Reiki:* Sistema tradicional japonês. São Paulo: Madras, 2003.

EDWARDS, Lonnie C. *Leis Espirituais que Regem a Humanidade e o Universo*. Curitiba: Ordem Rosacruz, Amorc/Grande Loja da Jurisdição de Língua Portuguesa, 2006.

FÜLÖP-MILLER, René. *Os Santos que Abalaram o Mundo:* Antão, Agostinho, Francisco, Inácio, Teresa. São Paulo: Livraria José Olympio, 1948.

GERLACH, Vanderlei. *Santos: Um Caso de Amor a Deus* – A vida mística dos santos, anjos e apóstolos. Teutônia: Edição Independente, 2006.

GERYL, Patrick. *O Código de Orion:* O fim do mundo será mesmo em 2012? São Paulo: Pensamento, Cultrix, 2006.

GIMENES, Bruno J. *Fitoenergética: A energia das plantas no equilíbrio da alma*. Nova Petrópolis: Luz da Serra, 2007.

GIMENES, Bruno J. *Sintonia de Luz:* Buscando a espiritualidade no século XXI. Nova Petrópolis: Luz da Serra, 2007.

GIMENES, Bruno J. *Decisões:* Encontrando a missão da sua alma. Nova Petrópolis: Luz da Serra, 2008.

GIANFARDONI, Cláudio. *Os Sete Xamãs*. Tatuapé: Portal, 2003.

GOSWAMI, Amit. *O Médico Quântico:* Orientações de um físico para a saúde e a cura. São Paulo: Cultrix, 2006.

HURTAK, James. *O Livro do Conhecimento:* As chaves de Enoch. Nova York: The Academy for Future Science, 1996.

JABOR, Angela Marcondes. *Kuan Yin:* A Deusa dos Milagres. São Paulo: Angel Mystic, 2004.

JOBIM, Argeo; SERÓDIO, André. *Mahabharata* – Poema épico indiano. São Paulo: Madras, 2001.

KARDEC, Allan. *O Evangelho Segundo o Espiritismo*. Araras: IDE, 2005.

KARDEC, Allan. *O Livro dos Espíritos*. Araras: IDE, 2005.

KLOTZ, Neil Douglas. *Sabedoria do Deserto*. Rio de Janeiro: Record, 1996.

KRYZHANOVSKAIA, Vera Ivanoma: ROCHESTER, John Wilmot. *Os Templários:* bilogia, os servidores do mal – Livro 2. Limeira: Editora do Conhecimento, 2005.

LEGRAND. *Parábolas Eternas.* Belo Horizonte: Soler, 2004.

LORENZ, FRANCISCO V. *Bhagavad-Gita:* a mensagem do Mestre. São Paulo: Pensamento, Cultrix, 2006.

MAES, Hercílio; RAMATÍS. *Magia de Redenção*. Limeira: Conhecimento Editorial, 1998.

MAES, Hercílio; RAMATÍS. *Sob a Luz do Espiritismo*. Limeira: Conhecimento, 2003.

MAES, Hercílio; RAMATÍS. *A Vida no Planeta Marte e os Discos Voadores*. Limeira: Conhecimento, 2005.

MAES, Hercílio; RAMATÍS. *Fisiologia da Alma*. Limeira: Conhecimento, 2006.

MAES, Hercílio; RAMATÍS. *Uma Proposta de Luz*. V. 1. Limeira: Conhecimento, 2006.

MAES, Hercílio; RAMATÍS. *O Evangelho à Luz do Cosmo*. Rio de Janeiro: Livraria Freitas Bastos, 2012.

MAIOR, Marcel Souto. *As Vidas de Chico Xavier*. São Paulo: Planeta do Brasil, 1994.

MOTOYAMA, Hiroshi. *Teoria dos Chacras*. São Paulo: Pensamento, 2006.

ORLOVAS, Maria Silvia Pacini. *Os Sete Mestres:* Suas origens e criações. São Paulo: Madras, 2004.

OS TRÊS INICIADOS. *O Caibalion:* estudo da filosofia hermética do antigo Egito e da Grécia. São Paulo: Pensamento, Cultrix, 1978.

PEIXOTO, Norberto; RAMATÍS. *Vozes de Aruanda*. Limeira: Conhecimento, 2005.

PEIXOTO, Norberto; RAMATÍS. *Samadhi*. Limeira: Conhecimento Editorial, 2005.

PEIXOTO, Norberto; RAMATÍS. *Evolução no Planeta Azul*. Limeira: Conhecimento Editorial, 2005.

PINHEIRO, Robson. *Gestação da Terra*. Contagem: Casa dos Espíritos, 2002.

PRABHUPADA, Swami. *Bhagavad-Gita:* Como ele é. Pindamonhangaba: The Bhaktivedanta Book Trust, 2006.

PROPHET, Elizabeth Clare. *As Profecias de Saint-Germain para o Novo Milênio*. Rio de Janeiro: Nova Era, 2000.

PROPHET, Mark L.; PROPHET, Elizabeth Clare. *Fórmulas para sua Autotransformação:* A alquimia de Saint-Germain. Rio de Janeiro: Nova Era, 2000.

REDFIELD, James. *A Décima Profecia:* Aprofundando a Visão – Novas aventuras de A Profecia Celestina. Rio de Janeiro: Objetiva, 2001.

RINPOCHE, Chagdud Tulku. *Portões da Prática Budista*. Três Coroas: Rigdzin, 2000.

RINPOCHE, Chagdud Tulku. *Vida e Morte no Budismo Tibetano*. Três Coroas: Rigdzin, 2000.

SARASWATI, Aghorananda. *Mitologia Hindu*. São Paulo: Madras, 2006.

SHUCMAN, Helen. *A Course in Miracles*. Novato, CA: Foundation for Inner Peace, 1976.

SIGNIER, Jean François. *Sociedades Secretas*. São Paulo: Larousse, 2008.

SILVA, Waldeon. *Instruções dos Seres Estelares*. Caxias do Sul: Edição Independente, 2005.

SOLER, Amalia Domingo. *Perdôo-te*. Rio de Janeiro: Zelio Valverde, 1943.

SOUTO, Élcio. *Conselho Soberano do Mestre Hilarion* – Diálogos com o Mestre. São Paulo: Madras, 2004.

SPONBERG, Alan. Maitreya. In: BUSWELL JR, Robert E. *Encyclopedia of Buddhism*. Nova York: MacMillan Reference, 2004.

STONE, Joshua David. *Os Mestres Ascensionados Iluminam o Caminho:* Sinalizadores de ascensão. São Paulo: Pensamento, 1995.

STONE, Joshua David. *Ascensão Cósmica* – Roteiro para os reinos desconhecidos da Luz. São Paulo: Pensamento, Cultrix, 1997.

STONE, Joshua David. *Sua Missão Ascensional:* O seu papel no plano maior de Deus. São Paulo: Pensamento, Cultrix, 2000.

STONE, Joshua David. *Manual para a Liderança Planetária*. São Paulo: Pensamento, Cultrix, 2000.

STONE, Joshua David. *O Livro de Ouro de Melquisedeque* – Como se tornar Cristo e Buda nesta encarnação. v. 2. São Paulo: Pensamento, 2001.

STONE, Joshua David. *Mistérios Ocultos* – ETs, antigas escolas de mistério e ascensão. São Paulo: Pensamento, Cultrix, 2002.

STONE, Joshua David. *O Livro de Ouro de Melquisedeque* – Como se tornar Cristo e Buda nesta encarnação. v. I. São Paulo: Pensamento, 2003.

STONE, Joshua David. *Manual completo de Ascensão* – A realização da ascensão nesta existência. São Paulo: Pensamento, Cultrix, 2004.

STONE, Joshua David. *Como se Livrar de Pensamentos e Sentimentos Decorrentes do Medo:* Um estudo profundo de psicologia espiritual. v. 1. São Paulo: Pensamento, Cultrix, 2004.

SUI, Choa Kok. *A Antiga Ciência e Arte da Cura Prânica:* Manual prático de cura pelas mãos. São Paulo: Ground, 1989.

TELLES, Gilda. *O Livro das Meditações*. São Paulo: Publifolha, 2006.

TOKME, Gyalse. *As Trintas e Sete práticas do Bodisatva* – A quintessência da conduta do despertar para a Iluminação. Três Coroas: Makara, 2006.

TSE, Lao. *O Livro do Caminho Perfeito (Tao Te Ching)*. São Paulo: Pensamento, Cultrix, 2006.

URANTIA FOUNDATION STAFF. *The Urantia Book:* Revealing the Mysteries of God, the Universe, World History, Jesus, and Ourselves. Urantia Foundation, 2008.

VAHINI, Gita. *O Fluir da Canção do Senhor*. Tradução de José Hermógenes. Nova Era, 1999.

VIVEKANANDA, Swami. *Karma Yoga*: A Educação da Vontade. São Paulo: Pensamento, 2007.

YOGANANDA, Paramahansa. *Autobiografia de um Yogue*. Rio de Janeiro: Sextante, 2006.

YOGANANDA, Paramahansa. *A Essência de Bhagavad-Gita*. São Paulo: Pensamento, Cultrix, 2006.

YOGANANDA, Paramahansa. *Máximas de Paramhansa Yogananda*. Los Angeles: Self-Realization Fellowship, 2001.